NIVEAU A2

ÉDITO

Méthode de français

Élodie Heu
Myriam Abou-Samra
Céline Braud (phonétique)
Michèle Brunelle
Marion Perrard
Cécile Pinson (DELF)

didier

Couverture : Ellen Gögler
Principe de maquette : Christian Dubuis-Santini © Agence Mercure
Déclinaison maquette : Sabine Beauvallet
Mise en page : Nadine Aymard
Édition : Cécile Rouquette
Illustrations : Gabs (13, 41, 69, 97, 125, 153), Sié (27, 55, 83, 111, 139, 167)
Documents iconographiques : Dany Mourain
Photogravure : IGS
Enregistrements, montage et mixage des audios : Eurodvd
Montage et interface graphique des vidéos : INIT Productions

ISBN 978-2-278-08319-0
Dépôt légal : 8319/07

Achevé d'imprimer en Italie en juillet 2018 par L.E.G.O. (Lavis)

AVANT-PROPOS

Édito A2 s'adresse à des étudiants adultes ou grands adolescents ayant acquis le niveau A1 du *Cadre européen commun de référence pour les langues* (CECRL).
Il couvre le niveau A2 du CECRL et permet aux apprenants de se présenter au DELF A2 (des productions de type DELF au fil des unités et une épreuve blanche à la fin de l'ouvrage).

Ce manuel privilégie l'approche par tâches communicatives authentiques grâce auxquelles l'apprenant développera des savoir-faire en interaction.

- Le livre de l'élève comprend 12 unités, centrée chacune sur un thème qui sera abordé au travers des quatre compétences. Les unités sont composées de supports variés : principalement des documents authentiques didactisés (écrit, audio ou vidéo) provenant de divers horizons ou médias francophones, mais aussi des dialogues enregistrés tirés de la vie quotidienne.
- Un accent particulier est mis sur la découverte de la grammaire et du lexique. *Édito A2* propose une démarche guidée de la grammaire qui va de l'observation (Échauffement) à la systématisation (Entraînement) en passant par l'explication de la règle (Fonctionnement). Des tableaux offrent une vision synthétique des points traités et des listes de vocabulaire illustré permettent l'acquisition d'un vocabulaire vivant. En fin d'unité, « L'essentiel » permet de faire le point sur les acquis grâce à des activités grammaticales et lexicales.
- La phonétique est intégrée dans chaque unité afin d'aider l'apprenant à perfectionner sa prononciation, à le sensibiliser à l'intonation et à la graphie grâce à des exercices ciblés et ludiques.
- Les activités de productions écrite et orale proposées favorisent les échanges interculturels et mettent l'étudiant en situation de communication authentique, lui permettant ainsi de s'adapter à des situations concrètes qu'il pourrait vivre dans un contexte francophone. Des encadrés d'aide à la communication ainsi que des encarts « Au fait ! » jalonnent les unités pour guider l'étudiant dans ses productions mais aussi lui donner des informations sur des points linguistiques ou culturels.
- Les documents des pages « Civilisation », avec un cliché sur les Français, abordent de nombreux aspects de la vie en France et dans la francophonie : les vacances, la cuisine, les animaux, le monde du travail…
- À la fin de chaque unité, une page « Ateliers » (dont un Atelier tech' qui repose sur l'utilisation des nouvelles technologies) rassemble des tâches/projets à réaliser en groupes. Les apprenants peuvent ainsi réutiliser activement les savoirs acquis tout au long de l'unité, en faisant appel à leur créativité.
- En fin d'unité, en alternance, on trouvera soit une page « Détente » avec des activités récréatives soit une page de stratégies d'apprentissage et de préparation au DELF A2.
- Un mémento grammatical, la transcription des enregistrements audio et des vidéos complètent ce manuel.

Les auteures

Structure du livre de l'élève :

- 12 unités centrées sur un thème
- une carte des événements culturels en francophonie (p. 12)
- des stratégies et des entraînements pour préparer le DELF A2
- des annexes :
  – épreuve blanche du DELF A2
  – mémento grammatical
  – tableaux de conjugaisons
  – transcriptions des audios et vidéos

Sur les rabats de couverture : une carte de France, un plateau de jeu de l'Oie, le DVD-Rom, un précis de phonétique, des conjugaisons.

Audio

Vidéo

Une page d'ouverture

- un dessin de presse pour entrer avec humour dans la thématique de l'unité
- les principaux objectifs communicatifs de l'unité
- une phrase communicative ou idiomatique représentative du thème de l'unité

Des doubles pages Documents

- 1 à 3 documents (audio, vidéo ou écrit) pour croiser les compétences
- une démarche de compréhension pas à pas
- une phase de production (écrite et orale)
→ *En scène !* Des jeux de rôles pour se projeter dans la vie quotidienne
- des encadrés de communication pour guider les productions

Des pages Grammaire

une démarche guidée et progressive de la grammaire

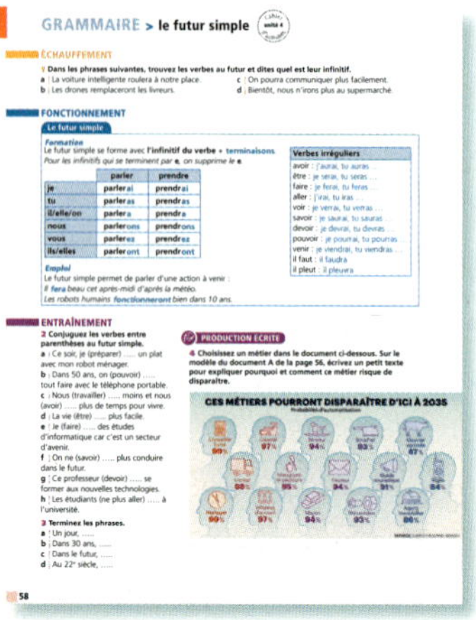

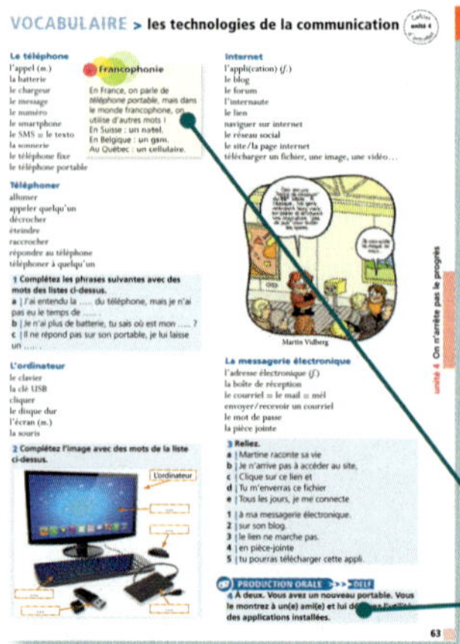

Des pages Vocabulaire

pour approfondir le lexique découvert dans les documents, à travers des activités ciblées et illustrées

Au fil de l'unité :

Des encarts « Francophonie » le français dans toute sa diversité

Des productions de type DELF

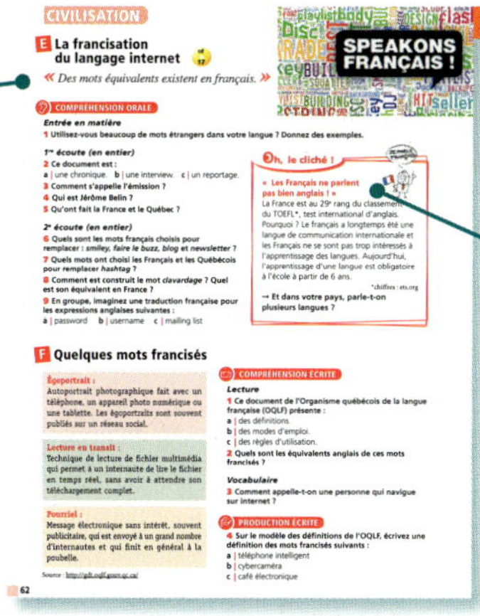

Une page Civilisation
pour découvrir des aspects culturels francophones

Une phrase extraite du document audio
pour aborder le thème

Un encart « Oh, le cliché ! »
Comment sont les Français ? Vrai ou faux, qu'en pensez-vous ?

Des encarts « Au fait ! »
un clin d'œil linguistique ou culturel

Au fait !

En France, l'équipe qui cuisine dans un restaurant est *une brigade*. C'est un terme qui vient du vocabulaire de l'armée.

Une demi-page Phonétique
la phonétique contextualisée et dans une démarche progressive

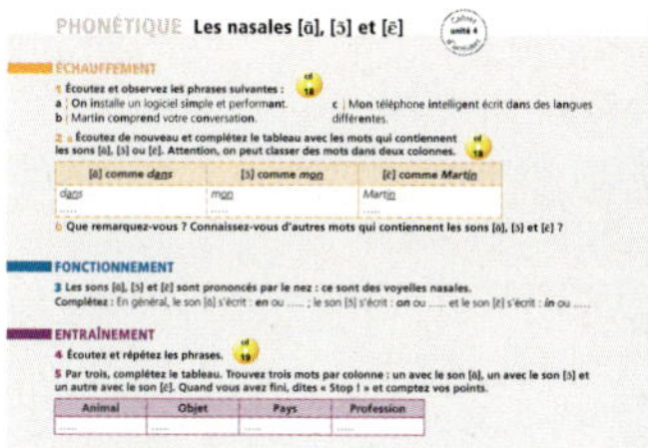

Une demi-page L'essentiel
le point sur ce qu'il faut retenir

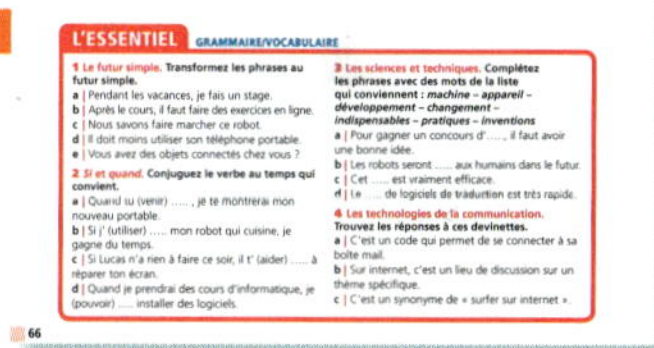

Une page Ateliers
Deux propositions d'ateliers pour réaliser des tâches concrètes et réinvestir les acquis de l'unité
→ 1 atelier « tech' » à réaliser à l'aide des nouvelles technologies

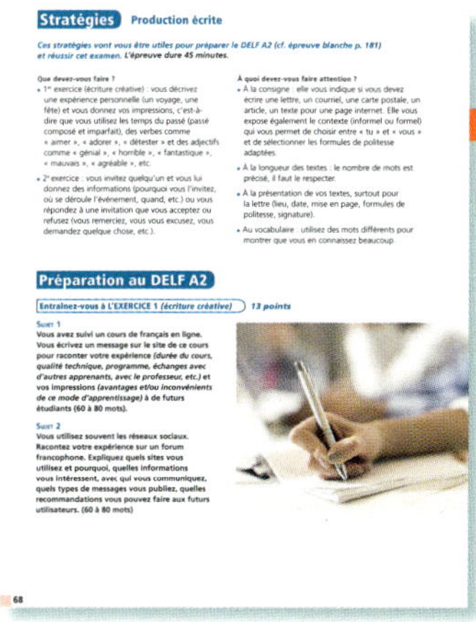

En alternance :

Une page DELF
des stratégies et des entraînements pour réussir le DELF A2

Une page Détente
pour compléter et renforcer les savoirs socioculturels grâce à des activités ludiques

TABLEAU DES CONTENUS

Unité 1 p. 13

C'est la vie !

Parler de soi (origines, goûts)
Se distraire (sorties, sports, jeux)

Communication	Grammaire	Vocabulaire	Phonétique	Socioculturel
• Comprendre des portraits d'artistes • Parler de ses origines • Parler de ses goûts • Proposer une sortie • Accepter et fixer un rendez-vous • Refuser un rendez-vous	• Le passé composé (rappel) : verbes conjugués avec *être*, participes passés irréguliers • La phrase négative (*ne … rien/personne/jamais/plus*) • Les indicateurs de temps	• La vie : la vie personnelle, la vie professionnelle, le temps libre, les activités (1) • Les loisirs : les sorties, sortir, les activités (2), pratiquer un sport, les jeux	• Les sons [s] et [z]	CIVILISATION La pétanque est à la mode ! Oh, le cliché ! *Seuls les habitants du Sud de la France jouent à la pétanque.* FRANCOPHONIE Festivals et fêtes au Sénégal ▶ VIDÉO La passion du breakdance

Ateliers	**1.** Organiser un concours de pétanque — ATELIER TECH' **2.** Faire un portrait interactif
Détente	Quiz : Sports et loisirs francophones

Unité 2 p. 27

Souvenirs, souvenirs

Évoquer ses expériences passées (souvenirs d'enfance, de vacances)

Communication	Grammaire	Vocabulaire	Phonétique	Socioculturel
• Comprendre un extrait littéraire • Décrire une photo • Raconter des souvenirs (bons ou mauvais) • Comprendre un extrait de guide touristique • Écrire une carte postale ou un commentaire en ligne	• L'imparfait *(avoir, manger, commencer)* • Les pronoms *y* et *en* (lieu) • La place de l'adjectif	• Le souvenir : la mémoire, qualifier un souvenir, les types de mémoire, la mémoire des sens • Les paysages et la météo : à la mer, à la campagne, à la montagne, la météo	• La liaison obligatoire avec le pronom *en*	CIVILISATION Les vacances des Français Oh, le cliché ! *Les Français sont tout le temps en vacances !* FRANCOPHONIE Expressions imagées pour parler de la pluie ▶ VIDÉO *Souvenirs de vacances*, Fred Chauvin

Ateliers	**1.** Écrire un article sur l'histoire de sa ville — ATELIER TECH' **2.** Faire une vidéo touristique sur sa ville
DELF A2	Stratégies et entraînement : Compréhension des écrits

Unité 5 p. 69

En forme ?

Se soigner
Identifier les documents de la santé (carte vitale, ordonnance)

Communication	Grammaire	Vocabulaire	Phonétique	Socioculturel
• Comprendre des conseils pour bien dormir • Donner des conseils • Comprendre le règlement d'une course • Parler de problèmes de santé • Comprendre des instructions médicales • Exprimer son point de vue	• L'obligation et l'interdiction (rappel de l'impératif) • Le subjonctif présent *(prendre)* et l'expression de la nécessité • Le subjonctif : quelques verbes irréguliers	• Le corps et la santé : les parties du corps, être malade, se faire mal • La santé et la médecine : la forme, se soigner, les médecins, les lieux de santé, la trousse à pharmacie, les médicaments	• Le son [j]	**CIVILISATION** Les bienfaits du chocolat **Oh, le cliché !** *Les Français sont « accros » aux médicaments.* **FRANCOPHONIE** Des allergies saisonnières au Québec **▶ VIDÉO** Les allergies saisonnières
Ateliers	1. Réaliser une brochure publicitaire	ATELIER TECH' 2. Relever un défi physique		
Détente	Vous avez sommeil ?			

Unité 6 p. 83

Côté cuisine

Réfléchir à des initiatives contre le gaspillage alimentaire
Découvrir des restaurants originaux

Communication	Grammaire	Vocabulaire	Phonétique	Socioculturel
• Comprendre un article sur le gaspillage alimentaire • Exprimer son accord, son approbation • Se renseigner sur le menu • Exprimer son mécontentement	• Le pronom *en* (quantité) • *Ne … que* • Le superlatif • L'adverbe en *-ment*	• Les aliments : les légumes, les fruits, les quantités, les céréales, les légumes secs • Le restaurant : les lieux où on mange, au menu, la cuisson de la viande, les moments au restaurant, les spécialités gastronomiques	• Les prononciations de *six* et *dix*	**CIVILISATION** En cuisine avec Alain Passard, chef étoilé **Oh, le cliché !** *Les Français sont des mangeurs de grenouilles !* **FRANCOPHONIE** • Quelques spécialités gastronomiques francophones • Des expressions au restaurant **▶ VIDÉO** La cuisine des saveurs
Ateliers	1. Organiser un concours de cuisine	ATELIER TECH' 2. Créer une page web sur la cuisine		
DELF A2	Entraînement : Production écrite			

Unité 7 p. 97

Parler de la personnalité de quelqu'un
Faire un portrait-robot au commissariat

Qui se ressemble s'assemble

Communication	Grammaire	Vocabulaire	Phonétique	Socioculturel
• Comprendre une infographie sur les prénoms dans le monde • Parler du caractère de quelqu'un • Faire le portrait physique de quelqu'un • Parler de ses émotions	• Les pronoms interrogatifs (*lequel*, rappel : *quel*) • Les adjectifs indéfinis *(chaque, tout, toute, tous, toutes)* • L'expression des sentiments (subjonctif ou infinitif)	• Le caractère : les qualités, les défauts, la personnalité, expressions • Le physique : les cheveux, les yeux, les mouvements du corps, les émotions	• Prononcer *tout, toute, tous, toutes*	**CIVILISATION** 365 photos qui vont (enfin) vous faire aimer les Parisiens **Oh, le cliché !** *Les Parisiens sont prétentieux et impolis.* **FRANCOPHONIE** Les prénoms populaires ▶ **VIDÉO** Les émotifs anonymes

Ateliers	**1.** Créer un test psychologique sur le caractère — ATELIER TECH' **2.** Créer son avatar sur internet
Détente	Le portrait au 20e siècle

Unité 8 p. 111

L'actu en direct

Consulter les médias et s'informer
Découvrir les nouveaux formats de l'information

Communication	Grammaire	Vocabulaire	Phonétique	Socioculturel
• Comprendre une infographie sur les nouveaux supports de l'info • Structurer son propos • Reprocher quelque chose • Comprendre un dessin humoristique sur un journal • Faire une critique positive et négative	• La cause et la conséquence • La place des pronoms COD et COI dans la phrase • L'impératif et les pronoms	• L'information, la presse : les publications, les rubriques, les métiers • Les médias, la radio, la télé : les métiers, les émissions, la série télé	• L'impératif : prononcer le s ajouté avec *en* et *y*	**CIVILISATION** Les goûts télévisés des Français **Oh, le cliché !** *Les Français : sophistiqués et chics.* **FRANCOPHONIE** • *La Presse*, quotidien québécois 100 % numérique • Les médias francophones • Une série télévisée belge ▶ **VIDÉO** Série 100 % belge

Ateliers	**1.** Écrire un compte rendu des chiffres de la semaine — ATELIER TECH' **2.** Réaliser une chronique sur une série francophone
DELF A2	Stratégies : Compréhension de l'oral

Unité 9 p. 125

Consommer autrement

Découvrir la consommation collaborative

Communication	Grammaire	Vocabulaire	Phonétique	Socioculturel
• Comprendre un texte informatif sur la consommation collaborative • Comprendre/Répondre à une annonce • Exprimer un souhait, un désir • Parler de situations imaginaires	• Le conditionnel présent (1) : rappel du conditionnel de politesse, verbes irréguliers • Le gérondif • Le conditionnel présent (2) : emploi	• La consommation : consommer, le produit, les personnes, quelques secteurs d'activité • Les objets et le bricolage : les objets du quotidien, les matières, être en mauvais état, la réparation, les travaux manuels	• L'accent d'insistance	**CIVILISATION** Les Repair Cafés : jeter ? Pas question ! **Oh, le cliché !** *Les Français sont passionnés de ventes aux enchères.* **FRANCOPHONIE** « Boîtes d'échanges entre voisins », une initiative suisse **▶ VIDÉO** Ma vie ubérisée

Ateliers 1. Organiser un troc — ATELIER TECH' 2. Créer une page Facebook d'échange de services entre étudiants

Détente Les mots mêlés de la consommation collaborative

Unité 10 p. 139

On part en voyage ?

Préparer un séjour touristique
Visiter un site touristique

Communication	Grammaire	Vocabulaire	Phonétique	Socioculturel
• Comprendre un dépliant touristique • Réserver un séjour • Se renseigner sur un site touristique • Exprimer son indifférence	• Le passé composé et l'imparfait dans le récit • L'accord du participe passé avec le COD • Les pronoms démonstratifs *(celui, celle, ceux, celles)*	• Le voyage : le séjour, les préparatifs, les prestations, voyager en avion • Le tourisme : l'office de tourisme, la visite touristique, les endroits à visiter, quelques habitants des régions françaises	• Prononcer *e, é, è*	**CIVILISATION** La France, destination touristique **Oh, le cliché !** *Les Français sont attachés à leur patrimoine.* **FRANCOPHONIE** De Jacques Cartier aux chutes du Niagara : découverte du Québec **▶ VIDÉO** Le tourisme en France

Ateliers 1. Organiser un séjour linguistique — ATELIER TECH' 2. Réaliser un carnet de voyage numérique

DELF A2 Stratégies et entraînement : Production orale

Événements culturels en francophonie

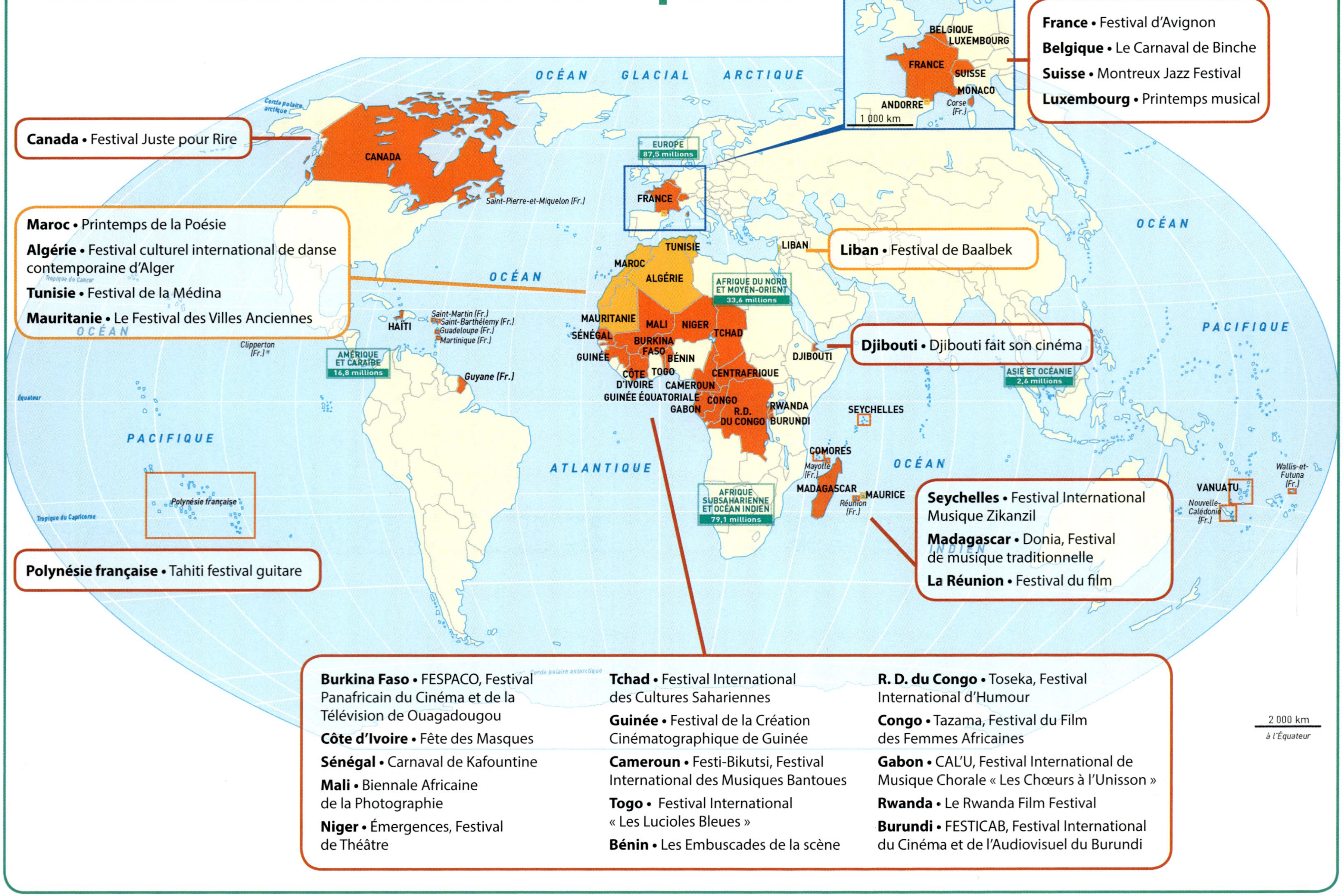

Pays ou entités où le français est langue officielle ou co-officielle

Pays ou entités où le français est couramment utilisé

Nombre de francophones *(en millions)*

C'EST LA VIE !

Objectifs

- Parler de ses origines
- Parler de ses goûts
- Proposer une sortie
- Accepter/Refuser un rendez-vous

Moi, je suis comme ça.

DOCUMENTS

A Des artistes se présentent 2

« Moi, je suis né très loin d'ici. »

Le groupe Tryo : Manu, Mali, Danielito et Guizmo. Style de musique : reggae, chanson française.

COMPRÉHENSION ORALE

Entrée en matière

1 **Regardez la photo : qui voyez-vous ? Que font-ils ? Où sont-ils ?**

2 **Quel est le style musical de Tryo ?**

1re écoute (en entier)

3 **Écoutez les témoignages de Manu, Guizmo, Mali et Danielito. Complétez le tableau avec les informations manquantes.**

	Manu	Guizmo	Mali	Danielito
Où sont-ils nés ?	*en banlieue parisienne, à Châtenay-Malabry.*	à … .	à Paris en … sud, à Antony.	au … .

2e écoute (en entier)

4 **Réécoutez les témoignages et complétez.**

	Manu	Guizmo	Mali	Danielito
Où ont-ils vécu ?	entre … et la … .	en … (à Cachan dans le Val-de-Marne) puis à la …	à Nantes, puis retour à … .	au … puis en … .

3e écoute (Danielito)

5 **Réécoutez le témoignage de Danielito et répondez.**

a | En quelle année Danielito est né « physiquement » ?

b | À quel événement correspond sa deuxième naissance ?

c | Il a recommencé sa vie à zéro en 1982 ? en 1984 ? en 1992 ?

PRODUCTION ORALE

6 **Et vous, d'où venez-vous ? Où avez-vous grandi ?**

7 **Avez-vous toujours vécu dans la même ville ?**

PRODUCTION ÉCRITE

8 **Présentez un(e) ami(e) ou un membre de votre famille dans un court texte. Parlez de ses origines.**

Pour parler de ses origines

- Je suis né à Santiago, au Chili puis j'ai déménagé à Paris.
- Je viens de …
- J'ai passé mon enfance/ma jeunesse/ma vie en Amérique latine.
- J'ai grandi en banlieue.
- J'ai vécu en ville/à la campagne pendant dix ans.

B Omar Sy, une carrière spectaculaire !

Omar Sy est un acteur et humoriste français. Il est né en 1978 à Trappes, dans la banlieue de Paris. Son père, sénégalais, et sa mère, mauritanienne, sont arrivés en France dans les années 70. Très jeune, il s'est intéressé à la comédie et s'est inscrit dans un club de théâtre.

Omar a débuté sur Radio Nova en 1996 et a fait la connaissance du comédien Fred Testot. Ils se sont associés et ont créé le duo *Omar et Fred*. Ils ont travaillé à la télévision. Leur émission est rapidement devenue très populaire. En 2011, Omar Sy a joué dans le film *Intouchables*. Avec presque 20 millions de spectateurs, cette comédie est restée en tête des entrées pendant dix semaines. L'acteur a reçu un César[1] pour son interprétation et il est devenu très célèbre.

En 2012, il a traversé l'Atlantique pour participer à des films comme *X-Men* ou *Jurassic World*. Sa famille s'est installée avec lui à Los Angeles. (Omar est marié et a quatre enfants.)

Ses passions ? Il adore jouer aux cartes ! Il aime la danse et préfère danser sur du funk. Le jazz le passionne et c'est aussi un amateur de football.

1 Récompense cinématographique.

COMPRÉHENSION ÉCRITE

Entrée en matière

1 **Connaissez-vous des noms d'acteurs et d'actrices français ?**

2 **Lisez le titre de l'article. De quoi va parler le texte ?**

Lecture

3 **Quel âge a Omar Sy ?**

4 **De quels pays viennent ses parents ?**

5 **Reconstituez les débuts d'Omar Sy à l'aide des mots suivants : *théâtre – radio – télévision – cinéma*.**

6 **Où vit Omar Sy maintenant ? Pourquoi ?**

7 **Quelles sont ses passions ?**

Vocabulaire

8 **Reliez chaque mot à son synonyme.**

a | un humoriste	**1** | un programme télé
b | un acteur	**2** | un comique
c | une émission	**3** | un comédien

PRODUCTION ORALE

9 **Et vous, avez-vous une passion ? Comment est-elle née ?**

Pour parler de ses goûts

- J'adore jouer aux cartes.
- Je m'intéresse à la comédie.
- J'aime danser.
- Je suis amateur de football.
- Le jazz me passionne.
- Je préfère danser sur du funk.

C La passion du breakdance

COMPRÉHENSION AUDIOVISUELLE

Entrée en matière

1 **Observez la photo et lisez le titre. Quel est le sujet de ce film selon vous ?**

1er visionnage (du début à « championne »)

2 **Qui sont Karima, Valentine, Auriane et Carlotta ? Ont-elles le même âge ?**

3 **Qu'est-ce que le breakdance ?**

4 **Qu'est-ce qu'une *BGirl* ?**

2e visionnage (portrait d'Auriane)

5 **Où Auriane est-elle filmée ?**

6 **Est-elle une bonne danseuse ? Pourquoi ?**

7 **D'habitude, Auriane est une personne :**

a | énervée
b | ouverte
c | réservée
d | pressée

8 **Est-ce qu'elle a la même personnalité quand elle danse ?**

9 **Quel sport a pratiqué Auriane pendant longtemps ?**

10 **Comment a-t-elle découvert le breakdance ?**

Vocabulaire

11 **Dans la vidéo, trouvez un synonyme d'*épreuve sportive*.**

GRAMMAIRE > le passé composé

Cahier unité 1 d'activités

ÉCHAUFFEMENT

1 a Observez ces phrases. Comment est formé le passé composé ?

a | Omar Sy est né en 1978 et a grandi en banlieue.
b | Il s'est inscrit dans un club de théâtre.
c | En 2011, il a joué dans *Intouchables*.
d | L'acteur a reçu un César et il est devenu très célèbre.
e | Sa famille s'est installée à Los Angeles.

b Retrouvez les participes passés. Que remarquez-vous ?

FONCTIONNEMENT

Rappel du passé composé

- On utilise le passé composé pour parler d'une action terminée et datée dans le passé.
- Le passé composé se forme avec l'auxiliaire **être** ou **avoir** au présent de l'indicatif + **le participe passé** du verbe.
- La plupart des verbes se conjuguent avec **avoir**. Mais les **verbes pronominaux** et quelques verbes* se conjuguent avec **être** :

*Omar Sy **a joué** dans le film* Intouchables.
*Il **s'est intéressé** à la comédie.*
*Il **est allé** aux États-Unis.*

***Verbes conjugués avec être :**
aller – venir – monter – descendre – entrer – sortir – passer – tomber – arriver – partir – retourner – rester – naître – mourir…

Le participe passé

- Avec **avoir**, le participe passé ne s'accorde pas avec le sujet. Avec **être**, il s'accorde avec le sujet :

*Ils **ont commencé** au théâtre.* *Ils **se sont associés** et **sont devenus** amis.*

Formation du participe passé

Verbes en :	Participes passés en :
-er	-é : *jouer → joué*
-ir	-i : *finir → fini*
-dre, -re, -oir	-u : *perdre → perdu, lire → lu, voir → vu*

Participes passés irréguliers
avoir → *eu*, devenir → *devenu*, être → *été*, faire → *fait*, inscrire → *inscrit*, mourir → *mort*, naître → *né*, ouvrir → *ouvert*, prendre → *pris*, recevoir → *reçu*, tenir → *tenu*, vivre → *vécu*, etc.

ENTRAÎNEMENT

2 Mettez les verbes soulignés au passé composé.

Jeanne Moreau est une grande comédienne française. Elle naît en 1928 à Vichy et termine ses études à Paris. Très vite, elle entre au Conservatoire. En 1947, elle va au Festival d'Avignon. À 20 ans, elle a son premier rôle à la Comédie-Française. En 1962, le film *Jules et Jim* de François Truffaut est un succès. En 2008, elle fête ses 80 ans et ses 60 ans de carrière.

3 Conjuguez les verbes au passé composé.

a | Muriel (grandir) ….. en Belgique, elle (arriver) ….. en France en 2005.
b | Ils (se voir) ….. la première fois à un concert.
c | Olivier (ouvrir) ….. une librairie.
d | Marion (s'inscrire) ….. à un cours de chant en novembre.
e | Il (prendre) ….. des cours de théâtre.

PRODUCTION ÉCRITE

4 À l'aide des informations, faites la biographie d'Eva Green. Variez les verbes.

PRODUCTION ORALE

5 Présentez-vous en six dates clés.

Eva Green

- Naissance en 1980 à Paris
- Études de théâtre
- Début de carrière au théâtre en 2001
- Premier rôle au cinéma en 2003 dans *Innocents : The Dreamers*
- 6e *James Bond girl* française en 2006
- Plusieurs rôles dans des films fantastiques

VOCABULAIRE > la vie

Activités unité 1 cahier + TNI

La vie personnelle

avoir des enfants
un(e) célibataire/être célibataire
un(e) citadin(e)
un couple/être en couple
déménager
grandir
s'installer
se marier avec quelqu'un
mourir
la naissance
naître (en ville, en banlieue, à la campagne…)
se séparer

1 Complétez les phrases avec les mots suivants : *naissance – s'installer – citadin – avoir des enfants – célibataire – se marier*

a | Il a toujours vécu en ville, c'est un vrai ….. .
b | Ils vont ….. à la mairie et ils veulent ….. , au moins 3 !
c | Elle n'aime pas la vie à la campagne, elle va ….. en ville.
d | Rose n'est pas mariée, elle est ….. .
e | Ce bébé dort très bien depuis sa ….. .

2 Retrouvez dans la liste les verbes qui correspondent aux noms suivants.
Exemple : *la naissance → naître*

a | le mariage → …..
b | la mort → …..
c | le déménagement → …..
d | la séparation → …..
e | l'installation *(f.)* → …..

La vie professionnelle

s'associer à quelqu'un
un(e) débutant(e)
débuter sa vie, sa carrière
être acteur(-trice), comédien(-ne), musicien(-ne), danseur(-se)
faire la connaissance de quelqu'un
faire ses débuts dans quelque chose
travailler
réussir quelque chose

PRODUCTION ORALE

3 Quel est le parcours de vie idéal pour vous ? *(Se marier ou pas, avoir des enfants ou pas, etc.)*

Le temps libre

un amateur/une amatrice
être amateur de quelque chose
faire du théâtre, du sport, de la musique
s'intéresser à quelque chose
jouer de la musique
le loisir
la passion
avoir une passion = être passionné(e)
pratiquer une activité

4 Complétez le portrait de Marc avec les mots suivants : *s'associer – s'intéresse – amateur – débutant – une passion – joue*

Marc a ….. : la musique. Il ….. de la trompette mais il est encore ….. . Il est ….. de jazz et ….. aux musiques du monde. Dans quelques mois, il va ……. à son ami Jules. Ensemble, ils vont ouvrir une salle de concert.

Quelques activités (1)

le chant
la comédie/le théâtre
la danse
le football
la gymnastique
la musique

5 Classez les activités de la liste.

a | les activités artistiques : …..
b | les activités sportives : …..

6 Quelles autres activités artistiques ou sportives connaissez-vous ?

PRODUCTION ORALE

7 Pratiquez-vous une de ces activités ? Pourquoi ?

D À chacun son salon

On y va plutôt samedi ou dimanche ?

COMPRÉHENSION ORALE

Entrée en matière

1 À votre avis, qu'est-ce qu'un *salon* ?

1re écoute (en entier)

2 Qui parle ?

3 Où se passe la scène ?

4 Quel est le sujet de la discussion ?

2e écoute (en entier)

5 Quelles sont les idées de sorties de Mariette ? Manu est-il d'accord ? Pourquoi ?

6 Qu'est-ce qu'ils ont décidé de faire ? Quand ?

Vocabulaire

7 Faites la liste des sports que vous entendez dans le dialogue.

E Envie de sortir ?

Sorties du week-end

1

Visiter l'expo Niki au Grand Palais

3, avenue du général Eisenhower, Paris.

Billet plein tarif : 14 euros.

Grande exposition sur Niki de Saint Phalle

Présentation des œuvres d'une artiste multi-facettes[1] : peintre, sculptrice, et cinéaste expérimentale.

2

Voir une pièce au Théâtre le TOP

20 h 00.

Théâtre le TOP, 1 place Bernard Palissy, Boulogne-Billancourt. 01 46 03 71 17

Journal d'une femme de chambre

Début du xxe siècle. Célestine, une jeune femme de chambre, vient d'arriver à Paris pour travailler au service de la famille Lanlaire...

3

Se balader au Salon des sports

Grande Halle de la Villette. 211, avenue Jean Jaurès, Paris.

Vendredi et samedi de 12 h 30 à 22 h, dimanche de 11 h à 20 h

25 € ou 60 € (Pass 3 jours)

100 sports à tester ! Cours gratuits de judo, escrime, canoë-kayak, équitation, escalade, vélo, boxe, etc. Concerts, démonstrations et compétitions non-stop ! Remise de prix[2] aux vainqueurs samedi à 18 h.

1 Qui a plusieurs talents. 2 Récompense sportive.

COMPRÉHENSION ÉCRITE

Entrée en matière

1 De quel type de document s'agit-il ?

Lecture

2 Quelles sorties sont proposées ?

3 Quelles sont les informations pratiques (lieu, horaires, coût) pour les trois événements ? Sont-elles identiques ?

Vocabulaire

4 Trouvez dans le texte 3 un synonyme de *gagnant*.

PRODUCTION ORALE

5 En scène ! Par groupe de trois. Vous avez décidé de sortir ensemble ce week-end. Proposez des sorties et mettez-vous d'accord sur un programme. Fixez le lieu, les horaires et le coût.

Pour...

proposer une sortie :
- On sort ce week-end ?
- Ça te/vous dit d'aller au musée avec moi/avec nous ?
- Tu as/Vous avez envie d'aller au théâtre ?

accepter et fixer un rendez-vous :
- Ça marche ! On se voit à quelle heure ?
- On se retrouve devant le musée à midi.
- Pourquoi pas, rendez-vous à 15 h.

refuser :
- Je ne sais pas, je vais réfléchir.
- Je suis désolé(e), je ne suis pas libre mardi.
- Ça ne me dit rien.

GRAMMAIRE > la phrase négative

Cahier d'activités unité 1

ÉCHAUFFEMENT

1 Observez ces phrases négatives. Quels éléments composent la négation ?

a | Il n'y a rien d'intéressant.
b | On n'a plus de bols.
c | On ne sort jamais le dimanche.
d | Manu ne voit personne le week-end.

FONCTIONNEMENT

2 Relisez les phrases et associez. La négation…

ne … rien •
ne … jamais •
ne … personne •
ne … plus •

• indique une situation qui a changé.
• est la négation de *quelqu'un*.
• est la négation de *quelque chose*.
• est la négation de *toujours*.

La phrase négative

Ne … pas permet de faire une négation simple. **Ne … plus**, **rien**, **personne**, **jamais** permettent de faire une négation plus précise.

Négation pour…	Forme affirmative	Forme négative
une chose. quelque chose > **ne … rien**	*Elle a vu **quelque chose**.* *Elle voit **la scène**.*	*Elle **n'**a **rien** vu.* *Elle **ne** voit **rien**.*
une personne. quelqu'un > **ne … personne**	*Je vois **quelqu'un/tout le monde**.*	*Je **ne** vois **personne**.*
la fréquence. toujours, parfois, souvent *et* déjà > **ne … jamais**	*Elle a **déjà** vu cette pièce.* *Tu vas **souvent/parfois** au théâtre.*	*Elle **n'**a **jamais** vu cette pièce.* *Tu **ne** vas **jamais** au théâtre.*
un changement de situation. toujours, encore > **ne … plus**	*On a **encore** des bols.* *Il est **toujours** au concert.*	*On **n'**a **plus** de bols.* *(= Avant, on avait des bols.)* *Il **n'**est **plus** au concert.* *(= Il est parti maintenant.)*

Place de la négation

Au **présent**, la négation encadre le verbe.
Présent : *Elle **ne** voit **pas**. / Elle **ne** voit **rien**.*

Au **passé composé**, elle encadre l'auxiliaire :
Passé composé : *Elle **n'a pas** vu. / Elle **n'a rien** vu.*

ENTRAÎNEMENT

3 Mettez ces phrases à la forme négative.

a | J'ai regardé une comédie à la télé hier soir.
b | Il joue encore dans cet orchestre le week-end. plus
c | Elle est déjà allée voir ce film. jamais
d | Il chante toujours sous la douche ?
e | Il y a quelqu'un dans la salle.
f | Elle a entendu quelque chose.
g | Je suis souvent allé à la Foire de Bruxelles. jamais

4 Complétez les réponses avec la négation qui convient.

Exemple : – *Tu as déjà visité ce musée ?*
– *Non, je n'ai jamais visité ce musée.*

a | – Tu as déjà vu Tryo sur scène ?
– Non, je …..
b | – Elles jouent encore ?
– Non, elles …..
c | – Tu vas parfois à l'opéra ?
– Non, je …..
d | – Tu as pris quelque chose ?
– Non, …..
e | – Vous cherchez quelqu'un ?
– Non, …..
f | Il est toujours en retard ! Moi, c'est le contraire.
Je …..

PRODUCTION ÉCRITE

5 Écrivez quatre mini-dialogues, comme dans l'exemple. Utilisez *ne … plus, jamais, rien* et *personne*.

Exemple : – *Tu as acheté les billets pour le concert ?*
– *Non, je n'ai rien acheté, désolé !*

F La pétanque est à la mode !

Joueurs de pétanque au parc de la Villette à Paris.

Non ! La pétanque n'est plus réservée aux vacances dans le Sud de la France ou aux films inspirés des livres de Marcel Pagnol ! On joue aussi à la pétanque sur les bords de Seine ou en Bretagne. Zoom sur cette pratique, entre sport et loisir.

« En France, la pétanque et le jeu provençal[1] sont des sports majeurs avec plus de 350 000 licenciés dont 20 000 femmes et 15 000 jeunes, se réjouit Hervé Rofritsch. C'est la 4e fédération sportive nationale. Ce sport évolue : de plus en plus de gens jouent maintenant aux boules pour des parties conviviales[2]. On note aussi une augmentation des terrains de boules à domicile ! Une autre tendance : la pétanque se développe énormément à l'étranger. Les pays proches de la France sont bien sûr présents mais aussi la Suède, la Norvège, le Danemark et, hors Europe, les États-Unis, le Brésil, l'Asie avec le Japon, la Thaïlande, l'Afrique avec Madagascar et les pays du Maghreb, et l'Océanie avec l'Australie et la Nouvelle-Zélande. »

www.decouvrir-marseille.fr, 12 octobre 2015.

1 Jeu de boules, à l'origine de la pétanque. 2 Amicales.

COMPRÉHENSION ÉCRITE

Entrée en matière

1 Décrivez la photo. Que font ces jeunes ? Où jouent-ils ?

2 Vous avez déjà joué à la pétanque ?

Lecture

3 Lisez l'article. Répondez par vrai ou faux et justifiez votre réponse.

a | On joue à la pétanque seulement dans le Sud de la France.
b | On ne pratique pas la pétanque en Bretagne.
c | La pétanque est une activité sportive et de loisir.
d | C'est un sport important en nombre de licenciés.
e | Les gens apprécient d'avoir un terrain de boules chez eux.
f | La pétanque est devenue un sport international.
g | On trouve des amateurs sur tous les continents.

Vocabulaire

4 Qu'est-ce qu'un *licencié* dans une fédération sportive ?

a | une personne inscrite
b | une personne experte

Oh, le cliché !

« Seuls les habitants du Sud de la France jouent à la pétanque. »

La pétanque est un jeu de boules très populaire dans toute la France et qui se développe dans le monde. On joue à la pétanque avec des boules métalliques et une petite boule en bois appelée « cochonnet ».

→ Connaissez-vous ce jeu ? Quel est le jeu ou le loisir préféré des habitants de votre pays ? Présentez-le.

PRODUCTION ÉCRITE >>> DELF

5 Vous habitez en France. Vous lisez cette annonce :

CONCOURS DE PÉTANQUE
Contactez Zoé :
zoe@kmail.fr

Vous écrivez à Zoé : vous lui dites que le concours vous intéresse. Vous vous renseignez sur le prix de l'inscription, la date et le lieu du concours.

Au fait !

Les Français aiment beaucoup jouer. Ils sont presque 87 % à jouer à des jeux de société et à des jeux de cartes. Les jeux de stratégies, comme les dames (64 %), les échecs (36 %) et les jeux vidéo (57 %) sont aussi très appréciés. Les jeux de cartes préférés des Français sont la belote (51,9 %) et le tarot (43 %).

(Chiffres BVA)

VOCABULAIRE > les loisirs

Activités unité 1 cahier + TNI

Les sorties

le cinéma
le concert
l'exposition *(f.)*
le festival
la pièce de théâtre/le théâtre
le salon
le spectacle

Sortir

aller au cinéma, à un festival
assister à un spectacle de...
écouter un concert
visiter une expo
voir une pièce de théâtre

PRODUCTION ORALE

1 **Quelles sorties préférez-vous faire seul(e) ? avec des amis ? en famille ?**

Quelques activités (2)

la boxe
le canoë-kayak
l'équitation *(f.)*
l'escalade *(f.)*
l'escrime *(f.)*
le judo
la peinture
la pétanque
la sculpture
le tir à l'arc
le vélo

2 **Retrouvez dans la liste le nom de ces sports.**

PRODUCTION ÉCRITE

3 **Faites la liste des sports que vous pratiquez et des sports que vous rêvez de pratiquer.**

Pratiquer un sport

l'amateur ≠ le professionnel
le champion
la compétition
le concours
la course
gagner ≠ perdre
le joueur/la joueuse
le match
le vainqueur ≠ le perdant

4 **Complétez avec les mots suivants :**
compétition – professionnelles – pratique – joueuse – matchs – gagné

Fatima est une grande ..... de basket. Elle ..... ce sport depuis 15 ans. Elle joue dans une équipe de ..... . Elle a joué presque 1 000 ..... ! et son équipe a ..... la dernière ...... nationale.

Les jeux

le jeu de société (les échecs, les dominos, les dames, le Scrabble...)
le jeu de cartes (la belote, le poker, le tarot...)
le jeu de hasard (le loto, les jeux de dés, la roulette...)
le jeu en ligne
le jeu vidéo
la console de jeux

5 **Retrouvez dans la liste le nom de ces jeux.**

PRODUCTION ORALE

6 **Quels jeux préférez-vous ? Pourquoi ?**

G Le Sénégal en fête !

Kafountine

Le Carnaval de Kafountine se déroule tous les ans pendant une semaine au début du mois de février. Cet événement est une véritable vitrine[1] de la culture traditionnelle sénégalaise. Les carnavaleux découvrent toutes les facettes[2] de la culture du pays à travers les danses, les chants, les sons de percussions, les combats de lutte, la gastronomie...

Saint-Louis

Chaque année, la dernière semaine du mois de décembre se tient le Fanal[3] à Saint-Louis. Il s'agit de l'une des plus importantes manifestations de la ville. La fête donne lieu à des parades nocturnes, des spectacles de danses et de chants dans les rues de la ville. Des lampions faits à la main illuminent la ville.

Dakar

Africa Fête est un festival de musique qui a lieu chaque année, de fin novembre à fin décembre à Dakar, mais aussi à Saint-Louis, à Kaolack et à Louga. Ce festival met à l'honneur[4] la musique africaine traditionnelle et contemporaine. Tous les ans, de nombreux chanteurs et groupes se produisent sur les scènes du festival Africa Fête.

www.cityzeum.com

1 Présentation. 2 Aspects. 3 La fête des lanternes. 4 Met en avant.

COMPRÉHENSION ÉCRITE

Entrée en matière

1 Où se trouve le Sénégal ? Situez-le sur la carte page 12.

2 Décrivez la photo.

Lecture

3 Lisez le texte. Quels événements ont lieu tous les ans dans les villes de Kafountine, Saint-Louis et Dakar ?

4 Qu'est-ce qu'on peut faire à ces occasions ?

5 Lisez les portraits d'Ali, Louise et David et dites quelles fêtes ils vont choisir.

a | Ali est chanteur et musicien. Il adore assister à des concerts et est libre début décembre.

b | Louise est passionnée de culture traditionnelle africaine. Elle peut prendre des vacances au début de l'année.

c | David souhaite passer les fêtes de fin d'année en Afrique et préfère les spectacles de rues.

Vocabulaire

6 Que signifie l'expression *les carnavaleux* ?

a | les personnes qui assistent à un carnaval

b | les personnes qui assistent à un festival

7 Qu'est-ce qu'*une parade* ?

a | un défilé **b** | un concert

PRODUCTION ORALE >>> DELF

8 Quel est votre festival ou votre fête préféré(e) ? Dites pourquoi vous l'aimez.

PRODUCTION ÉCRITE

9 Dans un court texte, présentez une fête traditionnelle de votre pays. Précisez quand elle a lieu.

Pour situer un événement dans le temps

- Le carnaval se déroule au début du mois de février.
- Le festival a lieu de fin novembre à fin décembre.
- Le Fanal se tient la première/dernière semaine du mois de décembre.

H Tu es libre ? 4

COMPRÉHENSION ORALE

Entrée en matière

1 **Lisez la phrase extraite du document.**
À votre avis, qu'est-ce que vous allez écouter ?

« Veuillez laisser un message après le bip. »

2 écoutes (en entier)

2 **Pourquoi Mayana appelle Annick ?**

3 **Mayana est membre de Sol'Africa depuis quand ?**

4 **Quand est-ce que Mayana a participé au festival de cinéma afro-caribéen ?**

5 **Le festival dure combien de temps ?**

PRODUCTION ÉCRITE

6 **Dans un mail, vous répondez à Mayana. Vous acceptez ou refusez son invitation.**

GRAMMAIRE > les indicateurs de temps

Cahier unité 1 d'activités

ÉCHAUFFEMENT

1 **Soulignez les indicateurs de temps dans les phrases suivantes.**

a | Je fais partie de l'association Sol'Africa depuis mai 2015.

b | Il dure pendant cinq jours.

c | Il y a quinze jours, on a participé au festival du cinéma afro-caribéen.

FONCTIONNEMENT

Les indicateurs de temps

2 **Observez les actions exprimées avec depuis, il y a et pendant dans les exemples ci-dessus et complétez.**

- L'action est terminée au moment où on parle : phrase ***c*** → On utilise ***il y a***
- La durée de l'action est délimitée dans le temps : phrase … → On utilise ……
- L'action continue au moment où on parle : phrase ….. → On utilise …..

REMARQUE
L'élision de **pendant** est parfois possible : *J'ai vécu à Montréal (**pendant**) dix ans.*

ENTRAÎNEMENT

3 **Complétez avec *il y a* ou *depuis*.**

a | Il fait du judo ….. des années mais il a décidé d'arrêter ….. quelques jours.

b | Mon frère m'a téléphoné ….. cinq minutes : les places pour le concert sont en vente ….. une heure.

c | L'ouverture du théâtre a eu lieu ….. trois mois et les comédiens jouent la pièce ….. octobre.

d | Nous sommes rentrés ….. deux semaines et je suis malade ….. notre retour.

4 **Complétez avec *pendant* ou *depuis*.**

a | Elle n'a pas fait d'escalade ….. dix ans mais elle va en faire ….. les vacances.

b | Nous sommes en Chine ….. trois semaines et nous allons encore voyager ….. trois semaines.

c | J'ai fait de la danse ….. des années et je fais du foot ….. deux mois.

d | Je joue de la guitare le jeudi ….. deux heures ….. deux ans.

5 **Complétez avec *pendant, depuis* ou *il y a* et justifiez votre réponse.**

a | Nous sommes allés à Dakar ….. trois semaines.

b | Il s'entraîne pour les JO ….. plusieurs mois.

c | J'ai perdu cent euros au casino ….. trois jours.

PHONÉTIQUE Les sons [s] et [z]

Cahier d'activités unité 1

ÉCHAUFFEMENT

5

1 Écoutez et observez les phrases suivantes. Dans quels mots entendez-vous le son [s] ? Dans quels mots entendez-vous le son [z] ? Faites une liste.

a | Jean est passionné par les jeux de hasard.
b | Il a commencé à l'âge de six ans.
c | J'aime la danse et les activités artistiques.
d | Elle fait quinze heures de sport par semaine.
e | Mes garçons aiment la compétition.

FONCTIONNEMENT

2 Comment s'écrivent [s] et [z] ? Observez les tableaux et complétez les exemples avec les mots de l'activité 1.

Graphies du son [s]

s au début du mot	*s* avant ou après une consonne	*ss* entre deux voyelles	*c* + e, i, y	*ç* + a, o, u	*t* + ion
se **s**éparer, …	l'e**s**crime, la cour**s**e, …	un profe**ss**ionnel, …	le **c**inéma, la bi**c**yclette, …	le fran**ç**ais, re**ç**u, …	l'équita**t**ion, …

Graphies du son [z]

z	*s* entre deux voyelles	*s* dans une liaison	*x* dans une liaison
le ja**zz** …	la mu**s**ique …	le**s é**checs …	les jeu**x O**lympiques …

ENTRAÎNEMENT

3 Écoutez et répétez les phrases. 6

4 Trouvez trois mots qui contiennent le son [s] et trois mots qui contiennent le son [z] (variez les façons d'écrire les sons [s] et [z]). Notez ces six mots sur des papiers (un mot par papier). Mélangez et tirez chacun 3 papiers au hasard. Puis, par deux, rassemblez vos mots et écrivez des petits dialogues.

L'ESSENTIEL GRAMMAIRE/VOCABULAIRE

1 Le passé composé. Conjuguez les verbes au passé composé.

Pierre Boulez (naître) ….. le 26 mars 1925. Il (prendre) ….. des cours de piano à 7 ans. En 1943, il (s'installer) ….. à Paris. Au Conservatoire, il (faire) ….. la connaissance d'Olivier Messiaen, son professeur. Pendant 10 ans, il (être) ….. le « chef de la musique » d'une compagnie de théâtre. Il (débuter) ….. sa carrière de compositeur en 1947. Il (recevoir) ….. de nombreux prix et (devenir) ….. un compositeur et un chef d'orchestre très célèbre dans le monde. Il (mourir) ….. le 5 janvier 2016.

2 La phrase négative. Mettez les phrases suivantes à la forme négative. Utilisez *ne … plus, jamais, personne* ou *rien*.

a | Ils vont au cinéma le vendredi.
b | Zoé a vu quelque chose d'étrange hier.
c | Je vois quelqu'un au premier étage.
d | Elle parle encore de cet acteur japonais.
e | Il a déjà assisté à ce spectacle.
f | Aurèle a vu tout le monde en ville.

3 La vie. Trouvez les réponses à ces devinettes.

a | C'est le début de la vie.
b | C'est vivre seul(e).
c | C'est changer de logement.
d | C'est commencer sa vie professionnelle.
e | C'est la fin de la vie.

4 Les loisirs. Trouvez l'intrus.

a | la photographie – la musique – l'escrime – la sculpture
b | le concert – la pièce de théâtre – le match – le spectacle
c | le judo – le canoë-kayak – la boxe – la gym

ATELIERS

1 ORGANISER UN CONCOURS DE PÉTANQUE

Vous allez organiser et participer à un concours de pétanque.

Démarche
Formez des groupes de trois ou quatre.

1 Préparation
- Ensemble, déterminez le nombre de participants. Composez les équipes, affichez-les au tableau.
- Trouvez un terrain et fixez la date du tournoi.
- Choisissez un prix pour l'équipe gagnante.
- Recherchez les règles du jeu sur internet. Par exemple, consultez le site Obut, spécialisé dans la pétanque.

2 Réalisation
- Formez les équipes.
- Commencez le tournoi et, si vous le souhaitez, filmez votre équipe avec un téléphone portable.

3 Présentation
- Vous remettez le trophée à l'équipe gagnante.
- À la manière d'un reporter sportif, vous visionnez vos vidéos et commentez vos exploits ! Vous pouvez poster les vidéos les plus amusantes sur votre page Facebook.

2 FAIRE UN PORTRAIT INTERACTIF D'UNE PERSONNALITÉ FRANCOPHONE

ATELIER TECH'

Vous allez créer un portrait interactif d'une personnalité francophone de votre choix.

Démarche
Formez des groupes de trois ou quatre.

1 Préparation
- En groupe, choisissez un thème. Par exemple : *le cinéma, la chanson, le sport, la littérature, les sciences…*
- Sélectionnez trois ou quatre personnalités francophones dans ce domaine.
- Faites des recherches sur ces personnes : *informations sur leur vie, leur parcours et aussi des photos, des vidéos, des enregistrements,* etc.

Véronic DiCaire, chanteuse et imitatrice canadienne.

2 Réalisation
- Mettez en commun les résultats de vos recherches et écrivez une biographie sur les personnalités sélectionnées.
- Avec les documents trouvés, créez une présentation interactive de ces personnalités à l'aide d'un logiciel de création de diaporama (comme *Powerpoint* ou *Prezi*, par exemple).
- Si le logiciel vous le permet, enregistrez le texte de la biographie pour qu'il accompagne votre diaporama, comme les commentaires d'une voix off.

3 Présentation
- Présentez votre diaporama à la classe. Expliquez pourquoi vous avez choisi ce thème et ces personnalités.
- Si cela est possible, organisez une exposition interactive et francophone dans votre établissement : projetez les diaporamas dans une salle et partagez vos connaissances avec les visiteurs.

Quiz sports et loisirs

Testez vos connaissances dans le domaine du temps libre !

1 **Quel sport devient olympique en 2016 à Rio ?**

a | le golf
b | le baseball
c | le squash

2 **Après les jeux Olympiques, quelle compétition sportive est la plus regardée au monde ?**

a | la Coupe du monde de football
b | le Tour de France
c | le Superbowl

3 **Quel sport est très pratiqué au Québec ?**

a | le hockey sur glace
b | le football
c | le rugby

4 **Comment s'appelle ce grand champion de tennis suisse ?**

a | Roger Ferrero
b | Roger Federer
c | Roger Ferrari

5 **Quelle actrice française a joué dans *Da Vinci Code* ?**

a | Marion Cotillard
b | Audrey Tautou
c | Juliette Binoche

6 **Quel monument a été construit pour l'Exposition universelle de Bruxelles en 1958 ?**

a | Le Palais d'Egmont
b | Le Parlamentarium
c | L'Atomium

7 **Quel parc de loisirs se trouve en Belgique ?**

a | Walibi
b | le Parc Astérix
c | le Futuroscope

8 **Quel monument célèbre appelle-t-on la « Maison de Molière » ?**

a | la Bibliothèque nationale de France
b | l'Opéra Garnier
c | la Comédie-Française

SOUVENIRS, SOUVENIRS

Objectifs

- Décrire une photo
- Raconter des souvenirs (bons ou mauvais)
- Écrire une carte postale ou un commentaire en ligne

Si mes souvenirs sont bons…

A Douroff, le clown

C'était le clown illustre du Cirque Ciniselli. J'allais tous les dimanches en matinée le voir, et je voulais être au premier rang, toujours, pour bien le voir. Et mon cœur battait fort quand il apparaissait.

Ce visage tout blanc, ces yeux pétillants de malice[1], ces sourcils différents, l'un sévère et froncé, l'autre gai, s'envolant, cette voix extraordinaire, – et cet accent anglais que ce Russe prenait pour parler français, – et ce costume magnifique, bicolore et pailleté, tout cela m'enchantait ! Je le considérais comme un être irréel, improbable, et j'étais en extase devant lui. (...) Il me reconnaissait toujours. (...) Mais comment pouvait-il savoir certains détails de ma petite existence ? Il me montrait du doigt, s'adressait au public et disait :

« Voilà un petit garçon qui n'a pas voulu manger sa soupe hier au soir ! »

Et c'était vrai.

Comment pouvait-il deviner ces choses que mon père ne devait raconter qu'à ses amis intimes ? Quelle pouvait-être la source de ses renseignements ?

Sacha Guitry[2], *Souvenirs*, Plon, 1935.

1 Brillants d'intelligence. 2 Auteur de pièces de théâtre.

COMPRÉHENSION ÉCRITE

Entrée en matière

1 Observez la photo et décrivez la scène.

1re lecture (en entier)

2 Lisez le texte. Selon vous, est-ce :

a | un article de journal ? **b** | un texte littéraire ?

2e lecture (en entier)

3 Où et quand le petit garçon voit-il le clown ?

4 Décrivez Douroff.

5 Quelle est la réaction du petit garçon quand il le voit ?

6 Est-ce que le clown connaît le petit garçon ? Pourquoi selon vous ?

Vocabulaire

7 Reliez chaque mot à son synonyme.

a | illustre	**1** | très beau
b | visage	**2** | vie
c | renseignement	**3** | face
d | existence	**4** | très connu
e | magnifique	**5** | information

Pour décrire une photo

- C'est une photo en couleurs/en noir et blanc.
- Sur la photo, il y a…
- Au premier plan, on voit une personne…
- Au second plan, c'est un paysage…
- La photo montre des enfants, des animaux, …

PRODUCTION ORALE

8 Aimez-vous aller au cirque ?

9 Quelles activités pratiquent les enfants dans votre pays ?

B Je me souviens

1 Je me souviens des dîners à la grande table de la boulangerie. Soupe au lait l'hiver, soupe au vin l'été.
2 Je me souviens des jeux à l'élastique à l'école.
3 Je me souviens de Monsieur Mouton, l'ophtalmo[1], qui avait une moustache blanche.
4 Je me souviens de l'odeur enivrante[2] des livres, à la rentrée scolaire.
5 Je me souviens de notre voiture qui prend feu dans les bois de Lancôme en 76.

Georges PEREC, *Je me souviens, Les choses communes 1*, Hachette, 1978.

1 Médecin des yeux. 2 Excitante.

COMPRÉHENSION ÉCRITE

Entrée en matière

1 Observez la photo et décrivez-la.

Lecture

2 Lisez l'extrait littéraire. Associez un des mots suivants à chaque souvenir.

a | un jeu : *n°2*
b | un accident : …
c | une odeur : …
d | une personne : …
e | un goût : …

PRODUCTION ÉCRITE

3 Écrivez trois courts souvenirs d'enfance à la manière de Georges Perec, puis lisez les trois phrases à votre voisin(e). Il/Elle peut demander des précisions.

Pour raconter des souvenirs

- Je me souviens des dîners à la grande table *(se souvenir de quelque chose)*.
- Je me rappelle les dîners à la grande table *(se rappeler quelque chose)*.
- J'ai des souvenirs d'amitiés/de famille/de bons moments…
- Je suis nostalgique de mon enfance.
- J'ai des souvenirs incroyables.
- Ce sont des moments inoubliables.

C Les auditeurs ont la parole 7

COMPRÉHENSION ORALE

« Ce sont des souvenirs inoubliables. »

Entrée en matière

1 Décrivez les lieux, les saisons et les personnes sur les photos.

1re écoute (témoignages 1, 2, 3 en entier)

2 Qu'est-ce que vous écoutez ?

a | une émission de radio
b | une conversation entre amis

3 Associez chaque photo à un des témoignages.

a

…

2e écoute (témoignages 1, 2, 3 en entier)

4 Où et quand Judith, Hippolyte et Éric partaient en vacances ?

5 Comment occupaient-ils leur temps ?

6 Avec qui partageaient-ils leurs activités ?

b

…

c

…

3e écoute (témoignage 3 en entier)

7 D'où venaient les amis d'Éric ?

8 Est-il toujours en contact avec eux ?

Vocabulaire

9 Réécoutez les trois témoignages.

a | Trouvez les adjectifs associés aux souvenirs des trois personnes.
super – agréable – extraordinaire – inoubliable – génial – sensationnel – fantastique – incroyable
b | Ces adjectifs sont positifs ou négatifs ?

GRAMMAIRE > l'imparfait

Cahier d'activités unité 2

ÉCHAUFFEMENT

1 Observez ce passage. Trouvez les verbes conjugués à l'imparfait et retrouvez leur infinitif.
C'était le clown illustre du Cirque Ciniselli. J'allais tous les dimanches en matinée le voir, et je voulais être au premier rang, toujours, pour bien le voir. Et mon cœur battait fort quand il apparaissait.

2 Quelles sont les phrases ci-dessus qui permettent :
a | de parler d'une habitude dans le passé ?
b | de décrire une scène ?

FONCTIONNEMENT

L'imparfait

Emploi
L'imparfait permet de décrire une scène passée ou de parler d'une habitude passée.

Formation
L'imparfait se forme sur le **radical du verbe conjugué à la 1re personne du pluriel** (***nous***) **au présent** + **terminaisons**.
Une exception : le verbe **être** (*j'étais, tu étais, il était...*).

	avoir	manger	commencer
je/j'	**avais**	**mangeais**	**commençais**
tu	**avais**	**mangeais**	**commençais**
il/elle/on	**avait**	**mangeait**	**commençait**
nous	**avions**	**mangions**	**commencions**
vous	**aviez**	**mangiez**	**commenciez**
ils/elles	**avaient**	**mangeaient**	**commençaient**

REMARQUES
Pour exprimer la fréquence, l'habitude avec l'imparfait, on utilise les expressions suivantes :
- ***À cette époque,*** *je vivais...*
- *Nous allions à l'école* ***chaque jour/tous les jours****.*
- ***Chaque semaine/Toutes les semaines,*** *il y avait...*
- *Nous buvions* ***de temps en temps/parfois*** *un chocolat.*
- *J'allais* ***souvent****...*
- *Il faisait* ***toujours/tout le temps*** *beau.*

ENTRAÎNEMENT

3 Conjuguez les verbes à l'imparfait.
Exemple : *dire : nous dis~~ons~~ → je disais*

a | boire → je buv.....
b | écrire → j'.....
c | faire → je .....
d | voir → je .....
e | lancer → il .....
f | pouvoir → il .....
g | finir → il .....
h | voyager → il .....
i | recevoir → il .....
j | étudier → nous .....
k | devoir → nous .....
l | ouvrir → nous .....
m | payer → nous .....
n | savoir → nous .....

4 Complétez à l'imparfait.
Quand j'étais petit, je (vivre) ..... en Belgique. Mon père (prendre) ..... le métro tous les jours pour aller au travail. Ma mère (s'occuper) ..... de nous et elle nous (accompagner) ..... à l'école le matin. De temps en temps, nous (s'arrêter) ..... au petit café « Lili » où nous (boire) ..... un chocolat. Je me souviens encore du parfum de ma mère. Elle (se parfumer) ..... tous les matins et (sentir) ..... bon le jasmin. Chaque mercredi, mes sœurs (aller) ..... au cirque et (faire) ..... du trapèze. Elles (vouloir) ..... devenir acrobates. Et moi, je (jouer) ..... au basket avec mes amis.

PRODUCTION ORALE

5 Lisez ce passage sur la vie actuelle de Sam puis imaginez sa vie avant.
Aujourd'hui, Sam a deux enfants et vit à Montréal. Il a ouvert un restaurant français et fait souvent du ski. Il est très heureux parce qu'il a réalisé son rêve.
Avant, Sam vivait en France, mais il n'était pas heureux...

PRODUCTION ÉCRITE

6 Racontez une période de votre d'enfance.
Dans les années ..... , je vivais ..... . Chaque jour, ...

VOCABULAIRE > le souvenir

Activités unité 2 cahier + TNI

La mémoire

être nostalgique
effacer un souvenir
oublier quelque chose/quelqu'un
raconter/évoquer un souvenir
se souvenir de quelque chose/quelqu'un
se rappeler quelque chose

Les souvenirs…

d'adolescence *(f.)*
d'école *(f.)*
d'enfance *(f.)*
de famille *(f.)*
de jeunesse *(f.)*
de vacances *(f. pl.)*

1 Complétez le texte avec les mots suivants : ***mémoire – me rappelle – perd – nostalgique – oublie – anniversaire***

Souvenir d'enfance
Sur cette photo, je ….. , j'ai 5 ans. C'est le 10 juillet, le jour de mon ….. . Je suis avec ma grand-mère qui commence à perdre la ….. . Elle ….. souvent mon prénom et ….. tout le temps ses lunettes ! Elle est très drôle ! Je suis ….. de cette époque.

Qualifier un souvenir

agréable
bon
difficile
drôle
heureux
horrible
inoubliable
joyeux
mauvais
triste

2 Classez les adjectifs positifs et négatifs de la liste *Qualifier un souvenir*.

Les types de mémoire

la mémoire auditive
la mémoire gustative
la mémoire olfactive
la mémoire tactile
la mémoire visuelle

3 Associez chaque type de mémoire à une partie du corps.
a | le nez → …
b | la main → …
c | les yeux → …
d | la bouche → …
e | les oreilles → …

Au fait !

Dans *À la recherche du temps perdu*, le narrateur (Marcel Proust) mange une madeleine. Le goût de ce petit gâteau lui rappelle un souvenir de son enfance à Combray : quand il était enfant, sa tante lui donnait de petites madeleines trempées dans du thé. Son souvenir naît donc d'une sensation…

La mémoire des sens

le goût
l'odorat *(m.)*
l'ouïe *(f.)*
le toucher
la vue

écouter
entendre
goûter
sentir
toucher
voir

4 Classez les verbes et les noms dans le tableau.
a | voir – attraper – caresser – manger – écouter – boire – parfumer – regarder – sentir bon – entendre
b | l'odeur – le bruit – la couleur – la saveur – la matière

la vue	l'odorat	le toucher	l'ouïe	le goût
…..	…..	…..	…..	…..

D La Guadeloupe, d'île en île

On y vient pour ses plages de sable blanc, sa douceur de vivre, sa cuisine pimentée et son soleil d'hiver... mais aussi pour s'y promener d'île en île et faire de la plongée, du canyoning, des randonnées ou de la voile. La Guadeloupe est un ensemble d'îles très différentes par leur ambiance, leur taille et leurs paysages. Leurs noms font rêver : Les Saintes, Marie-Galante, La Désirade, Grande-Terre et Basse-Terre. Les deux plus grandes sont reliées et forment le « Papillon guadeloupéen ». Pour découvrir les autres îles, il faut prendre le bateau pendant une à deux heures.

À Marie-Galante, appelée l'île aux cent moulins, on va chercher l'authenticité[1]. Terre agricole, avec ses plantations de canne à sucre, ses rhumeries artisanales, elle garde un art de vivre ancestral[2]. À côté, les îles de Petite-Terre sont classées réserve naturelle. Leurs paysages sont très variés : végétation forestière, plages sableuses, côtes rocheuses, lagons. Un peu plus loin, Les Saintes, où habitaient à l'origine Bretons et Normands, plaisent par leurs rues colorées, leurs barques multicolores, leurs cases de bois et leur magnifique baie.

Bérangère Lauprête, *Femme Actuelle N°1583, du 26/01 au 01/02/2015.*

1 La pureté, le naturel. 2 Façon de vivre traditionnelle.

COMPRÉHENSION ÉCRITE

Entrée en matière

1 Qu'est-ce que la Guadeloupe ?

Lecture

2 Qu'appelle-t-on le *Papillon guadeloupéen* ?

3 Que peut-on voir à Marie-Galante ?

4 Quelle est la caractéristique des îles de Petite-Terre ?

5 Qui vivait aux Saintes ?

Vocabulaire

6 Associez les photos aux mots suivants :
un moulin – une canne à sucre – une barque – une case – un lagon.

a

b

c

d

e

E C'était bien les vacances ? 8

COMPRÉHENSION ORALE

Entrée en matière

1 Selon vous, que sont des vacances catastrophiques ?

2 écoutes (en entier)

2 Vrai ou faux ? Justifiez votre réponse.

a | C'est Pénélope qui appelle Amélie.
b | Les jeunes femmes vivent en Guadeloupe.
c | Pénélope est partie seule en vacances.
d | Elle s'est bien amusée.
e | La conversation s'arrête tout à coup.

Vocabulaire

3 Réécoutez le dialogue. De quels problèmes parle Pénélope ?

« Ah écoute, une catastrophe ! »

PRODUCTION ORALE >>> DELF

4 Racontez un mauvais souvenir de vacances.

Pour raconter des mauvais souvenirs

- Ces vacances, une catastrophe !
- J'ai passé de mauvaises vacances.
- Je me suis ennuyé(e).
- Je n'ai rien fait de spécial.
- J'ai pris des coups de soleil.
- Il faisait trop chaud/trop froid.

GRAMMAIRE > les pronoms *y* et *en* (lieu)

Cahier unité 2 d'activités

ÉCHAUFFEMENT

1 a Observez ces phrases. Que remplacent *y* et *en* ?

a | On **y** vient pour ses plages de sable blanc, mais aussi pour s'**y** promener d'île en île.

b | J'**en** reviens tout juste.

c | Elle ne veut plus **en** repartir.

b Réécrivez ces phrases sans utiliser *y* et *en*.

FONCTIONNEMENT

Les pronoms *y* et *en*

2 Complétez avec *y* ou *en*.

a | ..... indique le lieu d'où l'objet/la personne vient. b | ..... indique le lieu où l'objet/la personne est ou va.

Emploi

- Le pronom **y** remplace généralement un nom introduit par **à**, **sur**, **sous**, **dans**, etc. :

– *Mon portable est au bord de la piscine ? – Non, il n'**y** est pas.*
– *Ses palmes sont sous le transat ? – Oui, elles **y** sont avec le tuba.*
– *Tu te balades souvent sur le Vieux-Port ? – Oui, je m'**y** balade le samedi.*

- Le pronom **en** remplace un nom introduit par **de** :

– *Tu reviens de la plage ? – Oui, j'**en** reviens à l'instant.*
– *Il est sorti du club de gym à quelle heure ? – Il **en** est sorti à 16 h.*
– *Ces oranges viennent d'Espagne ? – Oui, elles **en** viennent.*

REMARQUES

Certains adverbes peuvent aussi remplacer des noms de lieux :

- **ici** indique un lieu plus proche du locuteur que **là**. **Là-bas** indique un lieu plus éloigné :

***Ici**, la baignade est interdite. **Là** aussi. Allons **là-bas**.*

- On peut parfois utiliser **y** ou **là-bas** :

– *Tu vas toujours en vacances aux Antilles ?*
– *Oui, je vais **là-bas** tous les ans.* ou – *J'**y** vais tous les ans.*

ENTRAÎNEMENT

3 Remplacez les mots soulignés par *y* ou *en*.

a | Je suis revenu de Liège il y a trois jours.
b | Il veut rester deux nuits dans cet hôtel.
c | L'avion a atterri au Maroc ce matin.
d | Elle arrive tout juste de Montréal.
e | Elle va s'installer en Amérique latine.
f | Il doit repartir de Lyon de bonne heure.

4 Répondez aux questions. Utilisez *y* ou *en*.

a | – Vous avez fait escale à Saint-Martin pour aller en Martinique ? – Oui, ...
b | – L'avion doit décoller d'Istanbul à 16 h ? – Oui, ...
c | – Vous êtes revenus de Corse en ferry ? – Non, ...
d | – Vous vous êtes arrêtés à Marseille ? – Oui, ...
e | – Tu veux aller à la montagne cet été ? – Non, ...
f | – Il repart du Havre demain matin ? – Non, ...

5 Remplacez les pronoms *y* et *en* par un lieu de votre choix.

a | Elle y a vécu pendant deux ans.
b | Il en est sorti très triste.
c | Jacques en revient ce soir ou demain ?
d | Non, ton livre n'y est pas.

6 Répondez à ces devinettes et remplacez les pronoms.

Exemple : *Les poissons y vivent.* → *la mer, l'océan, l'eau…*

a | On y ramasse des coquillages.
b | Les vacanciers en reviennent bronzés.
c | On s'y plonge pour se rafraîchir.
d | Les avions en décollent tous les jours.

PRODUCTION ORALE

7 À vous ! Proposez quatre devinettes à la classe.

CIVILISATION

F Souvenirs de vacances

COMPRÉHENSION AUDIOVISUELLE

Fred Chauvin, www.fredchauvin.fr

Entrée en matière

1 **Observez la photo. Qui sont les personnages et où sont-ils ?**

2 **Quel temps fait-il ? De quel moment de l'année s'agit-il ?**

3 **À votre avis, qui est Fred Chauvin ?**

1er visionnage (jusqu'à 0'29")

4 **Quels objets montrent que cette famille part en vacances ?**

5 **Pourquoi est-ce que la voiture s'arrête ?**

2e visionnage (en entier)

6 **Le chanteur raconte ses souvenirs…**

a | d'adolescence. **b** | d'enfance.

7 **Comment sont les souvenirs de vacances du chanteur ?**

a | fatigants **b** | marrants **c** | mauvais

8 **Avant le départ, pourquoi le père n'est pas content ?**

a | Son fils crie. **c** | Il pleut.

b | Il y a trop de valises. **d** | Il fait trop chaud.

9 **En voiture, pourquoi les parents se disputent ?**

Vocabulaire

10 **À l'aide des transcriptions p. 212, retrouvez dans les paroles un synonyme de :**

a | le voyage (2)

b | les embouteillages

c | énorme

11 **Que signifie l'expression *un soleil de plomb* ?**

a | Le soleil se lève.

b | Il fait très chaud.

G Les vacances des Français

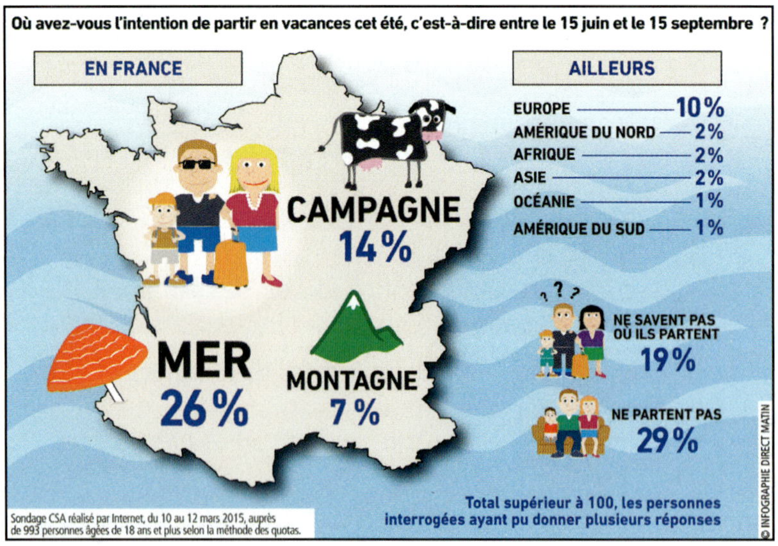

Source : Directmatin.fr

COMPRÉHENSION ÉCRITE

Lecture

1 **Que fait la majorité des Français pendant les vacances ?**

2 **Quelle est leur destination favorite ?**

Oh, le cliché !

« Les Français sont tout le temps en vacances ! »

Les Français ont des congés payés depuis 1936. Ils bénéficient de 5 semaines de vacances payées depuis 1982 et partent en vacances surtout en été.

→ Et dans votre pays, comment ça se passe ?

PRODUCTION ORALE

3 **Où est-ce que les habitants de votre pays partent en vacances en général ?**

PRODUCTION ÉCRITE

4 **Où alliez-vous en vacances quand vous étiez enfant ? Écrivez vos souvenirs.**

VOCABULAIRE > les paysages et la météo

Activités unité 2 cahier + TNI

À la mer

la baie
le coquillage
la côte
la dune
le galet
l'île *(f.)*
le lagon
la mouette
le palmier
le parasol
la plage
le rocher
le sable
les tongs *(f.)*
la vague

Francophonie

Pour dire qu'il pleut fort, les Francophones ont chacun leur expression :
- En Belgique, on peut dire : « Il drache ! »
- En Suisse : « Ça roille ! »
- Au Québec : « Il pleut à boire debout ! »
- En France : « Il pleut des cordes ! »

PRODUCTION ORALE

1 Observez ce tableau et répondez.

a | Nommez tous les éléments que vous voyez.
b | Quelles sont les activités des vacanciers ?

À la campagne

le champ
la ferme
la prairie
le pré
le ruisseau

À la montagne

le chalet
le glacier
le lac
la piste de ski
le sommet
le torrent

2 Complétez le texte avec les mots suivants :
chalet – sommet – piste de ski – neige – montagne

Nous sommes en vacances à la ..... . Le ..... du Mont-Blanc est enneigé et les paysages sont vraiment magnifiques. La ..... est tombée hier en grande quantité. Notre ..... est confortable et juste à deux minutes d'une belle ..... .

La météo

l'arc-en-ciel *(m.)*
le brouillard
la canicule
la chaleur
le cyclone
l'éclair *(m.)*
le gel
la neige
l'orage *(m.)*
la pluie
le soleil
la tempête
le vent
le verglas

3 Nommez ces phénomènes météo.

a | *Exemple : le gel*

b | ______

c | ______

d | ______

e | ______

f | ______

DOCUMENTS

H L'avis du *Petit futé* sur…

Le cours Saleya, célèbre avenue de Nice

« *Tous les chemins mènent à Rome, et dans le vieux Nice, ils mènent au cours Saleya* » écrivait le Niçois Louis Nucéra. Ce cours est très pittoresque. Lieu incontournable dans une visite de Nice, il est l'âme de la vieille ville et son point de convergence. Entouré de boutiques, de bars et de restaurants, il est constamment animé dès 6 h du matin jusque tard dans la nuit toute l'année. Du mardi au dimanche, il accueille le traditionnel marché avec ses étals de fruits et de légumes sans oublier l'incontournable marché aux fleurs. Le lundi, c'est le jour des antiquaires et autres brocanteurs : on y trouve des objets plus ou moins rares de toutes les époques. Après cette balade, vous pourrez également éveiller vos papilles[1] avec les spécialités locales : fougasse, socca, gressins et autres pissaladières… Le soir, la vue sur la colline du château illuminée est féerique.

Le Petit futé, Escapades dans les Alpes du Sud, 2015.

1 Goûter, déguster.

COMPRÉHENSION ÉCRITE

Entrée en matière

1 Observez la couverture du livre.

a | Selon vous, de quel type de livre s'agit-il ?
b | Où se trouve Nice ?
c | Que peut-on faire à Nice ?

Lecture

2 Pourquoi le cours Saleya est-il un lieu important de Nice ?

3 On y trouve quels types de marchés ?

4 Quand peut-on aller au marché aux fleurs ?

5 Quel jour peut-on acheter des objets anciens ?

Vocabulaire

6 Reliez chaque mot à son synonyme :

a | pittoresque	1 | inévitable
b | incontournable	2 | magique
c | animé	3 | typique
d | rare	4 | éclairé
e | illuminé	5 | inhabituel
f | féerique	6 | vivant

PRODUCTION ÉCRITE

7 Rédigez l'avis du *Petit futé* sur un quartier pittoresque de votre ville.

PRODUCTION ORALE

8 Vous avez passé un week-end à Nice. Téléphonez à votre ami(e) pour lui raconter votre séjour.

Au fait !

La cuisine provençale est à base d'huile d'olive, d'herbes et de produits de la terre et de la mer. Dans le quartier du vieux Nice, on peut déguster de nombreuses spécialités locales, souvent d'origine italienne, comme la fougasse, la socca, la pissaladière et les gressins.

I Mon selfie souvenir

COMPRÉHENSION ÉCRITE

Lecture

1 **Que font les personnes sur la photo. Où sont-elles ?**
2 **Qui a publié la photo sur Instagram ?**
3 **Quel temps fait-il ?**
4 **À qui pense Lisa ?**

PRODUCTION ÉCRITE >>> DELF

5 **Vous êtes en vacances. Vous publiez un selfie accompagné d'un texte sur le réseau social de votre choix. Vous racontez vos activités, vos impressions, un moment agréable.**

Pour écrire un commentaire en ligne ou une carte postale
- Une petite pensée de...
- Super séjour à la mer, à la neige...
- Petite pause au resto en haut des pistes.
- Bisous du mont Blanc.
- Salut aux travailleurs !

GRAMMAIRE > la place de l'adjectif

Cahier d'activités unité 2

ÉCHAUFFEMENT

1 **Trouvez les adjectifs dans le texte du *Petit futé*. Dites s'ils sont au féminin, masculin, singulier ou pluriel et quel nom ils qualifient.**
Exemple : *le vieux Nice → adjectif masculin singulier, qualifie « Nice ».*

FONCTIONNEMENT

RAPPEL : la place de l'adjectif

2 ***Avant* ou *après* le nom ? Complétez.**
a | Certains adjectifs courts (*bon, gros, grand, petit, vieux,* etc.) se placent ..... le nom.
b | Les adjectifs de nationalité, de couleur et de forme se placent toujours ..... le nom.
c | En général, l'adjectif est placé après le nom. Dans certains cas, l'adjectif est placé avant le nom pour marquer une insistance ; la phrase est plus expressive :
*Le lieu **incontournable**.* *L'**incontournable** marché aux fleurs.*

REMARQUES
- Quelquefois, la place de l'adjectif entraîne un changement de sens :
*Mon **propre** hôtel. = Je suis propriétaire de l'hôtel.* *Un hôtel **propre**. = Un hôtel qui n'est pas sale.*
- Quand l'adjectif devant le nom est au pluriel, on emploie la préposition **de** :
***De belles** plages.* ***D'énormes** vagues.*

ENTRAÎNEMENT

3 **Placez les adjectifs qui se rapportent aux noms soulignés et faites les accords nécessaires.**
Exemple : *J'ai acheté des fleurs. (beau/rouge) → J'ai acheté de belles fleurs rouges.*
a | Il connaît des restaurants au bord de la mer. (bon/gastronomique)
b | J'aime ces coquillages. (joli/doré)
c | Il y a deux tours à l'entrée du port. (grand/blanc)
d | Un voilier s'approche des côtes. (panaméen/petit)
e | Ces touristes se baignent dans l'océan. (espagnol/Indien)
f | Ce garçon s'est intoxiqué avec des crevettes. (pauvre/rose)

PHONÉTIQUE La liaison obligatoire avec le pronom *en*

Cahier unité 2 d'activités

ÉCHAUFFEMENT

1 Écoutez et observez les phrases suivantes. Est-ce qu'on prononce le *n* final de *en* ? Pourquoi ? 9

a | J'**en** arrive à l'instant.
b | Il **en** est sorti à 16 heures.
c | Tu n'**en** es pas descendu tout de suite.
d | Vous n'**en** êtes pas reparti à l'heure.
e | Vous n'**en** venez pas ?

2 Réécoutez. Combien de fois entendez-vous le son [n] dans les phrases a, b et e ? Et dans les phrases c et d ? Entre quels mots ? 9

FONCTIONNEMENT

3 Choisissez la bonne réponse.
La liaison est obligatoire quand ***en*** est suivi d'un mot qui commence par une voyelle.
Quand la phrase avec ***en*** est à la forme négative et que ***en*** est suivi d'un mot qui commence par une voyelle, on entend le son [n] : **a** | une fois. **b** | deux fois.

ENTRAÎNEMENT

4 Écoutez et répétez les phrases. 10

5 Écoutez et complétez le texte. Puis répétez les phrases. 11

a | Mon frère est allé voir un ami. Il ..... encore revenu.
b | Mon oncle est allé au cinéma. Il ..... très mécontent.
c | Mon ami avait un rendez-vous important dans l'après-midi. Il ..... tard.
d | Ma sœur est arrivée en avion mais elle ..... encore descendue.

6 Écrivez deux phrases (une affirmative et une négative) avec le pronom *en* + *voyelle*. Puis lisez à haute voix une de vos phrases à votre voisin(e). Il/Elle doit la transformer à la forme négative si elle est à la forme affirmative ou l'inverse, et la répéter en moins de 15 secondes.
Exemple : *Il en est parti en avance.* → *Il n'en est pas parti en avance.*

L'ESSENTIEL GRAMMAIRE/VOCABULAIRE

1 L'imparfait. Conjuguez les verbes à l'imparfait.
a | Avant, nous (jouer) ..... au rugby.
b | Tous les jeudis, je lui (rendre) ..... visite à Nice.
c | Quand ils (être) ..... jeunes, ils (voyager) ..... beaucoup.
d | Elle (prendre) ..... le bus tous les jours.
e | Avant, je (ne pas savoir) ..... parler français.
f | Avant, on (envoyer) ..... beaucoup de cartes postales.

2 Les pronoms *y* et *en*. Transformez les phrases : remplacez les mots soulignés par *y* ou *en* selon le cas.
a | Elle a dormi jeudi soir <u>à l'hôtel</u>.
b | Je vais repartir ce soir ou demain <u>de Dakar</u>.
c | Si tu veux, on va ensemble <u>au cours Saleya</u> !
d | Il est descendu <u>du train</u> il y a cinq minutes.
e | J'aime bien aller en vacances <u>à la campagne</u>.
f | Il doit jouer <u>au cirque</u> du 20 au 30 avril.

3 Le souvenir. Complétez le texte avec les mots suivants : *se souvient – mémoire – se rappelle – oublié – souvenirs*
Marguerite ..... très bien notre enfance : nos jeux, nos vacances, nos copains, notre maison. Moi, rien. Je n'ai pas de ..... avant l'âge de 10 ans ! J'ai tout ..... ! Ma sœur a une très bonne ..... visuelle : elle ..... encore de la couleur de son premier vélo.

4 Les paysages et la météo. Trouvez l'intrus.
a | le champ – la prairie – la dune – la ferme
b | le glacier – le sable – la montagne – le sommet
c | la canicule – le soleil – la neige – la chaleur
d | le rocher – la mer – le ruisseau – le lac
e | le verglas – le gel – la neige – l'orage
f | le vent – l'arc-en-ciel – la tempête – le cyclone
g | la baie – la côte – le lagon – le champ

ATELIERS

1 ÉCRIRE UN ARTICLE SUR L'HISTOIRE DE SA VILLE

Vous allez présenter le quotidien des habitants de votre ville à une époque passée pour la rubrique « Découvrir l'histoire de la ville » du journal de votre ville.

Démarche

Formez des groupes de quatre.

1 Préparation

• Chaque groupe choisit un quartier et se met d'accord sur une époque.
Vous pouvez, par exemple, travailler sur le 19e siècle, mais aussi sur une époque plus proche, comme les années 1970.
• En fonction du quartier et de l'époque, vous allez faire des recherches sur internet ou en bibliothèque. Sélectionnez des dessins, des photos, des cartes postales, des gravures et autres illustrations anciennes sur le quartier et ses habitants.

2 Réalisation

• Vous allez écrire un article pour accompagner vos illustrations. Vous allez décrire, raconter les habitudes des habitants du quartier à cette époque. Vous pouvez imaginer leur vie quotidienne.

3 Présentation

• Vous présentez votre article à la classe. Vous expliquez pourquoi vous avez choisi ce quartier et cette époque.

2 FAIRE UNE VIDÉO TOURISTIQUE SUR SA VILLE

ATELIER TECH'

Vous allez faire une présentation vidéo de votre ville pour attirer des vacanciers.

Démarche

Formez des groupes de trois ou quatre.

1 Préparation

• Avant de réaliser votre vidéo, faites un travail d'enquête.
En classe, en grand groupe, commencez par faire la liste des endroits touristiques ou insolites de votre ville. Ensuite, en petits groupes, promenez-vous dans votre ville pour rechercher de nouveaux endroits à visiter, noter des adresses, rencontrer des personnes à interviewer. Notez sur un carnet toutes les informations nécessaires et toutes vos idées de vidéo.
• De retour en classe, mettez en commun les résultats de vos recherches.
• Préparez quelques questions si vous souhaitez interviewer des habitants. Préparez aussi le texte de la voix off de votre vidéo. La voix off donne en général des informations pratiques, elle commente les images de la vidéo.

2 Réalisation

• Vous allez filmer avec votre téléphone les personnes et les lieux choisis.
• N'oubliez pas d'enregistrer la voix off.

3 Présentation

Vous présentez votre reportage à la classe. Vous votez pour la meilleure vidéo et vous la partagez avec les internautes sur le réseau social de votre choix.

Stratégies Compréhension des écrits

Ces stratégies vont vous être utiles pour préparer le DELF A2 (cf. épreuve blanche p. 181) et réussir cet examen. **L'épreuve dure 30 minutes.**

Que devez-vous faire ?

Répondre à des questions sur 4 documents écrits de la vie de tous les jours.

- 1er exercice : vous repérez des informations précises dans des annonces, des brochures, des menus, etc.
- 2e exercice : vous cherchez les informations principales d'une lettre personnelle ou d'un courrier administratif.
- 3e exercice : vous répondez à des questions concrètes sur des règles de sécurité, un mode d'emploi d'appareil, etc. pour montrer que vous pouvez suivre des instructions.
- 4e exercice : vous cherchez les informations principales et quelques informations précises dans un bref article de presse, une publicité, etc.

À quoi devez-vous faire attention ?

- À la consigne : lisez bien ce qu'on vous demande.
- Au type de document : cela va vous aider pour mieux imaginer le type d'information que vous allez trouver dans ce document.
- Aux informations principales : pour cela, posez-vous les questions *Qui ? À qui ? Quand ? Quoi ? Comment ? Où ? Combien ?*

Préparation au DELF A2

Entraînez-vous à L'EXERCICE 1 ***5 points***

Office de Tourisme

Accueil > Activités > Agenda

Rechercher

AGENDA I DÉCOUVRIR I ORGANISER

< CE MOIS-CI >

1. KARTING
Avec le kart, vivez des sensations fortes comme un pilote de Formule 1 !
Attention : interdit aux moins de 18 ans.

2. VOILE
Vous aimez la mer et vous rêvez d'apprendre à naviguer sur un bateau à voile, c'est possible ! Cours pour enfants : mercredi / Cours pour adultes : dimanche

3. FÊTE FOLKLORIQUE
Vous voulez connaître la musique et les danses bretonnes traditionnelles, manger d'excellentes crêpes, vous amuser ? Rendez-vous le 15 août sur la place du marché à partir de 19 h. Feu d'artifice à 23 h.

4. PISCINE
Amusez-vous en famille ! Notre piscine à vagues est idéale pour les enfants de 7 à 12 ans.

5. VISITES GUIDÉES À VÉLO
Découvrez la ville de façon originale. Traversez différents quartiers avec notre guide qui répondra à toutes vos questions. Tous les samedis - Durée 2 h.

Vous êtes en vacances avec des amis à Saint-Malo. Vous allez sur le site de l'office de tourisme. Aidez vos amis à choisir l'activité qu'ils préféreront.

Situation	Activité choisie (indiquez le numéro)
a | Lucia veut connaître les traditions locales.	
b | Kim aime la culture et le sport.	
c | Nora veut découvrir un sport.	
d | Peter a envie de passer un bon moment avec ses enfants.	
e | Neil est passionné de sport automobile.	

À LA RECHERCHE D'UN TOIT

Objectifs

- Situer un logement
- Demander/Reprendre la parole
- Empêcher quelqu'un de parler
- Exprimer sa joie
- Décrire un lieu

Faites comme chez vous !

DOCUMENTS

A La péniche attire les citadins

Il y a comme un air de vacances chez Rodolphe et Catherine. Installés dans leur chaise longue, sur leur grande terrasse qui domine le fleuve, ils sont en train de regarder les bateaux passer. Leur havre de paix[1] ? Une péniche sur le Rhône, au cœur de la Presqu'île de Lyon. « Notre résidence principale ressemble à une résidence secondaire », sourit Rodolphe Grisey, un chef d'entreprise de 53 ans qui travaille à Paris et vit à Lyon.

Il y a onze ans, sa compagne a vendu son appartement pour acheter cette péniche de 39 mètres, une « Freycinet » de 1949. « Je voulais de l'ancien, être en centre-ville, avoir de l'espace, une terrasse, un stationnement devant chez moi, et ne plus avoir de voisins. Le tout pour pas trop cher... Bref, le truc impossible », raconte Catherine Larrodé, avocate de 43 ans. Catherine a alors eu l'idée d'habiter sur une péniche.

Prix d'achat : 180 000 euros pour 180 m² de surface aménagée, un rapport superficie/prix plutôt intéressant pour le centre-ville lyonnais. À ce tarif, Catherine s'est offert une vue sur un très beau bâtiment de la ville, l'université Lyon II, et un accès à la place Bellecour et à la gare de Perrache à moins de 15 minutes à pied.

Nathalie ALONSO, lexpress.fr

1 Lieu sûr et tranquille.

Au fait !

***Être en train de...* + infinitif** s'utilise pour parler d'une action en cours de réalisation. On appelle ce temps le présent continu :
*Ils sont **en train de regarder** les bateaux passer.*

COMPRÉHENSION ÉCRITE

Entrée en matière

1 Regardez la photo. Que voyez-vous ?

1re lecture (de ligne 1 à 11)

2 Dans quelle ville Rodolphe et Catherine vivent-ils ?

3 Dans quel type de logement ?

4 Où habitaient-ils avant ?

2e lecture (de ligne 11 à la fin)

5 Qu'est-ce qui plaît à Catherine dans son logement ? Trouvez les réponses correctes.

a | c'est neuf
b | c'est en centre-ville
c | c'est grand
d | il y a un jardin
e | on peut garer sa voiture à proximité
f | il y a des voisins sympathiques
g | c'est cher
h | il y a une belle vue
i | la gare est accessible à pied

Vocabulaire

6 Reliez chaque mot à son synonyme.

a | une chaise longue	**1** | un transat
b | une résidence	**2** | un prix
c | un stationnement	**3** | une chose
d | un truc	**4** | un logement
e | un tarif	**5** | une place de parking

PRODUCTION ORALE

7 Et vous, est-ce que vous avez envie de vivre sur une péniche ? Pourquoi ?

8 Où habitez-vous ? Situez votre logement.

Pour situer un logement

- Je vis dans un quartier du centre-ville ≠ excentré.
- Mon studio est à deux pas d'un cinéma.
- Ma maison n'est pas loin de la piscine.
- J'habite au bout de la rue, en face de l'université.
- C'est au cœur de la ville.

B Petites annonces

IMMOBILIER • annonces location appartements, maisons

Montpellier (34000).
Loue appt T3 en face du Jardin des Plantes. 130 m² : séjour et salle à manger de 40 m², 3 gdes chambres, cuisine équipée. Chauffage au gaz. Colocation possible.
Loyer : 1 100 €/mois + charges 90 €.

Montpellier (34000).
Loue maison de type T3, quartier des Arceaux, au bout de la rue de Clémentville (Tramway n°3). 100 m² sur 2 étages : 2 chambres, séjour, cuisine équipée. Véranda, cave, petit jardin, garage. Chauffage électrique.
Loyer : 1 250 €/mois.

Saussan (34570).
À 10 km de Montpellier, à la campagne, à deux pas des écoles et des commerces. Loue maison de type T4, 110 m², jardin de 500 m² avec piscine. Grand salon très lumineux, 2 chambres, 1 bureau. Cave, garage 2 places. **Loyer : 1 500 €/mois.**

COMPRÉHENSION ÉCRITE

Entrée en matière

1 **Dans votre pays, comment peut-on faire pour trouver un logement ?**

Lecture

2 **Quelle annonce concerne un appartement ?**

3 **Quelles annonces concernent des logements situés en ville ?**

4 **Vous cherchez une maison avec un jardin, une cuisine équipée et deux chambres. Vous avez un budget de 1 500 €/mois. Quelle annonce correspond à vos critères ?**

PRODUCTION ORALE >>> DELF

5 **Vous venez d'arriver à Montpellier et vous cherchez un logement. Vous êtes intéressé(e) par l'une de ces trois annonces. Vous allez à l'agence immobilière et vous expliquez quel type de logement vous recherchez.**

PRODUCTION ÉCRITE

6 **Vous voulez louer votre logement. Écrivez une petite annonce.**

C Vivre ensemble

12

COMPRÉHENSION ORALE

« Rémi, mon chéri, tu as deux minutes ? »

Entrée en matière

1 **Lisez le titre et la phrase extraite du document. À votre avis, qui prononce cette phrase ?**

1re écoute (en entier)

2 **Où Adèle et Rémi ont-ils vu les annonces immobilières ?**

3 **Est-ce que Rémi et Adèle sont d'accord ?**

2e écoute (en entier)

4 **Où préfère vivre Adèle ?**

5 **Pourquoi cette annonce intéresse Adèle ?**

6 **Où préfère vivre Rémy ?**

7 **Quelle est la superficie de l'appartement ?**

8 **Dans quel type de quartier l'appartement est situé ?**

Vocabulaire

9 **Quelles pièces d'un logement sont citées dans le dialogue ?**

10 **À votre avis, que signifie l'expression *c'est une affaire* ?**

Pour…

demander la parole :
- Écoute-moi !
- Je voudrais te dire quelque chose.
- J'ai quelque chose à te dire.

reprendre la parole :
- Attends !
- Je n'ai pas fini.
- Laisse-moi parler.

empêcher quelqu'un de parler :
- Chut !
- Tais-toi !

PRODUCTION ORALE

11 En scène ! **Votre conjoint(e) veut changer d'appartement, mais vous pensez que ce n'est pas une bonne idée. À deux, jouez la scène.**

GRAMMAIRE > les pronoms relatifs

Cahier d'activités unité 3

ÉCHAUFFEMENT

1 Observez les phrases suivantes. Trouvez les pronoms relatifs et dites quels mots ils remplacent.
Exemple : *Rodolphe Grisey est un chef d'entreprise qui travaille à Paris.* → **qui** remplace **Rodolphe Grisey**.

a | C'est une annonce que je viens de lire dans le journal.
b | Ils sont assis sur leur terrasse qui domine le fleuve.
c | C'est un quartier animé où il y a de nombreux commerces.

FONCTIONNEMENT

Les pronoms relatifs

2 Relisez les phrases de l'échauffement et complétez.
Les pronoms relatifs peuvent être :
a | sujet : phrase ***b***
b | complément d'objet direct : phrase ...
c | complément de lieu : phrase ...

Emploi
Les pronoms relatifs **qui**, **que** et **où** permettent de relier des phrases et d'éviter les répétitions.
Qui et **que** peuvent remplacer une personne ou une chose :
Ils sont assis sur leur terrasse. Leur terrasse domine le fleuve. → *Ils sont assis sur leur terrasse **qui** domine le fleuve.*

ENTRAÎNEMENT

3 Complétez avec *qui, que, où*.
a | La pièce ..... nous dormons est très calme.
b | La salle à manger est la pièce ..... je préfère.
c | Nous habitons dans un immeuble ..... est bien situé.
d | La résidence universitaire ..... je vis est bruyante.
e | La femme ..... promène son chien dans la rue est ma propriétaire.
f | Le logement ..... je loue est un studio.

4 Reformulez les phrases avec *qui* ou *que*, comme dans l'exemple.
Exemple : *J'aime ce quartier. Ce quartier est chic.*
→ *J'aime ce quartier **qui** est chic.*

a | Mon propriétaire est un homme désagréable. Je n'aime pas du tout cet homme.
b | Mon propriétaire est un homme désagréable. Il veut toujours augmenter le loyer.
c | Tu lis des petites annonces. Ces petites annonces sont très intéressantes.
d | Ils habitent un appartement au rez-de-chaussée. Leur appartement est très sombre.
e | Le lundi, mon colocataire cuisine des spaghettis. Il m'invite à manger ses spaghettis.

5 Reformulez les phrases avec *où*, comme dans l'exemple.
Exemple : *Il habite sur une péniche. Il n'y a pas beaucoup de place sur cette péniche.*
→ *Il habite sur une péniche **où** il n'y a pas beaucoup de place.*
a | Il a loué un studio dans un quartier de Lyon. Il y a de nombreux commerces dans ce quartier.
b | Nous avons une grande terrasse. Nous aimons dîner avec nos amis sur cette terrasse.
c | J'habite dans une maison. Il y a une cave dans cette maison.
d | Elle déménage à Montpellier. Elle a trouvé un travail à Montpellier.

PRODUCTION ORALE

6 Comme dans l'exemple, proposez des devinettes à la classe.
Exemple :
C'est une pièce où on dort.
→ *La chambre.*

VOCABULAIRE > le logement

Activités unité 3 Cahier + TNI

Les types de logement

l'appartement (*m.*)
l'immeuble (*m.*)
la maison
la péniche
la résidence principale
la résidence secondaire
la résidence universitaire
le studio
le T1/F1, le T2/F2, le T3/F3

Les habitants

le/la colocataire
le/la locataire
le/la propriétaire
le/la voisin(e)

Les pièces d'un logement

le balcon
le bureau
la cave
la chambre
le couloir
la cuisine
le garage
la salle à manger
la salle de bains
le salon
le séjour
la terrasse
les toilettes
la véranda

L'annonce immobilière

ancien/ancienne
l'ascenseur (*m.*)
bruyant(e)
calme
clair(e)
équipé
l'étage (*m.*)
le loyer
lumineux/lumineuse
le mètre carré (= m^2)
meublé
neuf
le rez-de-chaussée
sombre
la surface
la vue

2 Complétez le texte avec les mots suivants :
étage – vue – clair – ascenseur – meublé – immeuble – mètres carrés – voisins

Ma famille et moi, nous habitons dans un appartement ….. de 75 ….. . Notre ….. est ancien, mais il y a un ….. . Nous sommes au 7e ….. et nous avons une ….. exceptionnelle sur toute la ville. Le salon est très ….., c'est agréable d'y passer du temps. Nous avons un seul problème : nos ….. ! Ils sont très bruyants.

PRODUCTION ORALE

3 Dans votre logement, quelle est votre pièce préférée ? Décrivez-la et expliquez pourquoi.

1 Nommez les pièces de ce logement.

DOCUMENTS

D Trouver un logement à Montréal

En colocation, en résidence universitaire ou en solo, il est facile de se loger à Montréal pour un coût modéré. Les loyers sont moins chers qu'à Paris et aussi accessibles que dans une ville de province[1].

Se loger en résidence universitaire

Les universités du Québec proposent aux étudiants étrangers des places dans leurs résidences universitaires. À l'Université de Montréal, le tarif est de 270 € par mois pour un studio. Les chambres sont situées sur le campus, à proximité immédiate de toutes les installations sportives.

Se loger en dehors du campus

Une chambre en colocation dans un appartement en ville coûte le même prix qu'un studio sur le campus. Il faut prévoir un budget un peu plus important si vous décidez de prendre votre propre studio.

Des meublés ou semi-meublés

Pour éviter d'acheter des meubles ou des appareils ménagers, louez un logement meublé ou semi-meublé.

Choisir le bon quartier

Pour Sébastien, un étudiant français, pas de doutes : « le meilleur quartier est la Côte-des-Neiges. Dans ce quartier proche de l'université, il y a beaucoup de cafés internet et de restos à bon prix. Les loyers sont plus abordables qu'au centre-ville, accessible en 15 minutes en métro. »

« *Partir étudier ou travailler à Montréal* »,
l'Etudiant, mardi 29 janvier 2013.

1 Ville en dehors de Paris et de sa banlieue.

COMPRÉHENSION ÉCRITE

Entrée en matière

1 **Lisez le titre et les sous-titres. À votre avis, de quoi parle cet article ?**

1re lecture (en entier)

2 **Lisez le chapeau. Est-il difficile de trouver un logement pas cher à Montréal ? Pourquoi ?**

3 **Quels sont les différents hébergements proposés par cet article ?**

Au fait !

Le chapeau (ou *chapô*) est le court texte qui se trouve entre le titre et l'article. Son but est d'encourager le lecteur à lire l'article.

2e lecture (en entier)

4 **Où sont situés les logements universitaires ?**

5 **Quel est l'avantage des logements meublés ?**

6 **Pour Sébastien, quel est l'intérêt du quartier de la Côte-des-Neiges ?**

E Logement à la ferme

COMPRÉHENSION ORALE

Entrée en matière

1 **Lisez le titre. Où ce type de logement est-il situé ?**

1re écoute (partie en studio)

2 **Qui sont les propriétaires de ces habitations ?**

3 **À qui proposent-ils leur logement ?**

2e écoute (partie reportage)

4 **Quelle vue ont les locataires depuis chez eux ?**

5 **Est-ce que cette formule est chère ?**

6 **Pourquoi intéresse-t-elle aussi les parents ?**

« J'aime bien le calme. »

PRODUCTION ORALE >>> DELF

7 **Vous préférez la ville ou la campagne ?**

PRODUCTION ÉCRITE >>> DELF

8 **Vous venez d'emménager dans un studio à la ferme. Vous écrivez à un(e) ami(e) pour lui raconter votre installation : vous exprimez votre joie et vous l'invitez chez vous (80 mots environ).**

Pour exprimer sa joie

- Je suis content(e) de vivre à la campagne.
- Je suis heureux/heureuse d'habiter ici.
- Ça fait du bien d'être au calme.
- C'est super !
- C'est génial !

GRAMMAIRE > la comparaison

Cahier unité 3 d'activités

ÉCHAUFFEMENT

1 Observez les phrases suivantes et trouvez les mots qui permettent d'exprimer la comparaison.

a | À Montréal, les loyers sont moins chers qu'à Paris.

b | À Montréal, les loyers sont aussi accessibles que dans une ville de province.

c | Dans le quartier de la Côte-des-Neiges, les loyers sont plus abordables qu'au centre-ville.

d | Une chambre en colocation en ville coûte le même prix qu'un studio sur le campus.

FONCTIONNEMENT

La comparaison

2 Quels mots expriment…

a | une relation d'infériorité (-) : ......

b | une relation d'égalité (=) : ***le/la même ... que*** et ......

c | une relation de supériorité (+) : ......

La comparaison peut porter sur…

- **un adjectif :**

*Les loyers sont **moins / aussi / plus élevés** à Montréal **qu'**à Paris.*

- **un adverbe :**

*Paul habite **moins / aussi / plus loin que** Matthieu.*

- **un nom :**

*Il y a **moins de / autant de / plus de parcs** à Paris **qu'**à Montréal.*

*J'habite dans **le même quartier que** Mélanie. / Il habite dans **la même rue que** Léa.*

- **un verbe :**

*Les étudiants **déménagent moins / autant / plus que** les retraités.*

REMARQUES

- Le comparatif de l'adjectif **bon(ne/nes/s)** est **meilleur(e/es/s)** :

*Avant les travaux, ma maison n'était pas en **bon** état. Aujourd'hui, elle est en **meilleur** état.*

- Le comparatif de l'adverbe **bien** est **mieux** :

*Le quartier où tu vis est **bien** mais le quartier où tu vivais avant était **mieux**.*

ENTRAÎNEMENT

Chambre de Julien

Chambre de Camille

3 a Observez ces deux photos. Complétez le texte avec :
plus ... que – aussi ... que – moins ... que – mieux ... que – autant de... – moins de ... que – plus de ... que.

a | Camille a ..... guitares ..... Julien.

b | Le lit de Camille est ..... grand ..... le lit de Julien.

c | Les rideaux de Camille sont ..... clairs ..... les rideaux de Julien.

d | La chambre de Camille est ..... rangée ..... la chambre de Julien.

e | Camille a ..... chaises ..... Julien.

f | Julien a ..... affiches ..... Camille.

g | Le bureau de Camille est ..... petit ..... le bureau de Julien.

b Écrivez des phrases pour comparer les éléments suivants :

ordinateur : ..... nombre de lampes : ..... fenêtre : .....

4 Complétez avec *aussi, autant de* ou *autant*.

a | Sa chambre est ..... calme que la chambre de son frère.

b | Il habite ..... près du cinéma que moi.

c | Dans son appartement, il y a ..... chambres que chez moi.

d | Marie a ..... problèmes que moi avec les voisins.

e | Ma nouvelle maison est ..... belle que l'ancienne.

f | Sa femme bricole ..... que lui.

CIVILISATION

F Se loger à Paris

COMPRÉHENSION AUDIOVISUELLE

Entrée en matière

1 Regardez la photo extraite de la vidéo. Décrivez-la.

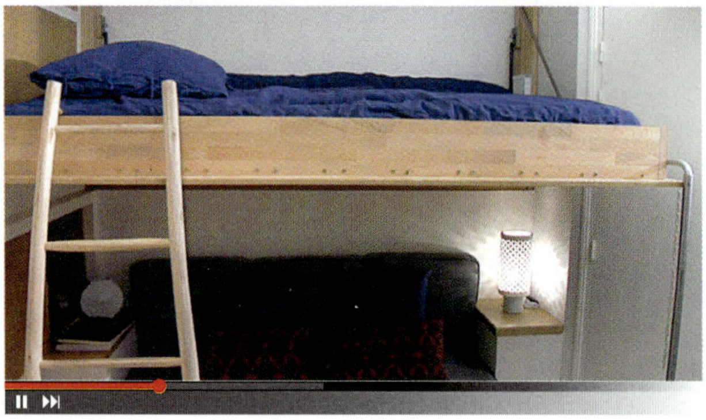

1er visionnage (sans le son)

2 Quels sont les différents espaces qu'on trouve dans ce studio ?

3 Que doit-on faire avant de se mettre à table, de travailler à son bureau ou de se mettre au lit ?

2e visionnage (avec le son)

4 Quels appareils électroménagers se trouvent dans ce studio ?

5 Dans l'espace repas, à quoi servent les sièges ?

6 Qu'est-ce qu'on trouve dans le dressing ?

7 Qu'est-ce qui se range sous la bibliothèque ?

8 Où se cache la table basse ?

PRODUCTION ORALE

9 Comparez votre logement à ce studio parisien.

G Le Paris du baron Haussmann

Lors[1] d'un voyage à Londres, l'Empereur Napoléon III observe avec jalousie la modernité de la capitale anglaise. À son retour, il décide de lancer un grand programme de transformation de la ville de Paris. Ce projet est confié au baron Eugène Haussmann. L'idée est d'embellir, d'agrandir et d'assainir Paris : on démolit d'anciens bâtiments pour percer des boulevards et des avenues, on crée des parcs, on construit des gares, des théâtres et des immeubles... La ville va complètement changer de visage entre 1852 et 1870.
Le baron Haussmann définit des règles architecturales très précises pour les immeubles privés : les façades[2] doivent être en pierre, il doit y avoir des balcons aux 2e et 5e étages, etc. Le 2e étage est l'étage noble des immeubles haussmanniens. Réservé aux familles les plus riches, il devait leur éviter d'avoir trop de marches à grimper. Rappelons que l'ascenseur ne date que de 1870...

D'après www.pariszigzag.fr

1. Pendant. 2 Murs extérieurs.

COMPRÉHENSION ÉCRITE

Lecture

1 Quelle ville donne envie à Napoléon III de transformer Paris ?

2 Quel est l'objectif des travaux ?

3 Combien de temps ont duré les travaux ?

4 Ce projet concerne...

a | seulement les lieux publics.
b | seulement les immeubles privés.
c | les lieux publics et les immeubles privés.

5 Qui vivait au 2e étage des immeubles haussmanniens ? Pourquoi ?

Vocabulaire

6 Quels adjectifs correspondent aux verbes suivants ?

a | embellir	1 | grand
b | agrandir	2 | sain
c | assainir	3 | beau

Oh, le cliché !

« Les appartements à Paris sont très petits. »
C'est vrai ! 99% des Parisiens vivent dans des immeubles. Dans la capitale, les studios représentent une habitation sur cinq. La surface d'un appartement à Paris est en moyenne de 31 m². (chiffres INSEE)

→ Quelle est la situation dans votre ville ?

VOCABULAIRE > le mobilier et le cadre de vie

Activités unité 3 Cahier + TNI

Les meubles

l'armoire (*f.*)
la bibliothèque
le bureau
le canapé
la chaise
la chaise longue
la commode
l'étagère (*f.*)
le fauteuil
la lampe
le lit
le placard
la table
la table basse
le tabouret

1 Observez l'affiche.

a Citez les objets que vous connaissez.
b Dans quelle pièce de la maison se trouvent-ils en général ?

L'équipement de la maison

l'appareil électroménager (*m.*)
la couette
le four
le frigidaire/le frigo/le réfrigérateur
le lave-vaisselle
le linge (de table, de lit)
l'oreiller (*m.*)
la vaisselle

2 Classez les équipements de la maison dans la bonne pièce.

a | Dans la cuisine : .....
b | Dans la chambre : .....

Le quartier, la ville

animé
calme ≠ bruyant
chic
commerçant
historique
moderne ≠ ancien
populaire
tranquille
vivant ≠ mort

Les édifices en ville

le bâtiment
les bureaux (*m.*)
la boutique
le centre commercial
la tour = le gratte-ciel

Les lieux publics

les espaces verts (*m.*)
la gare/la gare routière
le parc
le théâtre
les transports en commun (*m.*)
la zone piétonne

3 Complétez le texte avec les mots suivants et faites les accords si besoin :
centre-ville – zone piétonne – parc – animé.

J'habite à Montpellier dans un quartier ..... . C'est une ville que j'aime bien parce qu'il y a de grands ....., comme le Jardin des Plantes, et on y trouve aussi de nombreuses ..... . Dans le ....., les transports en commun marchent bien.

PRODUCTION ORALE

4 Décrivez la ville où vous vivez. Parlez aussi de votre quartier.

L'aménagement de la ville

agrandir	embellir
assainir	moderniser
construire	transformer
démolir	

5 Associez chaque définition à un mot de la liste *L'aménagement de la ville*.

a | Réaliser un bâtiment.
b | Remplacer quelque chose d'ancien par quelque chose de moderne.
c | Casser une construction.

DOCUMENTS

H Découvrez Paris en 2050 !

ARCHITECTURE. Pollution, embouteillages, bruit... Les grandes villes de 2016 ne font pas toujours rêver. Pour remédier[1] à ces problèmes, architectes et urbanistes travaillent déjà sur les métropoles de demain, plus accueillantes, fonctionnelles mais aussi plus vertes. C'est le cas de Vincent Callebaut, architecte belge qui a dévoilé un projet pour la ville de Paris. Présentée dans le cadre d'une compétition architecturale, sa proposition présente des façades végétalisées sur les bâtiments et des zones piétonnes. L'idée est d'embellir la ville, de favoriser une production locale de fruits et légumes et de réduire la pollution.

Maxime Bourdier, *Le Huffington Post*, 3 avril 2015.

1 Trouver une solution.

Paris 2050, par Vincent Callebaut.

COMPRÉHENSION ÉCRITE

Entrée en matière

1 **Lisez le titre et regardez la photo. Que représente-t-elle ? Décrivez-la.**

Lecture

2 **Quels sont les problèmes des grandes villes d'aujourd'hui ?**

3 **Qui cherche à trouver des solutions à ces problèmes ?**

4 **Que permettent les façades végétalisées et les zones piétonnes ?**

Vocabulaire

5 **Trouvez dans le texte un synonyme de *ville*.**

PRODUCTION ORALE

6 **Est-ce que votre ville est une *ville verte* ?**

7 **Est-ce que votre ville a beaucoup changé ces dernières années ?**

I Villes du futur

Forum Architecture(s) | architecture | forum de discussion | inscription | recherche

Imagine
Paris 2050

AmélieH	Je sors de l'expo consacrée aux villes du futur et j'ai adoré la ville imaginée par Callebaut ! Ma ville idéale est une ville verte qui dispose de nombreux parcs.
Felix18	La mienne aussi. Ce Paris me plaît beaucoup !
MissK	La ville de Callebaut semble trop calme : il y a des bureaux partout mais où sont les commerces ? Les restos ? Les théâtres ?
Blabla	Oui, mais elle n'est pas polluée ! Regarde, il n'y a pas beaucoup de voitures. Dans ma ville idéale, on se déplace à vélo ou en transports en commun, comme dans la sienne.
Polo	Les espaces verts, c'est beau mais une ville moderne doit aussi proposer des immeubles neufs, pratiques et écologiques. AmélieH et Felix18, où va-t-on dormir dans la vôtre ?
Joachim	Dans la leur, on va dormir en haut des arbres. 🙂
007	Je ne comprends pas votre critique Polo et MissK ! Ce Paris est moderne et conserve aussi ses bâtiments historiques, c'est super !

COMPRÉHENSION ÉCRITE

Entrée en matière

1 **Regardez le document. De quel type de texte s'agit-il ?**

1re lecture

2 Quel est le sujet de la discussion ?

2e lecture

3 Quels internautes ont un avis positif sur le projet ? Qu'est-ce qui leur plaît ?

4 Quels internautes ont un avis négatif sur le projet ? Qu'est-ce qui leur déplaît ?

Pour décrire un lieu

- Il y a de beaux bâtiments.
- C'est une ville verte, elle dispose de nombreux parcs.
- La Rochelle bénéficie d'un climat agréable. L'air est pur.
- Dans la ville où je vis, on trouve des logements modernes.

PRODUCTION ÉCRITE

5 Décrivez votre ville idéale.

GRAMMAIRE > les pronoms possessifs

Cahier unité 3 d'activités

ÉCHAUFFEMENT

1 Trouvez les pronoms possessifs et dites ce qu'ils remplacent.

Exemple : *Dans la mienne aussi il y a des parcs.* ***La mienne*** remplace ***la ville idéale de Charlotte***.

a | Dans ma ville idéale, on se déplace à vélo ou en transports en commun, comme dans la sienne.

b | Dans la leur, on va dormir en haut des arbres.

c | *AmélieH* et *Felix18*, où va-t-on dormir dans la vôtre ?

FONCTIONNEMENT

Les pronoms possessifs

2 Complétez le tableau avec les pronoms possessifs. Aidez-vous du document I.

	singulier		pluriel	
	masculin	**féminin**	**masculin**	**féminin**
je	le mien	la mienne	......	les miennes
tu	......	la tienne	......	......
il/elle	le sien	la sienne	les siens	......
nous	le nôtre	la nôtre	les nôtres	
vous	le vôtre	la vôtre	les vôtres	
ils/elles	le leur	la leur	les leurs	

- Le pronom possessif sert à remplacer un nom précédé d'un adjectif possessif (*mon, ton, son…*). Il est employé seul et ne complète pas un nom :
C'est ma ville idéale → *C'est* ***la mienne***.
- Les pronoms possessifs s'accordent, comme les adjectifs possessifs, en genre et en nombre avec le nom qu'ils remplacent :
ma ville → ***la mienne*** *(féminin, singulier)*
ton quartier → ***le tien*** (masculin, singulier)
ses immeubles → ***les siens*** (masculin, pluriel)
- On utilise souvent les pronoms possessifs quand on compare deux objets identiques :
Mon jardin est plus petit que ***le tien***.
Ma maison est moins belle que ***la sienne***.

ENTRAÎNEMENT

3 Utilisez un pronom possessif pour transformer les phrases suivantes.

Exemple : *C'est mon jardin.* → *C'est* ***le mien***.

a | C'est votre ville. → .....

b | Ce sont nos meubles. → .....

c | C'est leur adresse. → .....

d | Ce sont leurs colocataires. → .....

e | Ce sont tes propriétaires. → .....

4 Complétez les phrases avec un pronom possessif.

a | J'aime beaucoup mon village. Et toi, tu aimes ..... ?

b | Vous voulez acheter une maison ? Venez visiter ..... , nous souhaitons la vendre.

c | N'écoute pas Paul, viens vivre dans mon appartement, il est plus grand que ..... .

d | N'achetez pas de chaises, nous vendons tous nos meubles et nous pouvons vous donner ..... .

PHONÉTIQUE Prononcer *plus*

Cahier unité 3 d'activités

ÉCHAUFFEMENT

1 Écoutez et observez les phrases suivantes. 14

a | Virginie habite **plus loin** que Juliette et son appartement est **plus ancien**.

b | Il y a **plus de** parcs à Paris qu'à Montréal mais les loyers sont **plus élevés**.

c | Les étudiants déménagent **plus que** les retraités et choisissent des métropoles **plus vertes**.

2 a Classez dans le tableau les expressions soulignées dans les phrases ci-dessus.

plus se prononce [plys]	*plus* se prononce [ply]	*plus* se prononce [plyz]
.....	*plus loin*, ...	.....

b Réécoutez et vérifiez vos réponses. 14

FONCTIONNEMENT

3 Observez le tableau de l'échauffement et associez.

a | ***Plus*** se prononce [plys] •
b | ***Plus*** se prononce [ply] •
c | ***Plus*** se prononce [plyz] •

• **1** | quand il est suivi d'un mot qui commence par une voyelle.
• **2** | quand il est suivi d'un mot qui commence par une consonne.
• **3** | quand les expressions ***plus de*** et ***plus que*** signifient « davantage ».

REMARQUE

Quand ***plus*** signifie une négation, une quantité 0, il se prononce [ply] :
J'ai déménagé, je ***n'****ai* ***plus de*** *garage.*

ENTRAÎNEMENT

4 Écoutez et répétez les phrases. 15

5 Par deux. Choisissez une prononciation de *plus*. Votre voisin(e) doit faire une phrase avec cette prononciation en moins de 15 secondes.

[plys] **[ply]** **[plyz]**

L'ESSENTIEL GRAMMAIRE/VOCABULAIRE

1 Les pronoms relatifs. Complétez le texte suivant avec *qui, que, où*.

Ma propriétaire est une femme ..... est très sympathique. L'appartement ..... je loue est propre et tous les appareils électroménagers fonctionnent bien. Mais j'ai un problème : le quartier ..... je vis est bruyant.

2 La comparaison. Complétez avec *plus de… que, moins de… que, autant de… que, moins… que*.

a | Un studio est ..... grand ..... un appartement.
b | À New York, il y a ..... tours ..... à Marseille.
c | Dans un T2, il y a ..... pièces ..... dans un F2.
d | Une petite ville dispose de ..... espaces verts ..... une capitale.

3 Les pronoms possessifs. Remplacez les mots soulignés comme dans l'exemple.

Exemple : *Mon appartement est plus petit que ton appartement.* → *Mon appartement est plus petit que le tien.*

a | Ma maison est plus fonctionnelle que ta maison.
b | Son jardin est mieux entretenu que mon jardin.
c | Notre cuisine est moins moderne que leur cuisine.
d | Leur quartier est aussi agréable que notre quartier.

4 Le logement, le cadre de vie. Chassez l'intrus.

a | le garage – le séjour – le placard – la chambre
b | le studio – l'étagère – le tabouret – le fauteuil
c | clair – calme – propre – bruyant
d | la tour – le parc – la ferme – le centre commercial

ATELIERS

1 PRÉSENTER UNE IDÉE POUR AMÉLIORER LA VIE DANS SA VILLE

Démarche

Formez des groupes de quatre.

1 Préparation

- Chaque groupe choisit une idée pour améliorer la qualité de vie dans sa ville.
Vous pouvez, par exemple, proposer d'aménager des espaces verts, d'utiliser de nouveaux moyens de transport, de créer un événement sportif ou culturel, de créer un lieu pour les enfants, etc.
- Vous allez discuter entre vous et faire des recherches sur internet ou en bibliothèque pour voir ce qui existe dans d'autres villes. Pensez à sélectionner des images pour illustrer votre projet.

2 Réalisation

- Vous écrivez un message que vous allez poster sur le site de la mairie.
- Pensez à donner un titre clair à votre idée. Exemple : *Notre idée → Interdire les voitures au centre-ville.*
- Développez votre idée, expliquez ce que vous imaginez. Exemple : *Nous imaginons une ville sans voiture et sans bruit. Nous imaginons une ville où les piétons peuvent marcher sans danger.*

3 Présentation

Présentez votre idée à la classe et expliquez aussi pourquoi vous avez choisi ce projet.

2 LOUER UN LOGEMENT POUR UNE COURTE DURÉE

ATELIER TECH'

Démarche

Formez des groupes de quatre.

1 Préparation

- Chaque groupe détermine les critères du logement qu'il souhaite louer.
Vous pouvez choisir le lieu où il est situé, le nombre de pièces qu'il comprend, l'équipement qu'il offre, etc. Pensez aussi à choisir la durée de votre séjour et le nombre de personnes qui y participent.

2 Réalisation

- Vous allez sur un site internet qui propose des locations saisonnières et vous y entrez vos critères.
- Vous sélectionnez le logement qui vous convient.

3 Présentation

Vous présentez à la classe le logement que vous avez choisi. Pensez à expliquer pourquoi vous l'avez choisi (*mettez en avant ses avantages*). N'oubliez pas de sélectionner des photos (*du logement et du quartier où il se situe*) pour illustrer votre présentation.

Les logements insolites

Associez chaque logement à sa photo et au lieu où il se trouve.

Exemple : *a - A - 2*

a | sur la banquise
b | au bord de la mer
c | sur l'eau
d | dans une forêt
e | sous terre
f | dans un camping
g | sur la route
h | à la campagne

1 | une péniche
2 | un igloo
3 | un phare
4 | une tente
5 | une cabane
6 | une caravane
7 | une grotte
8 | une roulotte

Au fait !

Pendant leurs vacances, de plus en plus de Français aiment passer quelques nuits dans un logement insolite et proche de la nature. Les cabanes dans les arbres sont les stars de ces séjours dépaysants mais d'autres types de logements se développent aussi.

D'après L'Observatoire de l'hébergement insolite en France

A

B

C

D

E

F

G

H

ON N'ARRÊTE PAS LE PROGRÈS

Objectifs

- Parler du futur
- Décrire l'utilité d'un objet
- Exprimer son intention de faire quelque chose
- Rappeler quelque chose à quelqu'un

Un jour, tout sera différent.

DOCUMENTS

A Les jobs qui n'existeront plus dans 10 ans

On n'arrête pas le progrès ! Les machines nous aident dans tous les domaines et nous remplacent au travail. Grâce aux nouvelles technologies et à la robotisation, de plus en plus de tâches sont automatisées. Dans le futur, de nouveaux métiers apparaîtront[1] et d'autres disparaîtront... Voici quelques exemples de métiers qui n'ont pas beaucoup d'avenir.

Caissier
Les caisses automatiques ont déjà remplacé les caissiers et caissières dans de nombreux supermarchés et les achats en ligne ont révolutionné nos manières de consommer. Bientôt, nous n'irons plus au supermarché.

Traducteur
Les logiciels[2] de traduction automatique sont plus performants et de plus en plus nombreux. Dans un avenir proche, on pourra avoir une conversation dans des langues différentes sans problème.

Chauffeur de taxi
La voiture intelligente ou voiture sans chauffeur roulera un jour à notre place. Nous n'aurons plus besoin de chauffeurs de taxis ou de permis de conduire.

Livreur
Un jour, les drones[3] remplaceront les camions de livraison. Plusieurs sites de vente en ligne testent déjà cette solution plus rapide, plus écologique et moins chère.

Source : www.msn.com/fr

1 Naîtront.
2 Programmes informatiques.
3 Avions télécommandés.

COMPRÉHENSION ÉCRITE

Entrée en matière

1 Lisez le titre. À votre avis, pourquoi certains métiers vont disparaître ?

1re lecture (du début à ligne 10)

2 Qu'est-ce qui fait disparaître le métier de caissier ?

3 Que vont permettre les logiciels de traduction automatique ?

2e lecture (de ligne 11 à la fin)

4 Avec les voitures intelligentes, qu'est-ce qu'on ne va plus faire ?

5 Quels sont les avantages des drones ?

Vocabulaire

6 Retrouvez dans le texte un synonyme des mots suivants :

a | le futur : .....
b | efficace : .....

PRODUCTION ORALE

7 D'après vous, est-ce que la disparition de ces métiers est positive ? Pourquoi ?

8 Connaissez-vous des métiers nouveaux ?

Pour parler du futur, imaginer l'avenir

- Un jour, les drones remplaceront les livreurs.
- Bientôt, nous n'irons plus au supermarché.
- Dans un avenir proche, nous aurons des robots.
- Dans le futur, tout sera automatique.

B Humain contre machine

COMPRÉHENSION ÉCRITE

Lecture

1 Regardez le document et dites si les phrases suivantes sont vraies ou fausses.

a | Les robots sont plus forts que les humains.

b | Les robots ne peuvent pas travailler tout le temps.

c | Les robots ont une meilleure mémoire que les humains.

d | Au travail, les robots coûtent plus cher que les humains.

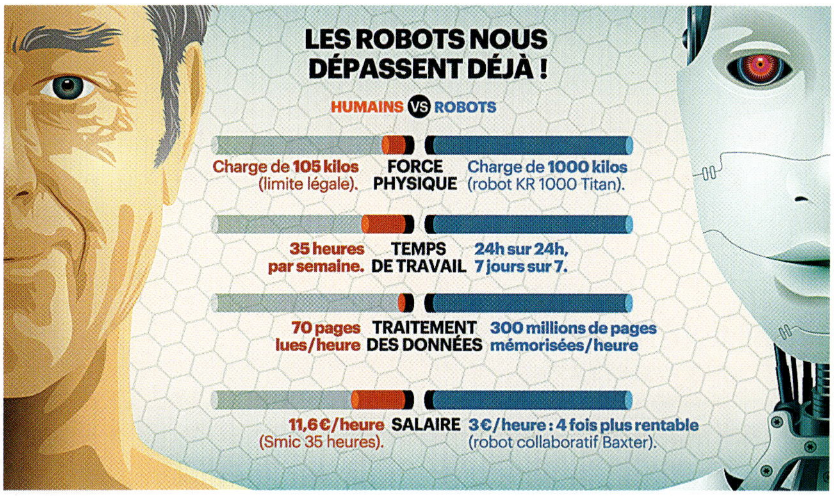

Le Parisien, 11 décembre 2014

PRODUCTION ORALE

2 Que peuvent faire les robots à notre place (au travail, à la maison) ?

C Chronique *Innovations* 16

« Trois inventions qui vont peut-être gagner le concours. »

Inventions présentées au concours Lépine international Paris

La tasse Solo tea

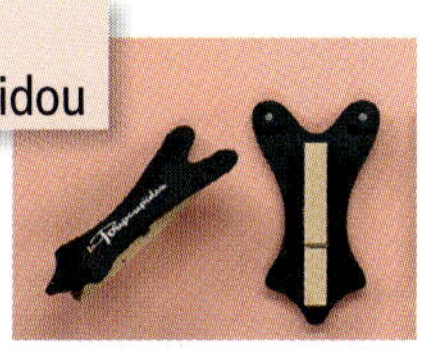

La pince Poupoupidou

Une table baby-foot

Le casque de pompier

Le réveil olfactif SensorWake

COMPRÉHENSION ORALE

Entrée en matière

1 Lisez le titre et la phrase extraite du document. À votre avis, qu'est-ce que le concours Lépine ?

1re écoute (en entier)

2 Regardez les photos. De quelles inventions parle la journaliste ?

2e écoute (en entier)

3 En quelle année a eu lieu le premier concours Lépine ?

4 Quelles inventions ont gagné le concours dans le passé ?

5 À quoi servent les inventions décrites par la journaliste ?

6 Quelle invention préfère le présentateur ?

PRODUCTION ORALE

7 Quel objet présenté dans la chronique vous semble très utile ?

PRODUCTION ÉCRITE

8 Choisissez une photo d'objet. Vous avez inventé cet objet. Dans un court texte, décrivez-le, dites à quoi il sert et pourquoi il est utile.

Pour décrire l'utilité d'un objet

- Cet objet sert à sauver des vies.
- C'est très pratique, très utile.
- Cet objet permet de se réveiller en douceur.
- On utilise cet objet pour cuisiner.

GRAMMAIRE > le futur simple

Cahier d'activités unité 4

ÉCHAUFFEMENT

1 Dans les phrases suivantes, trouvez les verbes au futur et dites quel est leur infinitif.

a | La voiture intelligente roulera à notre place.
b | Les drones remplaceront les livreurs.
c | On pourra communiquer plus facilement.
d | Bientôt, nous n'irons plus au supermarché.

FONCTIONNEMENT

Le futur simple

Formation

Le futur simple se forme avec **l'infinitif du verbe** + **terminaisons**.
Pour les infinitifs qui se terminent par **e**, *on supprime le* **e**.

	parler	prendre
je	**parlerai**	**prendrai**
tu	**parleras**	**prendras**
il/elle/on	**parlera**	**prendra**
nous	**parlerons**	**prendrons**
vous	**parlerez**	**prendrez**
ils/elles	**parleront**	**prendront**

Emploi

Le futur simple permet de parler d'une action à venir :
Il ***fera*** *beau cet après-midi d'après la météo.*
Les robots humains ***fonctionneront*** *bien dans 10 ans.*

Verbes irréguliers

avoir : j'aurai, tu auras …
être : je serai, tu seras …
faire : je ferai, tu feras …
aller : j'irai, tu iras …
voir : je verrai, tu verras …
savoir : je saurai, tu sauras …
devoir : je devrai, tu devras …
pouvoir : je pourrai, tu pourras …
venir : je viendrai, tu viendras …
il faut : il faudra
il pleut : il pleuvra

ENTRAÎNEMENT

2 Conjuguez les verbes entre parenthèses au futur simple.

a | Ce soir, je (préparer) ….. un plat avec mon robot ménager.
b | Dans 50 ans, on (pouvoir) ….. tout faire avec le téléphone portable.
c | Nous (travailler) ….. moins et nous (avoir) ….. plus de temps pour vivre.
d | La vie (être) ….. plus facile.
e | Je (faire) ….. des études d'informatique car c'est un secteur d'avenir.
f | On ne (savoir) ….. plus conduire dans le futur.
g | Ce professeur (devoir) ….. se former aux nouvelles technologies.
h | Les étudiants (ne plus aller) ….. à l'université.

3 Terminez les phrases.

a | Un jour, …..
b | Dans 30 ans, …..
c | Dans le futur, …..
d | Au 22e siècle, …..

PRODUCTION ÉCRITE

4 Choisissez un métier dans le document ci-dessous. Sur le modèle du document A de la page 56, écrivez un petit texte pour expliquer pourquoi et comment ce métier risque de disparaître.

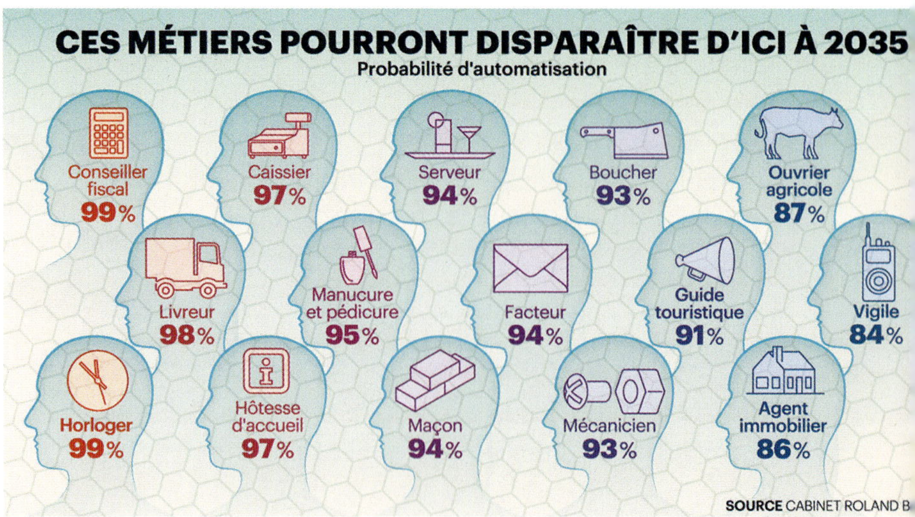

VOCABULAIRE > les sciences et techniques

Activités unité 4 Cahier + TNI

Les machines

l'appareil (*m.*)
le mécanisme
le moteur
l'outil (*m.*)
le robot

1 Complétez les phrases avec des mots de la liste ci-dessus.

a | Ma montre ne marche plus, il faut que je démonte le ….. pour la réparer.
b | Leur voiture n'avance plus, le ….. est en panne.
c | Il a besoin de sa boîte à ….. pour faire des travaux.
d | J'ai acheté un ….. qui fait la cuisine à ma place.

Le fonctionnement des objets

être en panne
fonctionner
marcher bien/mal

L'utilité des objets

automatique
efficace
indispensable
performant(e)
pratique
utile ≠ inutile

Le progrès

l'automatisation (*f.*)
le changement
la découverte
le développement
l'évolution (*f.*)
l'innovation (*f.*)
l'invention (*f.*)
la nouveauté
la robotisation
la technologie

PRODUCTION ORALE

2 Répondez aux questions.
Pour vous :

a | Quelle est la nouveauté de l'année ?
b | Quelle invention a tout changé au 20e siècle ?
c | Quelle découverte a révolutionné l'humanité ?

Les métiers de l'innovation

le chercheur/la chercheuse
le constructeur
l'ingénieur(e)
l'inventeur
le/la scientifique

3 Reliez.

a | Léonard de Vinci
b | Marie Curie
c | Gustave Eiffel
d | Henri Ford
e | Louis Pasteur

1 | était un inventeur.
2 | était un ingénieur.
3 | était une scientifique.
4 | était un chercheur.
5 | était un constructeur.

Les nouvelles technologies

le GPS
internet
l'ordinateur (*m.*)
la tablette
le téléphone portable

4 Retrouvez le nom des inventions présentées sur cette image.

PRODUCTION ÉCRITE

5 Choisissez une invention et décrivez son histoire dans un court texte.

D Test de personnalité

Êtes-vous accro à votre smartphone ?

Au travail, dans le métro, à table, dans la rue, dans le lit... Nous ne pouvons plus vivre sans cet outil ! Le smartphone est devenu l'assistant de notre cerveau. Et vous, êtes-vous « addict » ?

Pour le savoir, faites le test !

1 Vous avez oublié votre portable chez vous.
ⓐ Vous rentrez le chercher. Si vous ne l'avez pas sur vous, vous ne pourrez pas travailler.
ⓑ Vous continuez votre chemin, vous n'avez pas vraiment besoin de votre téléphone.

2 Vous attendez quelqu'un avec qui vous avez rendez-vous.
ⓐ Vous profitez de ce moment pour vérifier vos mails et votre profil Facebook.
ⓑ Vous pensez à vos projets personnels, votre ami va bientôt arriver.

3 La nuit :
ⓐ si vous éteignez votre téléphone, la fonction réveil ne fonctionne pas. Il est sur votre table de nuit, allumé bien sûr.
ⓑ vous éteignez votre smartphone. Si c'est une urgence, on vous appellera sur votre téléphone fixe.

4 Combien de SMS envoyez-vous par jour en moyenne ?
ⓐ Plus de 10 SMS par jour, même le dimanche.
ⓑ Moins de deux, vous mettez plus de 5 minutes à envoyer un message.

5 Vous êtes en réunion de travail et votre téléphone sonne.
ⓐ Vous vous excusez et vous répondez quand même.
ⓑ Vous vous excusez et vous l'éteignez.

Si vous avez une majorité de réponses a), vous êtes accro à votre portable ! Pensez à faire une pause !

COMMENTAIRES ▼

FÉRIELLE O

Ça y est ! J'ai décidé d'arrêter le portable... Mes grands-parents n'en ont pas et sont très heureux... Il y a une vie en dehors des réseaux sociaux !!!!

JEAN-CLAUDE789

Oh là là ! Je suis accro sans aucun doute. Ça m'énerve de ne pas pouvoir résister à cette machine ! J'ai pris la résolution d'éteindre mon portable pendant les vacances.

ALICE AU PAYS DES MERVEILLES

Tu n'es pas le seul ! J'ai répondu a) partout... C'est décidé, demain je laisse mon portable éteint au moins... 10 minutes.

COMPRÉHENSION ÉCRITE

Entrée en matière

1 Combien de temps utilisez-vous votre portable chaque jour ?

1re lecture (partie test)

2 Lisez l'introduction du test. Que représente le smartphone aujourd'hui ?

3 Faites le test. Êtes-vous accro à votre smartphone ?

2e lecture (en entier)

4 Comment peut-on vous contacter si votre portable est éteint ?

5 Quel est l'argument de *Férielle O* pour éteindre son portable ?

6 Qu'a décidé de faire *Jean-Claude789* pendant les vacances ?

Vocabulaire

7 Retrouvez dans le texte un synonyme des mots suivants :
a | la décision **b** | un texto

PRODUCTION ORALE

8 Imaginez le téléphone de demain. Comment sera-t-il ? Que pourra-t-on faire avec ?

PRODUCTION ÉCRITE >>> DELF

9 Vous avez oublié votre smartphone chez vous et vous avez passé une bonne journée. Le soir, vous écrivez un mail à un(e) ami(e) pour lui raconter cette journée et lui parler de votre intention de moins utiliser votre téléphone (80 mots).

Pour exprimer son intention de faire quelque chose

- J'ai pris la résolution d'éteindre mon portable.
- C'est décidé, j'arrête les SMS !
- J'ai décidé de moins téléphoner.
- Je pense à/Je veux limiter mon utilisation du portable.

GRAMMAIRE > la condition avec *si*

ÉCHAUFFEMENT

1 Lisez les phrases suivantes et dites à quelle condition l'action (en vert) se réalisera.

a | **La fonction réveil fonctionne** si le portable est allumé.

b | Si c'est une urgence, **on vous appellera sur votre téléphone fixe**.

2 À quel temps les verbes des phrases a et b sont conjugués ?

FONCTIONNEMENT

La condition avec *si*

Pour exprimer la condition, on utilise :

Si + verbe au **présent**, + verbe au **présent**, au **futur** ou à l'**impératif**

Si *j'ai mon portable, je ne m'ennuie pas.*

Si *j'ai mon portable, tu pourras m'appeler.*

Si *tu as ton portable, téléphone-lui.*

REMARQUES

- On n'utilise jamais le futur après **si** :

Si *tu pars en vacances, ne prends pas ton portable.*

- Avec **quand**, on peut exprimer une certitude et utiliser le futur :

Quand *tu partiras en vacances* (c'est sûr), *ne prends pas ton portable.*

ENTRAÎNEMENT

3 Dites si les phrases suivantes expriment une condition ou une certitude.

a | Si tu es d'accord, sortons.

b | S'il travaille bien à l'école, on lui offrira un ordinateur.

c | Quand tu viendras, nous irons acheter un smartphone ensemble.

d | Si nous limitons notre utilisation du portable, nous serons plus heureux.

e | On regardera toutes les nouveautés quand on ira à la boutique de téléphonie.

4 Conjuguez les verbes entre parenthèses au futur ou au présent.

a | Si vous (voir) ..... Malo, vous lui (dire) ..... de m'appeler.

b | Si tu (faire) ..... des efforts, tu (comprendre) ..... comment fonctionne ce logiciel.

c | On (pouvoir) ..... faire plus de choses quand la connexion internet (être) ..... meilleure.

d | Laurence nous (connecter) ..... au réseau wi-fi quand nous (acheter) ..... une tablette.

e | S'il (faire) ..... beau, on (être) ..... mieux dehors que devant l'ordinateur.

5 Terminez les phrases.

a | Vous devrez m'appeler quand .....

b | Quand je te verrai ce soir, ...

c | Si quelqu'un vole ton smartphone, ...

d | Si je perds tous mes contacts sur mon smartphone, ...

e | Quand je changerai de téléphone, ...

f | Si vous vous sentez accro à votre portable, ...

CIVILISATION

E La francisation du langage internet 17

« *Des mots équivalents existent en français.* »

COMPRÉHENSION ORALE

Entrée en matière

1 **Utilisez-vous beaucoup de mots étrangers dans votre langue ? Donnez des exemples.**

1re écoute (en entier)

2 **Ce document est :**

a | une chronique. **b** | une interview. **c** | un reportage.

3 **Comment s'appelle l'émission ?**

4 **Qui est Jérôme Belin ?**

5 **Qu'ont fait la France et le Québec ?**

2e écoute (en entier)

6 **Quels sont les mots français choisis pour remplacer : *smiley, faire le buzz, blog* et *newsletter* ?**

7 **Quels mots ont choisi les Français et les Québécois pour remplacer *hashtag* ?**

8 **Comment est construit le mot *clavardage* ? Quel est son équivalent en France ?**

9 **En groupe, imaginez une traduction française pour les expressions anglaises suivantes :**

a | password **b** | username **c** | mailing list

Oh, le cliché !

« Les Français ne parlent pas bien anglais ! »

La France est au 29e rang du classement du TOEFL*, test international d'anglais. Pourquoi ? Le français a longtemps été une langue de communication internationale et les Français ne se sont pas trop intéressés à l'apprentissage des langues. Aujourd'hui, l'apprentissage d'une langue est obligatoire à l'école à partir de 6 ans.

*chiffres : ets.org

→ Et dans votre pays, parle-t-on plusieurs langues ?

F Quelques mots francisés

Égoportrait :
Autoportrait photographique fait avec un téléphone, un appareil photo numérique ou une tablette. Les égoportraits sont souvent publiés sur un réseau social.

Lecture en transit :
Technique de lecture de fichier multimédia qui permet à un internaute de lire le fichier en temps réel, sans avoir à attendre son téléchargement complet.

Pourriel :
Message électronique sans intérêt, souvent publicitaire, qui est envoyé à un grand nombre d'internautes et qui finit en général à la poubelle.

Source : http://gdt.oqlf.gouv.qc.ca/

COMPRÉHENSION ÉCRITE

Lecture

1 **Ce document de l'Organisme québécois de la langue française (OQLF) présente :**

a | des définitions.
b | des modes d'emploi.
c | des règles d'utilisation.

2 **Quels sont les équivalents anglais de ces mots francisés ?**

Vocabulaire

3 **Comment appelle-t-on une personne qui navigue sur internet ?**

PRODUCTION ÉCRITE

4 **Sur le modèle des définitions de l'OQLF, écrivez une définition des mots francisés suivants :**

a | téléphone intelligent
b | cybercaméra
c | café électronique

VOCABULAIRE > les technologies de la communication

Le téléphone

l'appel (*m.*)
la batterie
le chargeur
le message
le numéro
le smartphone
le SMS = le texto
la sonnerie
le téléphone fixe
le téléphone portable

Francophonie

En France, on parle de *téléphone portable*, mais dans le monde francophone, on utilise d'autres mots !
En Suisse : **un natel**.
En Belgique : **un gsm**.
Au Québec : **un cellulaire**.

Téléphoner

allumer
appeler quelqu'un
décrocher
éteindre
raccrocher
répondre au téléphone
téléphoner à quelqu'un

1 Complétez les phrases suivantes avec des mots des listes ci-dessus.

a | J'ai entendu la ….. du téléphone, mais je n'ai pas eu le temps de ….. .
b | Je n'ai plus de batterie, tu sais où est mon ….. ?
c | Il ne répond pas sur son portable, je lui laisse un ….. .

L'ordinateur

le clavier
la clé USB
cliquer
le disque dur
l'écran (*m.*)
la souris

2 Complétez l'image avec des mots de la liste ci-dessus.

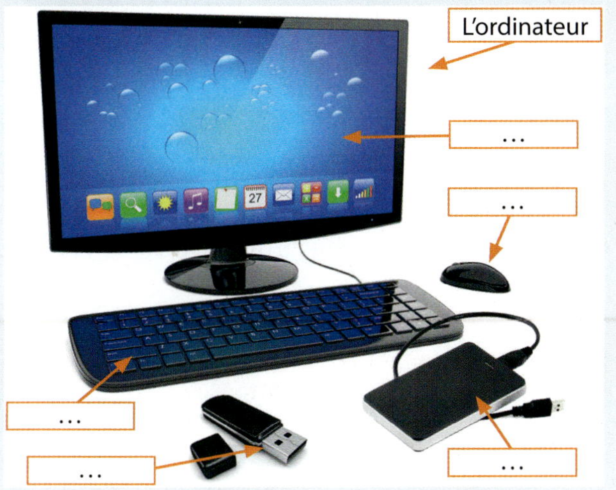

Internet

l'appli(cation) (*f.*)
le blog
le forum
l'internaute
le lien
naviguer sur internet
le réseau social
le site/la page internet
télécharger un fichier, une image, une vidéo…

Martin Vidberg

La messagerie électronique

l'adresse électronique (*f.*)
la boîte de réception
le courriel = le mail = mél
envoyer/recevoir un courriel
le mot de passe
la pièce jointe

3 Reliez.

a | Martine raconte sa vie
b | Je n'arrive pas à accéder au site,
c | Clique sur ce lien et
d | Tu m'enverras ce fichier
e | Tous les jours, je me connecte

1 | à ma messagerie électronique.
2 | sur son blog.
3 | le lien ne marche pas.
4 | en pièce jointe.
5 | tu pourras télécharger cette appli.

PRODUCTION ORALE >>> DELF

4 À deux. Vous avez un nouveau portable. Vous le montrez à un(e) ami(e) et lui décrivez l'utilité des applications installées.

DOCUMENTS

G L'internet des objets 4

COMPRÉHENSION AUDIOVISUELLE

Entrée en matière

1 **Qu'est-ce qu'un objet connecté ?**

1er visionnage (en entier)

2 **Quels objets sont cités et/ou apparaissent dans la vidéo ?**

3 **Comment s'appelle la troisième évolution de l'internet ?**
a | le big data **b** | le web 3.0 **c** | le haut débit

2e visionnage (en entier)

4 **Pourquoi le réfrigérateur envoie des SMS à Caroline ?**

5 **Qui reçoit des SMS du bracelet de Caroline ? Pourquoi ?**

6 **Combien d'appareils connectés possédera chaque Terrien en 2020 ?**

7 **Dites si les phrases suivantes sont vraies ou fausses d'après la vidéo :**
a | Les objets connectés vont faciliter la vie des gens.
b | Avec le web 3.0, il y aura moins de données.
c | Le web 3.0 va fonctionner avec nos données personnelles.

Vocabulaire

8 **Quel mot familier synonyme de *discuter* entendez-vous ?**
a | papoter
b | tchatcher
c | jacasser

PRODUCTION ORALE

9 **D'après vous, est-ce que les objets connectés facilitent la vie ?**

H Les objets sont nos amis ?

COMPRÉHENSION ÉCRITE

Entrée en matière

1 **À votre avis, de quel type de magazine ou de site est extrait ce document ?**

Lecture

2 **Quel objet informe qu'il fonctionne mal ?**

3 **Quels objets rappellent quelque chose à faire au personnage ?**

Source : *Science et Vie Junior*, n°268, 2012.

PRODUCTION ORALE

4 **À votre avis, est-ce que le personnage est heureux d'avoir des objets connectés ? Pourquoi ?**

5 **DELF** **Vous avez plusieurs objets connectés chez vous car ils vous semblent très utiles. Décrivez-les.**

PRODUCTION ÉCRITE

6 **Vous partez en vacances et votre colocataire va être seul(e) dans votre appartement. Vous lui rappelez les choses à faire dans l'appartement. Exemples :** ***sortir la poubelle, bien fermer les fenêtres la nuit, nettoyer la salle de bains…***

Pour rappeler quelque chose à quelqu'un

- Je te rappelle que tu dois manger des légumes.
- Pense à laver la vaisselle.
- N'oublie pas la réunion de demain, hein ?

1 On n'est jamais trop prudent sur internet

La CNIL est la Commission nationale de l'Informatique et des Libertés. La mission de cette institution est de protéger les données personnelles, de défendre les libertés individuelles et de construire une éthique[1] numérique.
Si certaines de vos données personnelles sont publiées sur internet sans votre accord, vous pouvez contacter la CNIL. On vous informera sur vos droits et on vous conseillera pour protéger votre vie privée sur internet. Pour en savoir plus, visitez le site de la CNIL : www.cnil.fr

1 Morale, norme sociale.

1 Accord.

COMPRÉHENSION ÉCRITE

1re lecture (affiche)

1 **Lisez l'affiche. Qui a pu dire cette phrase ?**

2 **D'après vous, quel est le but de cette affiche ?**

2e lecture (texte)

3 **Lisez le texte. Que signifie CNIL ?**

4 **Quel est le rôle de la CNIL ?**

5 **Trouvez les bonnes réponses.**
La CNIL : **a** | *informe* **b** | *soutient* **c** | *conseille* **d** | *dénonce* les internautes.

PRODUCTION ORALE

6 **Est-ce qu'il y a un organisme comme la CNIL dans votre pays ? Comment s'appelle-t-il ?**

GRAMMAIRE > le pronom *on*

Cahier unité 4 d'activités

ÉCHAUFFEMENT

1 **Observez le pronom *on* et dites dans quelle phrase on peut le remplacer par *nous, les gens* ou *quelqu'un*.**

a | **On** n'est jamais trop prudent sur internet.
b | Avec Marc, quand **on** est à table, **on** n'utilise pas nos smartphones.
c | À la CNIL, **on** vous informera sur vos droits et **on** vous conseillera.

FONCTIONNEMENT

Les sens de *on*

= Nous	*À la maison, **on** n'utilise pas beaucoup internet.* *= À la maison, **nous** n'utilisons pas beaucoup internet.*
= Tout le monde, les gens	*En France, **on** aime beaucoup les sites de recettes de cuisine.* *= En France, **les gens** aiment beaucoup les sites de recettes de cuisine.*
= Quelqu'un, une personne	***On** a diffusé une photo de mon enfant sur Facebook.* *= **Quelqu'un** a diffusé une photo de mon enfant sur Facebook.*

ENTRAÎNEMENT

2 **Transformez les phrases suivantes avec *nous, quelqu'un* ou *tout le monde*.**

a | On a volé mon ordinateur.
b | Sur internet, on peut acheter des livres.
c | Ici, on n'a jamais eu de problème de connexion.
d | Ma sœur et moi, on est privées d'internet le soir.
e | On m'a donné des conseils pour éviter les virus informatiques.

PHONÉTIQUE Les nasales [ɑ̃], [ɔ̃] et [ɛ̃]

Cahier d'activités unité 4

ÉCHAUFFEMENT

1 Écoutez et observez les phrases suivantes : 18

a | **On** inst**a**lle **un** logiciel s**im**ple et perform**an**t.
b | Mart**in** c**om**pr**en**d votre c**on**versati**on**.
c | M**on** téléphone **in**tellig**en**t écrit d**an**s des l**an**gues différ**en**tes.

2 a Écoutez de nouveau et complétez le tableau avec les mots qui contiennent les sons [ɑ̃], [ɔ̃] ou [ɛ̃]. Attention, on peut classer des mots dans deux colonnes. 18

[ɑ̃] comme *dans*	[ɔ̃] comme *mon*	[ɛ̃] comme *Martin*
dans …..	*mon* …..	*Martin* …..

b Que remarquez-vous ? Connaissez-vous d'autres mots qui contiennent les sons [ɑ̃], [ɔ̃] et [ɛ̃] ?

FONCTIONNEMENT

3 Les sons [ɑ̃], [ɔ̃] et [ɛ̃] sont prononcés par le nez : ce sont des voyelles nasales.
Complétez : En général, le son [ɑ̃] s'écrit : ***en*** ou ….. ; le son [ɔ̃] s'écrit : ***on*** ou ….. et le son [ɛ̃] s'écrit : ***in*** ou …..

ENTRAÎNEMENT

4 Écoutez et répétez les phrases. 19

5 Par trois, complétez le tableau. Trouvez trois mots par colonne : un avec le son [ɑ̃], un avec le son [ɔ̃] et un autre avec le son [ɛ̃]. Quand vous avez fini, dites « Stop ! » et comptez vos points.

Animal	Objet	Pays	Profession
…..	…..	…..	…..

L'ESSENTIEL GRAMMAIRE/VOCABULAIRE

1 Le futur simple. Transformez les phrases au futur simple.
a | Pendant les vacances, je fais un stage.
b | Après le cours, il faut faire des exercices en ligne.
c | Nous savons faire marcher ce robot.
d | Il doit moins utiliser son téléphone portable.
e | Vous avez des objets connectés chez vous ?

2 *Si* et *quand*. Conjuguez le verbe au temps qui convient.
a | Quand tu (venir) ….. , je te montrerai mon nouveau portable.
b | Si j' (utiliser) ….. mon robot qui cuisine, je gagne du temps.
c | Si Lucas n'a rien à faire ce soir, il t' (aider) ….. à réparer ton écran.
d | Quand je prendrai des cours d'informatique, je (pouvoir) ….. installer des logiciels.

3 Les sciences et techniques. Complétez les phrases avec les mots de la liste qui conviennent : *machine – appareil – développement – changement – indispensables – pratiques – inventions*
a | Pour gagner un concours d'….., il faut avoir une bonne idée.
b | Les robots seront ….. aux humains dans le futur.
c | Cet ….. est vraiment efficace.
d | Le ….. de logiciels de traduction est très rapide.

4 Les technologies de la communication. Trouvez les réponses à ces devinettes.
a | C'est un code qui permet de se connecter à sa boîte mail.
b | Sur internet, c'est un lieu de discussion sur un thème spécifique.
c | C'est un synonyme de « surfer sur internet ».

ATELIERS

1 ORGANISER UNE JOURNÉE SANS PORTABLE

Vous allez organiser une journée sans portable dans votre établissement et écrire vos impressions dans un journal de bord.

Démarche

Formez des groupes de trois à cinq.

1 Préparation

- En groupe classe, décidez d'une date pour la journée sans portable.
- Réalisez des affiches et des tracts pour annoncer cette journée.
- Collez-les dans votre école pour prévenir et encourager les autres étudiants à participer.

2 Réalisation

- Pendant la journée sans portable, laissez votre téléphone à la maison et écrivez vos impressions dans un journal au cours de la journée.
- Interviewez d'autres étudiants de votre école sur leurs impressions et leur relation au téléphone portable.
- En groupe, faites le bilan de cette journée.
- Réalisez un journal de bord commun avec les impressions de chacun et les interviews.
- Proposez des règles d'utilisation du téléphone portable dans votre établissement.

3 Présentation

- Présentez votre journal de bord à la classe.
- Échangez vos impressions sur cette journée avec les autres étudiants.

2 PARTICIPER À UN CONCOURS D'INVENTIONS SUR UN RÉSEAU SOCIAL

ATELIER TECH'

Vous allez inventer un objet et publier sa description sur un réseau social.

Démarche

Formez des groupes de trois à quatre.

1 Préparation

- En classe, décidez quels seront les critères du concours d'inventions : l'utilité de l'invention, son caractère écologique, révolutionnaire, fou…
- Créez une page pour votre concours d'inventions sur un réseau social.

2 Réalisation

- En groupe, réfléchissez à une invention.
- Dessinez-la et prenez votre dessin en photo pour le publier.
- Écrivez une notice pour décrire cette invention, dire à quoi elle sert, quels sont ses avantages, comment elle fonctionne…

3 Présentation

- Publiez votre dessin et votre texte sur la page du concours.
- Présentez votre invention aux autres groupes.
- Chaque étudiant vote pour l'invention qu'il préfère sur la page du concours (vous pouvez aussi demander à vos amis, votre famille, de voter pour votre invention !).
- Vérifiez sur la page du concours quelle invention a remporté le plus de succès.

Stratégies Production écrite

Ces stratégies vont vous être utiles pour préparer le DELF A2 (cf. épreuve blanche p. 181) et réussir cet examen. L'épreuve dure 45 minutes.

Que devez-vous faire ?

- 1er exercice (écriture créative) : vous décrivez une expérience personnelle (un voyage, une fête) et vous donnez vos impressions, c'est-à-dire que vous utilisez les temps du passé (passé composé et imparfait), des verbes comme « aimer », « adorer », « détester » et des adjectifs comme « génial », « horrible », « fantastique », « mauvais », « agréable », etc.
- 2e exercice : vous invitez quelqu'un et vous lui donnez des informations (pourquoi vous l'invitez, où se déroule l'événement, quand, etc.) ou vous répondez à une invitation que vous acceptez ou refusez (vous remerciez, vous vous excusez, vous demandez quelque chose, etc.).

À quoi devez-vous faire attention ?

- À la consigne : elle vous indique si vous devez écrire une lettre, un courriel, une carte postale, un article, un texte pour une page internet. Elle vous expose également le contexte (informel ou formel) qui vous permet de choisir entre « tu » et « vous » et de sélectionner les formules de politesse adaptées.
- À la longueur des textes : le nombre de mots est précisé, il faut le respecter.
- À la présentation de vos textes, surtout pour la lettre (lieu, date, mise en page, formules de politesse, signature).
- Au vocabulaire : utilisez des mots différents pour montrer que vous en connaissez beaucoup.

Préparation au DELF A2

Entraînez-vous à L'EXERCICE 1 *(écriture créative)* ***13 points***

Sujet 1

Vous avez suivi un cours de français en ligne. Vous écrivez un message sur le site de ce cours pour raconter votre expérience *(durée du cours, qualité technique, programme, échanges avec d'autres apprenants, avec le professeur, etc.)* et vos impressions *(avantages et/ou inconvénients de ce mode d'apprentissage)* à de futurs étudiants (60 à 80 mots).

Sujet 2

Vous utilisez souvent les réseaux sociaux. Racontez votre expérience sur un forum francophone. Expliquez quels sites vous utilisez et pourquoi, quelles informations vous intéressent, avec qui vous communiquez, quels types de messages vous publiez, quelles recommandations vous pouvez faire aux futurs utilisateurs (60 à 80 mots).

EN FORME ?

Objectifs

- Donner des conseils
- Parler de problèmes de santé
- Comprendre des instructions médicales
- Exprimer son point de vue

Prends soin de toi !

DOCUMENTS

A Alors, en forme ?

Quelques conseils pour gérer votre sommeil

Par le Dr Laurence Polino

Quand vous prenez le départ d'un trail de longue durée, où vous allez courir 30, 35 ou 40 heures même plus, il est conseillé de dormir par brèves[1] périodes.

Comment dormir avant la course ?

Il faut faire des nuits les plus longues possibles dans les jours qui précèdent la course (8 à 9 heures minimum dans l'idéal).

Quand dormir pendant la course ?

Dans l'idéal, environ toutes les quatre à six heures : la nuit de 23 h à 1 h et de 4 h à 6 h. L'après-midi de 13 h à 16 h.

De manière générale, soyez à l'écoute de votre corps et essayez de vous reposer. Si ça va, il est inutile de vous forcer à dormir.

Combien de temps dormir ?

Comme les navigateurs, il est conseillé de dormir par périodes brèves de 20 ou 40 minutes. Il est important de rester à l'écoute de sa fatigue. Quelques-uns se reposeront 1 à 2 heures selon les besoins.

Dans quelles conditions dormir ?

Il faut s'installer confortablement et éventuellement vous changer ou vous rafraîchir un peu si vous en avez la possibilité. En journée, il est possible d'utiliser un masque de sommeil comme celui distribué dans les avions. Commencez par vous détendre au niveau musculaire par de la relaxation avec des inspirations profondes.

Bon sommeil et bonne course !

Source : http://ultratrailmb.com

1 Courtes.

L'Ultra-Trail du Mont-Blanc®

c'est :

- 168 km de course,
- 3 pays traversés (France, Suisse et Italie),
- 2 nuits en montagne,
- une course à réaliser en 46 heures maximum,
- environ 2 300 partants de 77 pays différents, dont 13 % de femmes.

COMPRÉHENSION ÉCRITE

Entrée en matière

1 **Décrivez la photo.**

2 **Que savez-vous du Mont-Blanc ?**

Lecture

3 **Vrai ou faux ? Justifiez votre réponse avec un passage du texte.**

a | L'Ultra-Trail du Mont-Blanc® est une course internationale qui dure une quarantaine d'heures.

b | C'est un professionnel de santé qui donne ces conseils pour gérer le sommeil.

c | Il n'est pas nécessaire de beaucoup dormir avant la course.

d | Pendant la course, il faut se forcer à dormir.

e | Il est conseillé de faire des siestes courtes, comme les navigateurs.

f | Il est utile de se relaxer pour trouver le sommeil.

Vocabulaire

4 **Trouvez la signification des verbes suivants. Associez.**

a | se changer	**1** | faire une toilette rapide
b | se rafraîchir	**2** | se relaxer
c | se détendre	**3** | changer de vêtements

PRODUCTION ÉCRITE >>> DELF

5 **Vous avez reçu ce courriel de votre ami Louis. Vous avez déjà participé à l'Ultra-Trail du Mont-Blanc®. Vous lui racontez votre expérience et lui donnez des conseils.**

Salut !
Je vais participer en mai prochain à l'Ultra-Trail du Mont-Blanc® mais je n'ai jamais couru sur une distance aussi longue. J'ai besoin de tes conseils pour ma préparation physique, pour être en forme le jour de l'épreuve.
Merci de m'aider !
Louis

Pour donner des conseils

- Il est important de bien dormir.
- Il est conseillé de dormir beaucoup.
- Je te conseille de t'entraîner tous les jours.
- Il faut te détendre.
- Il est utile/inutile de…

B Règlement de l'UTMB®

– Cette course est ouverte à toute personne, homme ou femme. Il faut être né en 1995 ou avant.
– Il est indispensable d'être en bonne condition physique.
– Chaque coureur doit fournir un certificat médical.
– Il est nécessaire de savoir gérer la grande fatigue, les problèmes digestifs, les douleurs musculaires ou articulaires.
– Toute assistance professionnelle (entraîneur, médecin ou autre profession médicale) est strictement interdite, sauf en cas de problèmes sérieux ou de danger.
– Il est défendu de fumer et de consommer des substances illicites[1].
– Les coureurs ont l'obligation de se soumettre à des contrôles anti-dopage avant, pendant ou à l'arrivée de l'épreuve.
– Vous ne devez pas vous présenter à un poste de contrôle au-delà de l'heure limite.
– Il n'est pas permis de courir en maillot de bain, même par forte chaleur.
Chaque coureur déclare connaître et accepter le présent règlement sur www.ultratrailmb.com

1 Interdites.

COMPRÉHENSION ÉCRITE

Entrée en matière

1 Qu'est-ce qu'*un règlement* ?

1re lecture

2 À votre avis, qui a écrit ce règlement ?

3 À qui est-il destiné ?

2e lecture

4 Qui peut participer à l'Ultra-Trail du Mont-Blanc® ?

5 Est-ce que l'assistance professionnelle est autorisée pendant la course ?

6 Quel type de contrôles les participants doivent-ils faire ? À quels moments ?

7 Est-il possible de courir en maillot de bain quand il fait chaud ?

Vocabulaire

8 Les problèmes digestifs concernent :

a | le cœur ? **b** | la main ? **c** | l'estomac ?

9 On peut ressentir des douleurs articulaires :

a | au ventre ? **b** | au genou ? **c** | à la tête ?

C Chez le médecin 20

« Alors, docteur, c'est grave ? »

COMPRÉHENSION ORALE

Entrée en matière

1 Lisez la citation. Qui pose cette question selon vous ?

1re écoute (en entier)

2 Qui parle ?

3 De quel document M. Lemaire a-t-il besoin ? Pourquoi ?

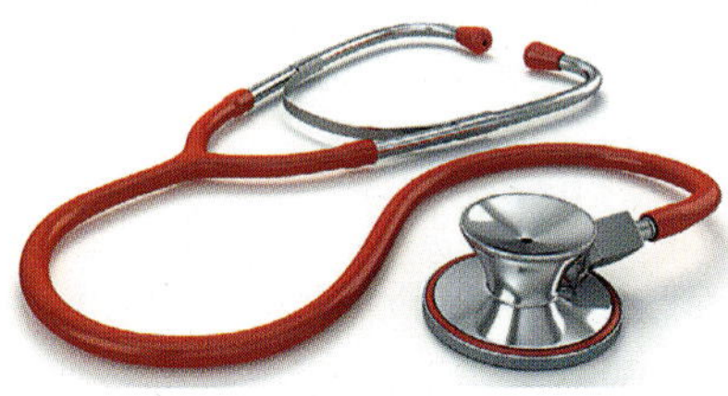

2e écoute (en entier)

4 Est-ce qu'il est malade ?

5 Est-ce qu'il dort bien ?

6 Quelle est sa tension ? Est-elle normale ?

7 Quels sont les conseils du médecin ?

8 M. Lemaire a-t-il obtenu son document à la fin de la consultation ?

Vocabulaire

9 L'expression *avoir mauvaise mine* concerne quelle partie du corps ? Qu'est-ce qu'elle signifie selon vous ?

PRODUCTION ORALE

10 En scène ! Vous êtes malade. Vous expliquez votre problème au médecin. Jouez le dialogue à deux.

Pour parler de problèmes de santé

Le médecin :	**Le patient :**
• Qu'est-ce qui ne va pas ? • Vous dormez/mangez bien ? • Vous avez des douleurs/de la fièvre ? • Inspirez, expirez.	• J'ai mal à la tête/au dos/à l'estomac… • J'ai mal partout. • Je me sens fatigué(e). • C'est grave, docteur ?

GRAMMAIRE > l'obligation et l'interdiction

Cahier unité 5 d'activités

ÉCHAUFFEMENT

1 Lisez ces phrases et dites si elles expriment une obligation ou une interdiction.
Exemple : *Il faut être né en 1995 ou avant.* → *une obligation*

a | Il est indispensable d'être en bonne condition physique.
b | Il est nécessaire de savoir gérer la grande fatigue.
c | Toute assistance professionnelle est strictement interdite.
d | Les coureurs ont l'obligation de se soumettre à des contrôles anti-dopage.
e | Vous ne devez pas vous présenter à un poste de contrôle au-delà de l'heure limite.
f | Il n'est pas permis de courir en maillot de bain.

FONCTIONNEMENT

L'obligation et l'interdiction

2 Classez les expressions pour exprimer l'obligation et l'interdiction dans le tableau.

Il faut + infinitif
Il est défendu de + infinitif
Il n'est pas permis de + infinitif
Il est nécessaire de + infinitif
Il est indispensable de + infinitif
Il est interdit de + infinitif
Avoir l'obligation de + infinitif
Vous ne devez pas + infinitif

Exprimer l'obligation	Exprimer l'interdiction
***Il faut* + infinitif**	***Il est défendu de* + infinitif**
.....	.....

Rappel de l'impératif
Vous pouvez aussi utiliser **l'impératif** pour exprimer une obligation ou une interdiction. Rappelez-vous :
- Il n'y a pas de **s** final à la 2e personne pour les verbes terminés en **-er** :

écouter → *Écoute ! Écoutons ! Écoutez !*
- À la forme négative, **ne … pas** encadre le verbe :

N'*écoute* ***pas*** *!*
- Impératif des verbes pronominaux :

s'asseoir → *Assieds-****toi*** *! Asseyons-****nous*** *! Asseyez-****vous*** *!*
- **Cas particuliers :**

être → *sois, soyons, soyez* **avoir** → *aie, ayons, ayez*

ENTRAÎNEMENT

3 Réécrivez les phrases suivantes à l'impératif affirmatif ou négatif selon le cas.
Exemple : *Il est défendu de courir dans les couloirs.* → *Ne courez pas dans les couloirs.*

a | Il est interdit de faire du bruit.
b | Il est indispensable de se laver les mains.
c | Vous devez être à l'heure à votre rendez-vous.
d | Il n'est pas autorisé de boire de l'alcool ici.
e | Il est nécessaire de bien te reposer.
f | Tu dois aller chez le médecin.

PRODUCTION ÉCRITE

4 Formulez les interdictions/obligations du règlement d'un hôpital. Utilisez les expressions du tableau *Fonctionnement* et l'impératif. Plusieurs réponses sont possibles.

> NOURRITURE
Exemple : *Il est interdit d'apporter de la nourriture et des boissons de l'extérieur.* ou *N'apportez pas de nourriture et de boissons de l'extérieur.*

> ANIMAUX

> TÉLÉPHONER

> FUMER

> VÉLO

VOCABULAIRE > le corps et la santé

Activités unité 5 cahier + TNI

Les parties du corps

le bras
la cheville
le cou
le coude
la cuisse
le dos
l'épaule (*f.*)
le genou
la jambe
le pied
le poignet
la tête
le ventre
le visage

1 Quelles parties du corps se cachent dans le tableau ?

Exemple : _ EN_ _ → GENOU

a | _ EN_ _ E	**d** | _ _ S
b | _ _ T_	**e** | _ O _
c | _ _ S _ _E	**f** | _ A _ B_

2 Placez les mots qui correspondent au bras et à la jambe.

la cuisse – la main – le mollet – la cheville – le doigt – l'épaule – le pied – le coude – le genou – le poignet – l'orteil

Le visage

la bouille (*pour les enfants*)
la face
la figure
le teint
les traits (*m.*)

3 Quels adjectifs qualifient le visage et le teint ? Associez.

mat – ovale – carré – pâle – frais – clair – rond – ridé

a | avoir le visage …
b | avoir le teint …

Être malade

attraper/avoir un rhume, une angine, une grippe…
avoir de la fièvre
avoir mal à la tête, à l'estomac, aux pieds…
avoir mauvaise mine
éternuer
se sentir mal
souffrir d'une maladie
tousser
la toux

4 Associez le symptôme et la maladie.

a | J'ai le nez bouché.	**1** | J'ai une angine.
b | J'ai mal à la gorge.	**2** | J'ai la grippe.
c | J'ai de la fièvre.	**3** | J'ai un rhume.

Se faire mal

se blesser
se brûler
se casser la jambe
se couper le doigt

PRODUCTION ÉCRITE

5 Vous êtes journaliste pour *Santé Magazine*. Choisissez un des sujets suivants et écrivez un court article. Pour vous aider, demandez des conseils aux étudiants de la classe.

a | Que faire en cas de brûlure ?
b | Que faire quand on a de la fièvre ?
c | Comment ne pas être malade en hiver ?

6 Complétez ces phrases avec les mots suivants puis lisez-les très vite à voix haute : *angine – pied – gorge – toux*

a | Georges a la ….. rouge et sèche.
b | Ton thé t'a-t-il ôté ta ….. ?
c | Paul a mal au poignet, à l'épaule et au ….. .
d | Angèle a une ….. à Agen.

D Forum

VOUS ÊTES ICI > ACCUEIL > FORUM SANTÉ   Rechercher

TEDDY — J'ai mal aux dents mais j'ai très peur d'aller chez le dentiste ! Je déteste le « zzzzzz », le bruit de la roulette dans ma bouche. En fait, quand j'entre dans la salle d'attente, je me sens mal, c'est l'odeur des produits... Alors j'évite les visites chez le dentiste. Avez-vous des solutions ? Que dois-je faire ?

BINIX71 — Il faut que tu trouves un bon dentiste. Il est important qu'il prenne le temps de t'expliquer ce qu'il fait pour te soigner. Si tu as très mal, prends de l'aspirine trois fois par jour.

HUGOV — La prévention est importante. Il est nécessaire qu'un dentiste contrôle tes dents une fois par an, tu auras moins mal.

MARIE6 — Cher Teddy, il est utile que vous pratiquiez quelques exercices de relaxation avant votre visite. Cela va vous détendre.

COMPRÉHENSION ÉCRITE

Entrée en matière

1 **Observez le document. Quel est le thème de ce forum ?**

Lecture

2 **Lisez la demande de Teddy postée sur le forum. Quel est son problème ?**

3 **Lisez les commentaires des autres internautes. Quels sont leurs conseils ?**

PRODUCTION ÉCRITE

4 **À votre tour, postez un commentaire sur le forum. Conseillez Teddy.**

Au fait !

Chaque Français, depuis 1945, possède un numéro de sécurité sociale composé de 15 chiffres. Il le garde toute sa vie. Ce numéro est nécessaire dans beaucoup de situations quotidiennes : démarches administratives, médicales, professionnelles, etc.

E L'ordonnance

Docteur LAURENTI GRIFFITHS ARMELLE
Chirurgien Dentiste

46, Avenue Cassagne
35150 CENON
Tel : 05 56 40 34 87
Fax : 09 64 28 96 43

100009760

Le lundi 15 juin 2015

Patient : Mme JANVIER Daphné
N° de Sécurité Sociale : 2790991345122 25

1] ANTIBIOTIQUES[1] 500 MG 2 boîtes de 12 sachets
3/jour matin, midi et soir pendant 8 jours (milieu des repas)

2] ANTALGIQUES[2] 400 MG 1 boîte
1 comprimé toutes les 6 h

3] Bain de bouche
Se rincer la bouche 3 fois/jour (pur)

4] Gel Buccal
2 à 3 applications par jour, après les repas

1 Médicament qui tue les bactéries. 2 Antidouleur.

COMPRÉHENSION ÉCRITE

Entrée en matière

1 **Qu'est-ce qu'*une ordonnance* ?**
a | une prescription médicale
b | un rendez-vous médical

Lecture

2 **Quelles informations se trouvent sur l'ordonnance ?**

3 **Le docteur a prescrit combien de médicaments ?**

4 **Quelle est la durée du traitement antibiotique ?**

5 **Quand la patiente doit-elle prendre chaque médicament ?**

6 **À votre avis, où a-t-elle mal ?**

Pour comprendre des instructions médicales

- Se rincer la bouche 3 fois par jour.
- Appliquez/Mettez du gel tous les jours.
- Prends de l'aspirine 2 fois par jour.
- Prenez/Avalez les comprimés avant/au milieu/après les repas.
- Ne dépassez pas la dose !

PRODUCTION ORALE >>> DELF

7 **À deux. Vous êtes en France et vous avez consulté le dentiste. Vous allez chercher à la pharmacie les médicaments prescrits ci-dessus par le Dr Laurenti. Imaginez le dialogue entre le/la pharmacien(ne) et le/la client(e).**

GRAMMAIRE > le subjonctif présent et l'expression de la nécessité

Cahier unité 5 d'activités

ÉCHAUFFEMENT

1 a Lisez les phrases suivantes et trouvez les expressions qui expriment la nécessité.

a | Il faut que tu trouves un bon dentiste.
b | Il est important qu'il prenne le temps de t'expliquer ce qu'il fait.
c | Il est nécessaire qu'un dentiste contrôle tes dents.
d | Il est utile que vous pratiquiez quelques exercices de relaxation.

b Ces expressions sont suivies de *que* + verbe au subjonctif ou à l'indicatif ?

c Observez les verbes situés après *que* et retrouvez leur infinitif.

FONCTIONNEMENT

Le subjonctif

Emploi

Certains verbes ou expressions verbales qui expriment une nécessité (*il faut que, il est nécessaire que, il est important que, il est essentiel que*, etc.) sont suivis du subjonctif :
*Il est important que tu **comprennes**.*

Formation

- Pour **je**, **tu**, **il** et **ils**, on conjugue le verbe à la **3e personne du pluriel du présent** (**ils**) et on ajoute les terminaisons : **-e**, **-es**, **-e** et **-ent**.

Exemple : *prendre*

ils ***prenn~~ent~~*** → que je ***prenne***
que tu ***prennes***
qu'il/elle/on ***prenne***
qu'ils/elles ***prennent***

- Pour **nous** et **vous**, on conjugue le verbe comme à **l'imparfait**.

nous ***prenions*** → que nous ***prenions***
vous ***preniez*** → que vous ***preniez***

Au fait !

L'expression ***il faut que* + subjonctif** est très courante à l'oral. La conjugaison des verbes en –er au présent du subjonctif et de l'indicatif (pour *je, tu, il, ils*) est la même, alors on ne comprend pas toujours que c'est du subjonctif !
Il faut que tu manges. Il faut que je parle français en classe.

ENTRAÎNEMENT

2 Conjuguez les verbes suivants au subjonctif.

Exemple : *partir → que je parte*

a | sortir → que je…
b | descendre → que tu…
c | comprendre → qu'il…
d | se laver → que nous…
e | boire → que vous…
f | offrir → qu'elles…

3 Choisissez le verbe qui convient et conjuguez-le au subjonctif : *étudier – maigrir – dormir – pratiquer*

a | Max est fatigué. Il faut qu'il .....
b | Mon chien est trop gros. Il est nécessaire qu'il .....
c | Davina est stressée. Il est utile qu'elle ..... la relaxation.
d | Léa veut devenir vétérinaire. Il est indispensable qu'elle ..... beaucoup.

4 Reformulez les phrases avec *il faut que* ou *il ne faut pas que* + subjonctif.

Exemple : *Vous ne devez pas trop manger.* → *Il ne faut pas que vous mangiez trop.*

a | Tu dois finir ton traitement.
b | Nous devons rester en bonne santé.
c | Vous ne devez pas oublier vos médicaments.
d | Vous ne devez pas prendre le soleil.

PRODUCTION ÉCRITE

5 Vous sortez. Écrivez des instructions à la jeune fille au pair. Aidez-vous de la liste suivante.

Bonsoir Marlène,
Merci de garder Arthur ce soir. Voici quelques instructions : il faut que vous donniez les médicaments à Arthur…
- *ranger sa chambre,*
- *l'aider à finir ses devoirs,*
- *nettoyer la salle de bains,*
- *préparer le dîner,*
- *mettre la machine à laver en route.*

Merci !

F UN PETIT COUP DE BLUES ?

Le chocolat a un effet anti-fatigue et anti-déprime. Alors, n'hésitez plus à manger un carré de chocolat noir, c'est bon pour le moral et pour le corps en général. Les chocolats noir et au lait contiennent du magnésium. Et pour lutter contre le stress et l'anxiété, il faut augmenter sa consommation de magnésium.

Un manque de magnésium entraîne une baisse d'énergie qui se manifeste par une sensation de fatigue. Ce manque d'énergie a très souvent des conséquences psychologiques. En effet, quand on se sent en forme, on a plus confiance en soi et si on a des problèmes, on trouve l'énergie nécessaire pour faire face. ♦

Source : http://www.femmeactuelle.fr

COMPRÉHENSION ÉCRITE

Entrée en matière

1 **Observez le dessin. Que mange l'homme ?**

2 **Est-il satisfait ? Pourquoi ?**

Lecture

3 **Lisez le titre de l'article. Que signifie *avoir un petit coup de blues* ?**

a | être fatigué

b | avoir de l'énergie

c | être déprimé

4 **Que contient le chocolat ?**

5 **Quelles sont les actions bénéfiques du chocolat sur la santé ?**

6 **Une baisse d'énergie peut entraîner quels types de problèmes ? Pourquoi ?**

Vocabulaire

7 **Les mots suivants concernent l'état physique ou psychologique d'une personne ? Classez.**
la déprime – la fatigue – le moral – le stress – l'anxiété – l'énergie – la forme

a | état psychologique : *la déprime,* …

b | état physique : …

Oh, le cliché !

« Les Français sont accros aux médicaments. »
La France est un des premiers pays consommateurs de médicaments en Europe.
Les Français aiment aussi se soigner avec des plantes, l'acupuncture, les massages et… le chocolat.
→ **Et dans votre pays, quelle est la situation ?**

PRODUCTION ORALE

8 **Que pensez-vous des plantes et des médecines douces pour soigner certaines maladies ? Est-ce que vous avez déjà utilisé des produits naturels ? C'était efficace ?**

G La minute radiophonique de M. Poulain

21

« Elle est pas belle la vie avec le chocolat ? »

COMPRÉHENSION ORALE

Entrée en matière

1 **Lisez le titre et la citation. Selon vous, quel sera le sujet de l'enregistrement ?**

1re écoute (en entier)

2 **Combien de raisons l'homme donne-t-il pour manger du chocolat ?**

2e écoute (en entier)

3 **Pourquoi est-ce bon pour la santé ? Remettez dans l'ordre les raisons.**

Le chocolat est bon pour : *la peau → n°1*

a | la résistance à l'effort → n° …

b | la mémoire et la concentration → n° …

c | l'anxiété et le stress → n° …

d | le cœur → n° …

4 **Combien de carrés par jour faut-il consommer pour être en forme ?**

VOCABULAIRE > la santé et la médecine

Activités unité 5 cahier + TNI

La forme

l'anxiété *(f.)*
avoir de l'énergie ≠ manquer d'énergie
avoir confiance en soi
la déprime = le moral à zéro = le coup de blues
être en forme = avoir la forme
la fatigue
le stress

Les médicaments

l'ampoule *(f.)*
l'antalgique *(m.)*
l'antibiotique *(m.)*
le cachet = le comprimé
la crème = la pommade = le gel
la gélule
les gouttes *(f.)* pour les yeux
le sirop
la vitamine

1 De quels médicaments s'agit-il ?

a | ……

b | ……

c | ……

d | ……

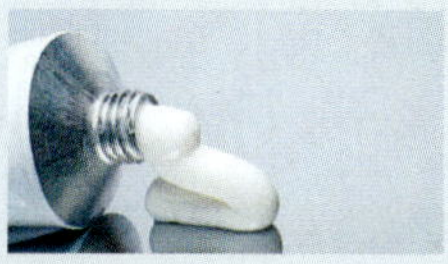
e | ……

Se soigner

le certificat médical
la consultation médicale
le médicament
l'ordonnance *(f.)*
la prescription
le repos
le traitement

La trousse à pharmacie

la bouteille d'alcool
les ciseaux *(m.)*
la compresse
le pansement
la pince à épiler
le thermomètre
le sparadrap

2 Associez le symptôme et le médicament.

a | Je tousse.	**1** | un somnifère
b | J'ai la migraine.	**2** | une cuillère de sirop
c | J'ai une insomnie.	**3** | un cachet d'aspirine

3 Complétez avec les mots de la liste *la trousse à pharmacie.*

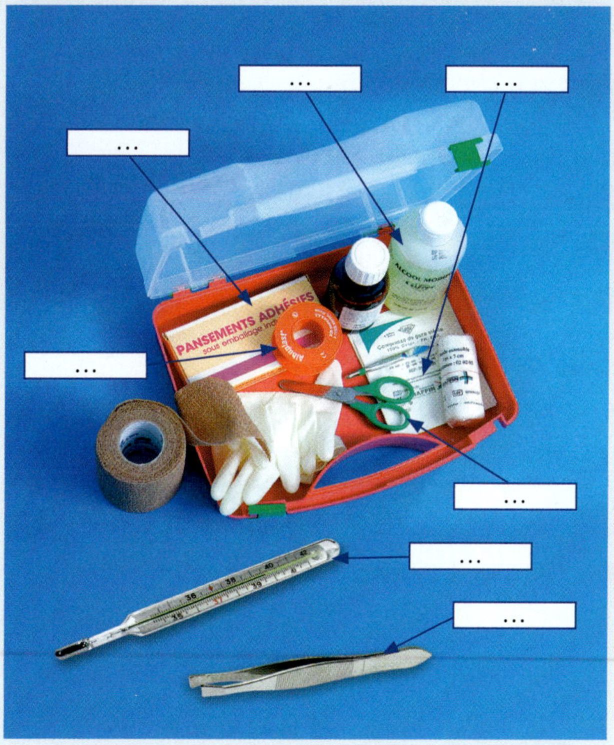

Les médecins

le docteur = le médecin
le chirurgien
le dentiste
le généraliste
l'infirmier/l'infirmière
le pharmacien/la pharmacienne
le spécialiste

Les lieux de la santé

le cabinet médical
le centre de santé
la clinique
l'hôpital *(m.)*
la pharmacie

DOCUMENTS

H Les allergies saisonnières 5

COMPRÉHENSION AUDIOVISUELLE

Entrée en matière

1 **Observez l'homme sur l'image. Est-il en forme ? Pourquoi ?**

1**er* ***visionnage (sans le son)

2 **De quel type de document s'agit-il ?**

a | une bande dessinée

b | un dessin animé

3 **Quel est le sujet ?**

4 **Où voit-on l'homme ?**

2**e* ***visionnage (avec le son)

5 **Quel est le pourcentage de Français qui ont des problèmes d'allergies ?**

6 **De quelle allergie souffre Vincent ? À quelle période de l'année ?**

7 **Citez au moins cinq facteurs d'allergie.**

8 **Que provoquent ces allergies ?**

9 **Vincent devra consulter quel spécialiste ?**

10 **Que devrait faire Vincent pour aller mieux ?**

Vocabulaire

11 **Retrouvez la bonne définition. Associez :**

a | un éternuement

b | un symptôme

c | un allergologue

1 | signe d'apparition d'une maladie

2 | médecin spécialiste des allergies

3 | expulsion de l'air par le nez et la bouche

I Atchoum !!!

COMPRÉHENSION ÉCRITE

Lecture de l'affiche

1 **De quel pays vient cette affiche ?**

2 **Quelle plante pousse en été ?**

3 **Selon vous, pourquoi faut-il l'arracher ?**

Lecture du texte

4 **Quels sont les symptômes nommés dans l'article ?**

5 **Est-ce qu'il y a beaucoup de personnes allergiques au Québec ?**

6 **Quels pollens sont responsables d'allergies ?**

PRODUCTION ORALE

7 **Les gens souffrent-ils aussi d'allergies dans votre pays ?**

1 Ça se coupe.

Éternuements, nez bouché, picotements, démangeaisons... Avec l'arrivée du printemps, les problèmes commencent pour les personnes allergiques. Environ un Québécois sur six souffre d'allergie ! Au Québec, les pollens responsables d'allergies sont dans l'air pendant trois périodes distinctes. Au printemps, tout d'abord, le pollen des arbres et des arbustes est très présent. Au début de l'été, le pollen des plantes herbacées, comme le gazon, prend place. Puis, à la fin de l'été et au début de l'automne, c'est au tour de l'herbe à poux.

Source : http://www.journallenord.com

J Allergique ou pas ? 22

COMPRÉHENSION ORALE

Entrée en matière

1 Lisez la phrase extraite du document. Selon vous, de quoi souffre la personne ?

Écoute

2 Où vit Florence ?

3 Quel est son problème ?

4 Que lui recommande Phil ?

5 Est-ce que Phil a le même problème que Florence ?

PRODUCTION ÉCRITE

6 Envoyez un mail à Florence pour exprimer votre point de vue sur son problème.

« Mais, tu as le nez bouché ou quoi ? »

Pour exprimer son point de vue

- Je trouve que les gouttes, c'est très efficace.
- Pour moi, c'est une allergie.
- À mon avis, tu es allergique au pollen.

GRAMMAIRE > le subjonctif, la formation irrégulière

Cahier unité 5 d'activités

ÉCHAUFFEMENT

1 Retrouvez l'infinitif des verbes soulignés.

a | Il faudra que je <u>fasse</u> des tests.

b | Il est indispensable que tu <u>aies</u> avec toi des gouttes.

c | Il faut que j'<u>aille</u> chez le médecin.

FONCTIONNEMENT

2 Il existe quelques verbes irréguliers au subjonctif. Il faut les mémoriser.

avoir	que j'aie, que tu aies, qu'il ait, que nous ayons, que vous ayez, qu'ils aient
être	que je sois, que tu sois, qu'il soit, que nous soyons, que vous soyez, qu'ils soient
aller	que j'aille, que tu ailles, qu'il aille, que nous allions, que vous alliez, qu'ils aillent
faire	que je fasse, que tu fasses, qu'il fasse, que nous fassions, que vous fassiez, qu'ils fassent
pouvoir	que je puisse, que tu puisses, qu'il puisse, que nous puissions, que vous puissiez, qu'ils puissent
savoir	que je sache, que tu saches, qu'il sache, que nous sachions, que vous sachiez, qu'ils sachent

ENTRAÎNEMENT

3 Transformez ces phrases comme dans l'exemple et utilisez des verbes au subjonctif introduits par *il faut que, il est nécessaire que, il est indispensable que* ou *il est utile que.*

Exemple : – *Tu dois aller chez le médecin.*
– *Il faut que j'aille chez le médecin ?*
– *Oui, il est nécessaire que tu ailles chez le médecin.*

a | Vous devez faire de l'exercice physique.

b | Tu dois savoir nager pour faire de l'aquagym.

c | Vous devez aller chez l'allergologue.

d | Tu dois être à ton rendez-vous à 8 h.

e | Vous devez toujours avoir ce médicament avec vous.

PHONÉTIQUE Le son [j]

Cahier d'activités unité 5

ÉCHAUFFEMENT

1 a Écoutez les phrases. Dans quels mots entendez-vous le son [j] ?
Écrivez chaque mot et soulignez la ou les lettre(s) qui forme(nt) le son [j]. 23
Exemple : *phrase **a** → essayez*
b Lisez la transcription p. 205 et réécoutez pour vérifier vos réponses.

FONCTIONNEMENT

2 Complétez les exemples avec des mots de l'échauffement ou des mots que vous connaissez et qui contiennent le son [j].
En général, **le son [j]** s'écrit :
a | voyelle + **y** + voyelle → exemples : *asseyez-vous*, ….. , …..
b | **i** + voyelle prononcée → exemples : *que nous prenions*, ….. , …..
c | voyelle + **il** à la fin d'un mot → exemples : *sommeil*, ….. , …..
d | **ill** → exemples : *cheville*, ….. , …..

REMARQUE
Certains mots s'écrivent avec **ill** mais se prononcent [il] : *ville, mille, tranquille…*

ENTRAÎNEMENT

3 Écoutez et répétez les phrases. 24

4 a Sortez du labyrinthe ! Pour cela, vous devez passer par les mots qui contiennent le son [j]. Attention, vous ne pouvez pas passer en diagonale.

Départ ↓

que tu veuilles	illicite	nécessaire	qu'ils aient	pollen
fièvre	mémoire	que vous ayez	tension	qu'ils aillent
professionnel	qu'ils soient	s'habiller	allergique	voyons
inspiration	que nous allions	sérieux	médical	prévention
hôpital	salle	nuit	s'installer	premier

↓ Arrivée

b Écoutez les mots pour vérifier vos réponses. 25

L'ESSENTIEL GRAMMAIRE/VOCABULAIRE

1 Le subjonctif présent. Conjuguez les verbes suivants au subjonctif :
a | connaître → que je …..
b | lire → que tu …..
c | avoir → qu'il …..
d | jeter → que nous …..

2 L'obligation et l'interdiction. Reformulez les phrases. Utilisez les expressions suivantes à la forme affirmative ou négative : *il faut que – il est indispensable que – il est nécessaire que.*
Exemple : *Tu dois te coucher tôt. → Il faut que tu te couches tôt.*
a | Nous devons faire du sport. → …..
b | Prends un bain bien chaud. → …..
c | Vous ne devez pas être en retard au cours. → …..
d | Achetez ce médicament. → …..
e | Ne bois pas cette tisane. → …..
f | Tu dois te soigner rapidement. → …..
g | Elle ne doit pas aller à la pharmacie seule. → …..

3 Le corps et la santé. Dites si c'est vrai ou faux.
a | Le cou soutient la tête.
b | Le coude relie le bras au pied.
c | Le nez est au milieu de la figure.
d | Les cheveux poussent sur le visage.

4 La santé et la médecine. Trouvez l'intrus.
a | avoir de la fièvre – tousser – se coiffer – éternuer
b | la pilule – le médecin – le sirop – le cachet
c | le rhume – la grippe – l'émotion – l'angine

ATELIERS

1 RÉALISER UNE BROCHURE PUBLICITAIRE

Vous allez réaliser une brochure publicitaire pour un stage de remise en forme.

Démarche

Formez des groupes de trois ou quatre.

1 Préparation

- Chaque groupe imagine le public du stage de remise en forme (femmes, jeunes, etc.).
- Faites la liste des prestations (activités et soins) que vous allez proposer pour le stage. Vous pouvez, si vous le souhaitez, consulter des sites sur ce thème.
- Imaginez : le lieu, les prix, les facilités d'accès, les dates et horaires de votre stage. Faites une sélection de photos et de plans.

2 Réalisation

Après avoir classé les informations par catégories, organisez-les sous forme de brochure avec des photos et des plans pour l'illustrer.

3 Présentation

Chaque groupe présente son travail à la classe.

2 RELEVER UN DÉFI PHYSIQUE

ATELIER TECH'

Relevez le défi de marcher au moins 10 000 pas par jour ! Avec une application de podomètre, vous allez compter le nombre de pas que vous faites chaque jour. Vous allez établir « un programme santé » pour atteindre l'objectif de 10 000 pas/jour.

Démarche

Formez des groupes de trois ou quatre.

1 Préparation

Dans chaque groupe, faites la liste des activités que vous pourriez faire à pied dans la semaine. Écrivez-les sous forme de recommandations. Exemples :

– *Il faut que nous pensions à prendre les escaliers plus souvent et que nous prenions l'ascenseur le moins possible.*

– *Quand nous prenons le bus ou le métro, il est indispensable que nous descendions deux stations plus tôt et terminions à pied.*

– *Il est nécessaire que nous allions faire nos courses à pied.*

Cette liste d'activités sera votre « programme santé » pour la semaine.

2 Réalisation

- Téléchargez une application de podomètre gratuite sur votre smartphone et réalisez votre « programme santé » de la semaine.
- Chaque jour, notez le nombre de pas réalisés et les progrès.
- À la fin de la semaine, faites le total des pas accomplis avec les membres de votre groupe. Votre résultat est-il supérieur aux 10 000 pas quotidiens demandés ? Avez-vous progressé ?

3 Présentation

Chaque groupe présente la liste des activités accomplies à pied pendant la semaine et ses résultats. La classe donne un prix à l'équipe championne !

DÉTENTE

Vous avez sommeil ?

A Où dormir ?

Associez chaque photo à un type de couchage.

a | un futon
b | un hamac
c | un clic-clac
d | un lit à baldaquin
e | un lit mezzanine
f | des lits superposés

B Dans quelle position dormez-vous ?

Associez chaque image à une position.

a | sur le dos, les bras le long du corps
b | sur le dos, les bras levés
c | en position fœtale
d | sur le côté droit
e | sur le côté gauche
f | sur le ventre

Au fait !

41 % des personnes dorment en position fœtale.
Dormir sur le dos avec les bras le long du corps est considéré comme la meilleure position, pour le dos mais aussi pour le cou. Dormir sur le ventre peut faciliter la digestion. Seulement 7 % des gens choisissent cette position.
→ Et vous, dans quelle position dormez-vous ?

CÔTÉ CUISINE

Objectifs

- Exprimer son accord, son approbation
- Se renseigner sur le menu
- Exprimer son mécontentement

On mange quoi ce soir ?

DOCUMENTS

A Initiatives anti-gaspi

Selon la FAO[1], on jette environ 1,3 milliard de tonnes[2] de nourriture par an dans le monde. Comment lutter contre le gaspillage alimentaire ? Voici quelques initiatives.

1 Dans les supermarchés, il n'y a que des fruits et légumes « beaux » : ils ont une taille, une couleur et une forme bien précises. Cependant, 40 % de la production en France ne présente pas un bel aspect et est jetée à la poubelle. C'est pourquoi certains supermarchés ont décidé de vendre des fruits et légumes « moches[3] » moins chers. Les clients en achètent et en redemandent… L'opération est un vrai succès !

2 Des supermarchés commencent à redistribuer les produits invendus à des associations caritatives. Par exemple, la viande ou le poisson qui ne se conservent pas longtemps.

3 Pour éviter le gaspillage, vous pouvez maintenant acheter dans certains magasins la quantité exacte de céréales ou de légumes secs qu'il vous faut !

4 Vous ne savez pas quoi faire à dîner ? Que reste-t-il dans votre réfrigérateur ? Le site *Le bruit du frigo* (lebruitdufrigo.fr) vous aide à préparer un repas avec vos restes. Des livres proposent aussi des recettes avec des aliments qui finissent normalement dans votre poubelle : épluchures de pommes, écorces d'ananas…

5 C'est un vrai classique : il y avait une promotion sur les gâteaux et vous en avez acheté trois paquets. Depuis, un paquet oublié traîne sur une étagère de votre cuisine… Avec l'appli Checkfood, votre téléphone vous alerte quand sa date de péremption approche. Ouf !

Source : http://e-rse.net

1 Organisation des Nations unies pour l'alimentation et l'agriculture.
2 1 tonne = 1 000 kilogrammes. 3 Laid.

COMPRÉHENSION ÉCRITE

Entrée en matière

1 Observez les affiches.

a | Quel fruit et quel légume voyez-vous ? Les trouvez-vous beaux ?

b | Pourquoi encourager les gens à acheter des fruits et légumes moches ?

Lecture

2 Lisez le texte. Associez un titre à chaque initiative.

a | Acheter la quantité exacte → n° 3

b | Redistribuer les aliments invendus → n° …..

c | Utiliser une appli anti-gaspillage → n° …..

d | Vendre des fruits et légumes moches → n° …..

e | Apprendre à cuisiner les restes → n° …..

Vocabulaire

3 Que sont *les restes* ? Donnez des exemples.

4 Que signifient les mots et expressions suivants :

a | gaspiller

b | une association caritative

c | une promotion

d | la date de péremption

PRODUCTION ORALE

5 Et vous, est-ce que vous cuisinez les restes ?

6 D'après vous, ces initiatives sont-elles utiles ?

B Réactions de clients

26

« Moi, je les trouve très poétiques ces légumes ! »

COMPRÉHENSION ORALE

Entrée en matière

1 L'aspect des fruits et légumes est-il important pour vous ?

1re écoute (en entier)

2 Ce document est :

a | une publicité

b | un reportage

3 Que fait la journaliste Magali Cordier ?

2e écoute (en entier)

4 Que pense la caissière de cette campagne ?

5 À quelle sorte de produits sommes-nous habitués selon le client ? Que doit-on faire pour changer ?

6 Que pense la cliente des fruits et légumes moches ?

Vocabulaire

7 Trouvez dans la liste les fruits et légumes cités dans l'enregistrement :

banane – poireau – fraise – carotte – poire – pomme – citron – ananas – pomme de terre – orange – aubergine

PRODUCTION ORALE

8 Répondez à la question de la journaliste : « Que pensez-vous de la campagne *Fruits et légumes moches* » ?

Pour exprimer son accord, son approbation

- Oui, c'est bien !
- Je suis complètement d'accord avec ça.
- Tout le monde est d'accord, c'est super.
- Je suis pour l'opération *Légumes moches*.
- C'est génial cette idée, bravo !

PRODUCTION ÉCRITE

9 Vous voulez participer à la lutte anti-gaspillage. Par deux, complétez la liste des gestes anti-gaspillage du document ci-contre.

Au fait !

« Ça craint » est une expression familière qui exprime une déception, un mécontentement, un ennui. On peut dire aussi : *C'est nul./C'est naze./C'est pas brillant.*

GRAMMAIRE > le pronom *en* (quantité)

Cahier d'activités unité 6

ÉCHAUFFEMENT

1 Que remplace le pronom *en* dans chaque phrase ?

a | Des supermarchés ont décidé de vendre des fruits et légumes « moches ». Les consommateurs **en** achètent et **en** redemandent.

b | Il y avait une promotion sur les gâteaux et vous **en** avez acheté trois paquets.

FONCTIONNEMENT

Le pronom *en*

Le pronom en remplace :

- un élément introduit par **du**, **de la**, **de l'** : – *Tu veux **du** gâteau ? – Oui, merci, j'**en** veux bien.*
- un élément introduit par **un**, **une**, **des** : – *Tu as **une** cocotte minute ? – J'**en** ai une.*
- une quantité précise + **de/d'** (*un paquet de, une dizaine de…*) :

– *Vous avez acheté **un paquet de** gâteaux ? – Non, j'**en** ai acheté deux.*

- une quantité imprécise + **de/d'** (*peu de, assez de, trop de…*) :

– *Tu manges **assez de** légumes ? – Non, j'**en** mange peu.*

ENTRAÎNEMENT

2 Répondez aux phrases selon vos habitudes.

a | Vous mangez souvent du poisson ?

b | Vous avez acheté des produits surgelés cette semaine ?

c | Vous aimez lire des livres de cuisine ?

d | Vous achetez beaucoup de produits frais ?

PRODUCTION ORALE

3 Pensez à un aliment et remplacez-le par le pronom *en*. Décrivez-le pour le faire deviner à la classe.

Exemple : *J'en prends au petit déjeuner. J'en mets sur ma tartine de pain. C'est un aliment très gras. Qu'est-ce que c'est ?*

> *ne… que*

Cahier d'activités unité 6

ÉCHAUFFEMENT

1 Observez ces phrases. À votre avis, ne… que permet d'indiquer une négation ou une restriction ?

a | Il **n'**y a **que** des fruits et légumes « beaux ».

b | À la fin des repas, **ne** jeter **que** les aliments qui ne peuvent pas être conservés.

FONCTIONNEMENT

ne… que

Ne… que remplace **seulement, uniquement** ou **juste**.

Ne se place avant le verbe et ***que*** (ou ***qu'***) devant l'élément que l'on veut limiter :

*Je **ne** cuisine **que** les légumes.*

ENTRAÎNEMENT

2 Dans les phrases suivantes, remplacez les adverbes soulignés par *ne… que* (ou *qu'*).

a | Je fais mes achats <u>seulement</u> au marché.

b | J'ai planté <u>uniquement</u> des salades dans mon potager.

c | Ils veulent <u>juste</u> des pâtes.

d | Nous mangeons du poisson <u>uniquement</u> une fois par mois.

e | Je vais boire <u>juste</u> de l'eau aujourd'hui.

VOCABULAIRE > les aliments

Activités unité 6 Cahier + TNI

Les légumes

l'ail *(m.)*
l'aubergine *(f.)*
la betterave
la carotte
le champignon
le chou
la courgette
le haricot
l'oignon *(m.)*
le poireau
le poivron
la pomme de terre
la salade

Les fruits

l'ananas *(m.)*
la cerise
le citron
la fraise
le kiwi
le melon
l'orange *(f.)*
la pêche
la poire
la pomme
la tomate

PRODUCTION ORALE

1 Quels fruits et légumes sont typiques de votre pays ?

Les quantités

une barquette de fraises
une botte de carottes
une douzaine d'œufs
un filet d'oranges
un paquet de gâteaux
une tablette de chocolat

2 Associez une quantité à un aliment.

a | une botte de	**1** | radis
b | un sac de	**2** | citron
c | une douzaine d'	**3** | thé
d | une tablette de	**4** | œufs
e | un sachet de	**5** | chocolat
f | un morceau de	**6** | pain
g | une rondelle de	**7** | pommes de terre

Les céréales

le blé
la farine
le maïs
les pâtes *(f.)*
le riz
la semoule

Les légumes secs

les haricots blancs *(m.)*
les lentilles *(f.)*
les pois cassés *(m.)*
les pois chiches *(m.)*

3 Retrouvez les noms des céréales et légumes secs suivants :

…

…

…

…

…

…

PRODUCTION ORALE

4 En groupe. Observez l'image. Citez le maximum d'aliments. L'équipe qui a la liste la plus longue a gagné.

DOCUMENTS

C On dîne où ?

1 DANS LE NOIR Paris

Voilà sûrement le restaurant le moins ordinaire de la capitale française. Les serveurs sont non-voyants[1] et le repas se passe dans le noir complet. Le menu est une surprise, vous ne verrez rien à la présentation, mais vous serez attentif à d'autres choses, aux odeurs par exemple. Si vous êtes fin gourmet, c'est le meilleur endroit pour découvrir la nourriture autrement.

2 LE PANORAMIC MONT BLANC Chamonix en Savoie

Vous connaissez le mont Blanc, le plus haut sommet d'Europe ? Venez l'admirer de près sans vous fatiguer. Le Panoramic vous offre la plus belle vue du coin et vous y dégusterez d'excellentes spécialités de la région savoyarde. Pour les allergiques au fromage, le mieux est d'éviter ce restaurant. Fondue, raclette et tartiflette sont au menu. Ce restaurant est le plus cher de la sélection, mais il vaut le coup d'œil[2].

3 BBS BURGER GASTRO Talence près de Bordeaux

Grâce à ce *foodtruck*[3], la gastronomie sort dans la rue. Au BBS burger gastro, les cuisiniers proposent des versions très originales du célèbre sandwich. Tout est « fait maison » : les hamburgers, les frites, les desserts ne sont donc pas industriels. Voilà sans aucun doute le fast food le moins classique de la banlieue bordelaise !

1 Personne aveugle, qui ne voit pas. 2 Cela vaut la peine d'y aller. 3 Anglicisme pour camion-restaurant.

COMPRÉHENSION ÉCRITE

Entrée en matière

1 Lisez le nom des restaurants. Qu'ont-ils de spécial selon vous ?

Lecture

2 Lisez les textes et dites dans quel restaurant…

a | on peut manger rapidement.
b | on peut commander des spécialités régionales.
c | on peut manger un menu surprise.

3 Quel est le restaurant le plus cher ? Et, à votre avis, quel est le moins cher ? Pourquoi ?

Vocabulaire

4 Retrouvez les mots qui correspondent aux définitions suivantes :

a | personne qui aime la bonne cuisine (texte1)
b | manger avec plaisir (texte 2)
c | art de la cuisine (texte 3)

PRODUCTION ORALE

5 Est-ce que vous avez envie de manger dans un de ces restaurants ? Pourquoi ?

D Tu prends quoi ? 27

« Elle n'est pas trop grasse votre sauce ? »

COMPRÉHENSION ORALE

Entrée en matière

1 Lisez la question extraite du document. Selon vous, qui la pose ?

1re écoute (en entier)

2 Dans quel restaurant du document C la conversation a eu lieu ?

2e écoute (en entier)

3 Que fait le client ?
4 Qu'est-ce qu'il va manger ?

PRODUCTION ORALE

5 En scène ! En groupe de trois ou quatre, imaginez une scène dans un restaurant original : vous vous renseignez sur le menu…

Pour se renseigner sur le menu

- Qu'est-ce qu'il y a dans la soupe de printemps ?
- C'est possible d'avoir du riz en garniture/en accompagnement ?
- C'est quoi le hamburger de la semaine/du jour ?
- C'est végétarien, c'est ça ?
- Qu'est-ce que c'est un falafel ?

GRAMMAIRE > le superlatif

Cahier unité 6 d'activités

ÉCHAUFFEMENT

1 Observez ces phrases. Trouvez les expressions qui indiquent la supériorité (+) et l'infériorité (-).

a | C'est le restaurant le moins ordinaire de la capitale française.

b | Ce restaurant est le plus cher de la sélection.

FONCTIONNEMENT

Le superlatif

2 Complétez la règle de formation des superlatifs de supériorité et d'infériorité avec *plus* et *moins*.

- Superlatif de supériorité → **le** / **la** / **les** + ….. + **adjectif** (+ **de** + *élément de comparaison*) :
*Ce restaurant est **le plus chic du** quartier.*

- Superlatif d'infériorité → **le** / **la** / **les** + ….. + **adjectif** (+ **de** + *élément de comparaison*) :
*Ces fraises sont **les moins sucrées de** la saison.*

CAS PARTICULIERS

- **Le meilleur**, **la meilleure**, **les meilleurs**, **les meilleures** sont les superlatifs de **bon**, **bonne**, **bons** et **bonnes**. **Le mieux** est le superlatif de **bien** :
*C'est **le meilleur** endroit pour découvrir la nourriture autrement.*
***Le mieux** est d'éviter ce restaurant.*

- **Meilleur** qualifie un **nom** et **mieux** donne une précision sur un **verbe** :
*C'est **le meilleur couscous** de la ville.*
*C'est Fanny qui **cuisine le mieux**.*

ENTRAÎNEMENT

3 Complétez les phrases suivantes avec *plus, moins, mieux* ou *meilleur(e)(s)*.

a | Ce menu est vraiment économique, c'est le ….. cher.

b | C'est dans ce quartier qu'on trouve les ….. adresses de restaurants.

c | C'est le ….. beau restaurant de la ville. Une véritable œuvre d'art !

d | Ce jus d'orange est excellent, c'est le ….. que j'ai bu de ma vie.

e | Tu n'aimes pas la viande ? Alors le ….. c'est d'aller dans un restaurant végétarien.

4 Répondez comme dans l'exemple.

Exemple : *Ce café est sympa ? (+, le quartier)*
→ *C'est le plus sympa du quartier.*

a | Cette spécialité au fromage est bonne ? (+, la région)

b | Ce cours de cuisine est intéressant ? (-, la ville)

c | Les produits de ce vendeur sont frais ? (-, le marché)

d | Ces pommes sont sucrées ? (+, la région)

e | Le cuisinier de ce restaurant est connu ? (+, l'Europe)

f | Ce restaurant est vraiment mauvais ? (-, la rue)

PRODUCTION ORALE

5 Regardez les assiettes et utilisez des superlatifs pour décrire ces plats.

Exemple : *L'assiette b est la plus colorée.*

a

b

c

d

6 En scène ! Par groupe de deux ou trois. Vous voulez manger au restaurant. Chacun décrit un bon restaurant avec des superlatifs. À la fin, vous décidez dans quel restaurant vous irez.

E En cuisine avec Alain Passard, chef étoilé

Alain Passard est un grand cuisinier français qui s'est spécialisé dans la préparation des légumes. Il fait partie des cuisiniers « étoilés » au *Guide Michelin*. Son restaurant parisien, L'Arpège, a trois étoiles, le nombre maximum.

Les étoiles récompensent les « bonnes tables », c'est-à-dire les meilleurs restaurants. Ce guide gastronomique est très influent, une étoile peut avoir un effet important sur le succès du restaurant. Les étoiles ne jugent que « ce qui est dans l'assiette » ; elles ne récompensent pas la présentation, ni le service.

En 2001, l'auteur de bandes dessinées Christophe Blain s'est installé dans les cuisines d'Alain Passard pour le dessiner aux fourneaux[1].

1 En cuisine.
2 Variété de chou ou de tomate.
3 Gouttes d'eau qui tombent le matin.

Christophe Blain, *En cuisine avec Alain Passard,* Gallimard, 2011.

COMPRÉHENSION ÉCRITE

Entrée en matière

1 À votre avis, qu'est-ce qu'un chef « étoilé » ?

1re lecture (article)

2 Lisez le texte. Quelle est la spécialité d'Alain Passard ?

3 Que récompensent les étoiles ?

2e lecture (bande dessinée)

4 Lisez la bande dessinée. À votre avis, pourquoi y a-t-il des cœurs dessinés autour d'Alain Passard ?

5 Pour Alain Passard, qu'est-ce qui est important dans un plat ?

Vocabulaire

6 Que veut dire *tâter* dans la bande dessinée (1re vignette) ?

7 Dans la cuisine d'un restaurant, le *second* est :

a | quelqu'un qui apprend la cuisine.
b | le premier assistant du chef.

PRODUCTION ORALE

8 Quel est le plus important pour vous : l'apparence du plat ou son goût ? Pourquoi ?

9 DELF Aimez-vous cuisiner ? À quelle(s) occasion(s) ? Décrivez un plat que vous aimez préparer.

Oh, le cliché !

« Les Français sont des mangeurs de grenouilles ! »

Oui, les Français mangent des cuisses de grenouilles, et ils ne sont pas les seuls à le faire : on en mange aussi en Chine et en Grèce. De récentes découvertes archéologiques ont aussi montré qu'on mangeait des grenouilles en Angleterre il y a 8 000 ans !

Source : www.maxisciences.com

→ Et chez vous, mange-t-on des choses inhabituelles pour d'autres personnes ?

VOCABULAIRE > le restaurant

Activités unité 6 Cahier + TNI

Les lieux où on mange
le bar = le bistrot = le café
la cafétéria
le fast-food
le restaurant
le salon de thé

1 À votre avis, dans quel(s) lieu(x) de la liste pouvez-vous entendre les phrases suivantes ? Plusieurs réponses sont possibles.
a | Vous voulez le café avec le dessert ?
b | Désirez-vous une pâtisserie avec votre thé ?
c | Qu'est-ce que je vous sers ?
d | C'est quoi la sauce dans votre sandwich ?
e | Désirez-vous un apéritif pour commencer ?
f | Sur place ou à emporter ?

Francophonie
On n'utilise pas les mêmes mots au restaurant selon le pays francophone où on est. Voici quelques exemples.
Au Québec, on paye **la facture**.
En Suisse, on laisse **une bonne main** à la fin du repas.
Au Québec, en Suisse et en Belgique, **on soupe** le soir.

Au menu
l'accompagnement *(m.)*
l'apéritif *(m.)*
le dessert
l'entrée *(f.)*
la garniture
le hors-d'œuvre
le plat du jour
le plat principal
le plateau de fromage
la spécialité

2 À quel moment du repas sert-on les plats suivants ? Associez.
a | un moelleux au chocolat
b | un lapin à la moutarde du chef
c | des carottes râpées
d | des pommes vapeurs

1 | entrée
2 | plat principal
3 | accompagnement
4 | dessert

La cuisson de la viande rouge
à point
bien cuite
bleue
saignante
très cuite

3 Classez les types de cuisson du moins cuit au plus cuit.

En cuisine
le chef
le second
le serveur/la serveuse

Les moments au restaurant
réserver une table
commander
payer la note/l'addition *(f.)*
laisser un pourboire

PRODUCTION ÉCRITE

4 Pour un guide gastronomique, écrivez la présentation d'un restaurant de votre ville que vous appréciez. Expliquez où il se trouve, quelles spécialités on peut y manger, etc.

Spécialités gastronomiques
la blanquette de veau
la choucroute
le colombo
la fondue au fromage
les moules-frites
la raclette
la tartiflette
le tournedos Rossini
la tourtière du Lac-Saint-Jean

5 Trouvez une spécialité française, belge, suisse et québécoise dans les plats de la liste.

DOCUMENTS

F Adresse en or ou piège à touristes ?

forum *Le gourmet malin*

rechercher

| Accueil | Recherche | Forum | Coup de cœur | Photos | S'inscrire |

Roi des pâtes

Message de *Roi des pâtes*

Bonjour à tous,
L'autre jour, je suis entré dans un restaurant qui avait l'air bien : beaucoup de gens dans la salle, une carte avec beaucoup de choix… Et finalement c'était très décevant ! Les portions étaient petites, la viande trop cuite, les sauces étaient fades[1]… En plus, c'était pas donné[2]. J'en ai assez[3] des restaurants chers et pas bons. Comment faites-vous pour reconnaître un bon restaurant au premier coup d'œil ? Merci d'avance.

Fan de chocolat

Message de *Fan de chocolat*

Salut Roi des pâtes.
Un restaurant vide alors qu'il est entre 12 h 30 et 13 h... C'est louche. Mais, un restaurant plein n'est pas une preuve de qualité de la cuisine ou du service. Observe la clientèle : dans un bon restaurant, il y a généralement des « locaux » (personnes âgées, ouvriers…), ce sont des habitués. Dans un restaurant « pour touristes » (avec appareil photo, guide et sac à dos), la qualité est souvent moins bonne.

À table !

Message de *À table !*

Tout à fait d'accord ! Les restaurants proches des musées, des monuments, etc., sont en général les plus chers du coin. C'est pareil pour les restaurants qui se trouvent devant une sortie de métro ou près d'une gare.

Miam

Message de *Miam*

Eh oui et une carte traduite en 12 langues… c'est sûrement une adresse pour touristes…

Supergourmet

Message de *Supergourmet*

Moi, je te conseille de regarder d'abord la carte. Un menu avec peu de plats, c'est mieux : peu de choix, mais des plats bien faits et préparés sur place. Les restaurants qui servent seulement des plats industriels, c'est vraiment infect !

1 Ne pas avoir beaucoup de goût. 2 Cher. 3 Je n'en peux plus.

COMPRÉHENSION ÉCRITE

Entrée en matière

1 Qu'est-ce qui est le plus important pour vous quand vous mangez au restaurant ? le service, la présentation, les plats, l'ambiance… ?

1re lecture

2 Que veut savoir *Roi des pâtes* ?

2e lecture

3 D'après *Fan de chocolat*, que faut-il observer dans un restaurant ? Pourquoi ?

4 D'après *À table !*, pourquoi faut-il éviter les restaurants dans les lieux touristiques ?

5 Pour *Miam* et *Supergourmet*, qu'est-ce qu'une bonne carte ?

Vocabulaire

6 Que signifient les mots et expressions suivants ?

a	coup d'œil :	1. regard	2. opinion
b	un habitué :	1. un client régulier	2. un client ordinaire
c	louche :	1. sympathique	2. bizarre

PRODUCTION ÉCRITE >>> DELF

7 Vous avez mangé dans un restaurant que vous n'avez pas aimé. Vous écrivez un commentaire sur un forum pour donner votre avis sur ce restaurant. Décrivez le lieu, votre repas et vos impressions (60-80 mots).

Pour exprimer son mécontentement
- C'est très décevant.
- C'est un scandale !
- C'était mauvais/dégoûtant ! C'était infect !
- Quelle horreur !
- C'est très cher pour la qualité.
- J'en ai assez des mauvais restaurants.

DOCUMENTS

G La cuisine des saveurs

6

COMPRÉHENSION AUDIOVISUELLE

Entrée en matière

1 Décrivez la photo. Où se passe la scène ?

1er visionnage (sans le son)

2 Qui sont les personnes ? Que font-elles ?

3 Quels vêtements portent-elles ?

4 Quels aliments voyez-vous ?

2e visionnage (avec le son)

5 Répondez par vrai ou faux et justifiez votre réponse.

a | On commence à préparer les amuse-bouches et les entrées avant l'arrivée des clients.

b | Les quatre saveurs principales sont le salé, le sucré, l'amer et l'acide.

c | Le citron a une saveur amère.

d | L'endive a une saveur acide.

e | Sabine présente la réglisse sous forme de bâton et de poudre.

f | L'umami est un terme polonais qui désigne une autre saveur fondamentale.

g | L'umami est une saveur typique de la sauce tomate.

h | Sabine montre au cuisinier comment couper le saucisson.

Au fait !

En France, l'équipe qui cuisine dans un restaurant est *une brigade*. C'est un terme qui vient du vocabulaire de l'armée.

Vocabulaire

6 À quel moment du repas sert-on les amuse-bouches : à l'apéritif ou au dessert ?

PRODUCTION ORALE

7 Y a-t-il un aliment que vous pouvez reconnaître les yeux fermés dans un plat ?

8 Connaissez-vous d'autres aliments amers ? acides ? sucrés ? salés ? Citez-les.

**9 Dans votre pays, existe-t-il une saveur particulièrement appréciée ?
Et vous, quelle saveur préférez-vous ?**

GRAMMAIRE > l'adverbe en -ment

Cahier unité 6 d'activités

ÉCHAUFFEMENT

1 Observez les adverbes soulignés dans les phrases suivantes. Quels adjectifs reconnaissez-vous dans ces adverbes ?

a | C'était vraiment infect.

b | C'est sûrement une adresse pour touristes.

FONCTIONNEMENT

L'adverbe en -ment

2 Reliez les éléments suivants pour retrouver la règle de formation de l'adverbe en -ment.

On peut former un adverbe à partir d'un adjectif.

Pour former l'adverbe, on prend l'adjectif et…

a | si l'adjectif se termine par **une voyelle**, •

b | si l'adjectif se termine par **une consonne**, •

• on ajoute **-ment au féminin de l'adjectif**.

• on rajoute **-ment**.

Exemples : *vrai* → *vraiment* *sûr* → *sûrement*

ENTRAÎNEMENT

3 Formez des adverbes à partir des adjectifs suivants :

a | réel. **b** | joli. **c** | sérieux. **d** | terrible. **e** | seul. **f** | rapide. **g** | long. **h** | facile. **i** | spécial.

PHONÉTIQUE Les prononciations de *six* et de *dix*

Cahier unité 6 d'activités

ÉCHAUFFEMENT

1 a Écoutez et observez les phrases. 28

a | Je prends six ananas.
b | Tu n'en veux que dix ?
c | Je prends dix poires.
d | J'achète six patates.
e | Je prends dix abricots.
f | Des fraises ? J'en voulais six.

b Les chiffres *six* et *dix* se prononcent-ils toujours de la même manière ?

FONCTIONNEMENT

2 Écoutez de nouveau et complétez. 28

a | *Six* et *dix* se prononcent [siz] et [diz] quand ils sont suivis d'une voyelle : phrases ..... et ..... .
b | *Six* et *dix* se prononcent [si] et [di] quand ils sont suivis d'une consonne : phrases ..... et ..... .
c | *Six* et *dix* se prononcent [sis] et [dis] quand ils ne sont pas suivis d'un mot : phrases ..... et ..... .

ENTRAÎNEMENT

3 Écoutez et répétez. 29

4 Lisez à voix haute la liste des ingrédients de la ratatouille.

Pour 6 personnes : 10 aubergines, 10 courgettes, 6 poivrons, 6 tomates (ou 10, au choix), 6 oignons, 10 cuillères d'huile d'olive (ou 6, si vous préférez).

5 Par deux. Votre partenaire vous montre le nombre 6 ou 10 et un mot de la liste ci-dessous. Prononcez les deux éléments ensemble, puis constituez de courts dialogues avec ces éléments.
betteraves – aubergines – pommes – J'en achète – oignons – oranges – J'en veux

L'ESSENTIEL GRAMMAIRE/VOCABULAIRE

1 Le pronom *en*. Remplacez les mots soulignés par *en*.
a | Je vais cuisiner du poisson.
b | Nous mangeons beaucoup de légumes.
c | Le client demande 1kg de pommes.
d | Je bois trop de café.

2 Le superlatif. Formez des phrases avec un superlatif comme dans l'exemple.
Exemple : *Restaurant / touristique (+)*
→ *C'est le restaurant le plus touristique.*
a | Fraises / mauvaises (-)
b | Pain / frais (+)
c | Croissants / bons (+)
d | Glace / sucrée (-)
e | Café / cher (-)

3 Les aliments. De quel aliment s'agit-il ?
a | C'est un légume long et violet qu'on trouve dans la ratatouille.
b | Préparé à base de cacao, on en fait des mousses ou des gâteaux.
c | On les achète par 6 ou 12 et on peut les préparer en omelette.
d | C'est un aliment italien fait avec du blé.
e | C'est un fruit jaune de la même famille que l'orange, mais plus acide.

4 Le restaurant. Complétez le texte avec les mots suivants : *plats – desserts – spécialités – menu – gastronomie – chef*.
Si vous êtes un gourmet et que vous appréciez la ..... française, je vous recommande le restaurant *Chez Roger*. On y mange d'excellentes ..... du Sud de la France. Le ..... propose un ..... différent chaque jour. Ce restaurant est connu pour ses bons ..... à base de poisson. Les ..... sont aussi excellents, surtout la mousse au chocolat.

ATELIERS

1 ORGANISER UN CONCOURS DE CUISINE

Vous allez cuisiner et élire la meilleure équipe de cuisiniers de votre classe.

Démarche

Formez des groupes de trois à cinq personnes.

1 Préparation

- En classe, décidez des critères qui seront pris en compte dans le concours et choisissez un système de notation des plats.
Exemples : *la qualité des plats, la décoration, la présentation, le prix…*
- Chaque groupe crée un menu avec une entrée, un plat et un dessert.
- Faites quelques recherches sur les ingrédients que vous allez utiliser et sur les plats que vous allez cuisiner.
- Répartissez-vous les tâches pour préparer le menu.
- Préparez une liste de courses avec les ingrédients nécessaires.

2 Réalisation

- Faites les courses et cuisinez.
- Apportez vos préparations en classe, avec votre liste de courses et un résumé de vos recherches.

3 Présentation

- Présentez votre menu à la classe.
- Faites une dégustation des plats et notez-les en fonction des critères choisis pendant l'étape de préparation. Vous pouvez également faire une dégustation les yeux fermés pour deviner quels ingrédients se trouvent dans les plats.
- Chaque groupe vote pour la meilleure équipe de cuisiniers, mais ne peut pas voter pour elle-même. La meilleure équipe est celle qui reçoit le plus de votes.

2 CRÉER UNE PAGE WEB SUR LA CUISINE

ATELIER TECH'

Vous allez publier des articles, des photos, des reportages sur le réseau social de votre choix.

Démarche

Formez des groupes de deux à quatre personnes.

1 Préparation

- En classe, décidez quelles rubriques vous allez mettre dans votre page web.
Exemples : *recettes, critiques gastronomiques, trucs de cuisine, histoire des aliments, des épices ou des plats, reportage dans un restaurant…*
- Répartissez les rubriques, une pour chaque groupe.

2 Réalisation

- Mettez-vous d'accord en groupe sur les détails de votre rubrique. Allez-vous écrire un texte, prendre des photos, faire un reportage ?
- Réalisez votre rubrique.

3 Présentation

- Publiez votre travail sur le réseau social de votre choix.

Préparation au DELF A2 Production écrite

Entraînez-vous à L'EXERCICE 2 ***12 points***

Pour vous aider, consultez les stratégies présentées dans l'unité 4 page 68.

SUJET 1

Vous êtes en France. Vous avez reçu cette publicité dans votre boîte aux lettres. C'est bientôt votre anniversaire et vous voulez organiser une soirée inoubliable. Écrivez à « Cuisine et vous » pour préparer la soirée (date, heure, type de formule, nombre d'invités et leur niveau en cuisine), posez des questions sur l'organisation (courses, matériel de cuisine) et sur les tarifs (60 mots minimum).

SUJET 2

Vous avez reçu ce faire-part. Vous ne pouvez pas aller à cette fête. Vous écrivez à vos amis pour leur expliquer pourquoi et pour vous excuser. Pensez également à les féliciter (60 mots minimum).

QUI SE RESSEMBLE S'ASSEMBLE

Objectifs

- Parler du caractère de quelqu'un
- Faire le portrait physique de quelqu'un
- Parler de ses émotions

C'est quelqu'un de bien.

DOCUMENTS

A Dis-moi comment tu t'appelles, je te dirai qui tu es

Nathan *est un prénom de garçon populaire dans les pays francophones : en 2014, c'est le prénom le plus donné en France et le 5e en Suisse et au Québec. Du côté des filles,* Léa *fait l'unanimité : en 2014, c'est le 4e prénom le plus attribué en France, le 3e en Suisse et le 1er au Québec. Découvrez leur caractère dans cet article !*

Caractère de Léa

Sympathique et communicative, Léa est une personne à qui on peut faire confiance. À l'écoute, elle trouve toujours les bons mots pour aider ses proches. Sociable et chaleureuse, Léa établit facilement des relations avec les autres. Elle est aussi très émotive. Directe et spontanée, elle n'hésite pas à dire ce qu'elle pense, en bien ou en mal. Pleine d'énergie, Léa est dynamique et active. Dans le milieu professionnel, Léa motive les autres et reste optimiste, même en cas de difficultés.

Caractère de Nathan

Nathan est une personne timide. Il est aussi très prudent et attend de bien connaître les gens avant de se confier. Il a l'habitude de prendre son temps, il n'aime pas être bousculé. Il sait être patient et n'a pas de difficulté à attendre. Sérieux et travailleur, il est capable de réaliser des projets ambitieux. Même si Nathan fait toujours preuve de courage[1], il a besoin d'être rassuré par ses proches.

Source : prenoms.com

1 Se montre toujours courageux.

LE TOUR DU MONDE DES PRÉNOMS

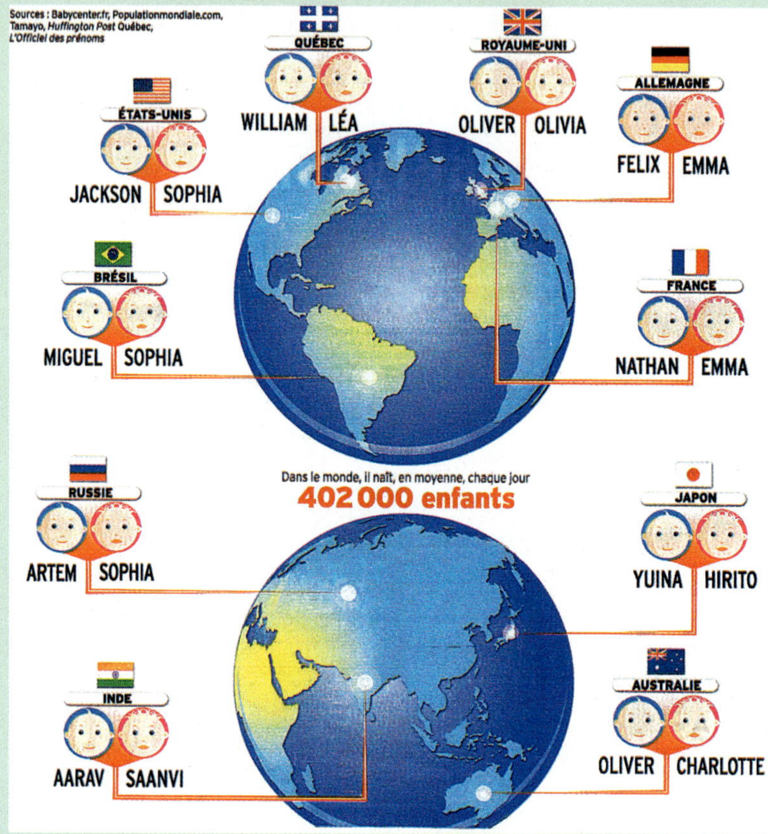

COMPRÉHENSION ÉCRITE

Entrée en matière

1 Regardez la carte et répondez.

a | Quels sont les deux prénoms féminins les plus donnés ?

b | Quel est le prénom masculin le plus donné ? Dans quels pays est-il populaire ?

2 Dans votre pays, quels sont les prénoms les plus courants ?

Lecture

3 Lisez le chapeau et dites quel est le point commun entre les prénoms *Léa* et *Nathan*.

4 Quelles qualités peut-on associer aux prénoms *Léa* et *Nathan* ?

a | le dynamisme
b | la patience
c | l'optimisme
d | le sérieux
e | l'intelligence
f | la gaieté

5 Relevez un défaut de *Léa* et un défaut de *Nathan*.

Vocabulaire

6 Trouvez le contraire des mots suivants. Associez.

a | chaleureux
b | intelligent
c | travailleur
d | courageux

1 | stupide
2 | peureux
3 | froid
4 | paresseux

PRODUCTION ORALE

7 **Aimez-vous votre prénom ? Pensez-vous qu'il a une influence sur votre caractère ?**

PRODUCTION ÉCRITE

8 **Choisissez un prénom et écrivez un petit article pour le site www.prenoms.com. Présentez les qualités et les défauts associés à ce prénom.**

Pour parler du caractère de quelqu'un

- C'est quelqu'un de bien/d'intéressant/de timide…
- Elle trouve toujours les bons mots.
- Il rend service à tout le monde.
- C'est une personne émotive.
- Il sait être patient.
- Elle n'hésite pas à donner son opinion.
- Il a l'habitude de prendre son temps.

B Quel prénom lui donner ? 30

« Pour les garçons, on arrive moins à trouver une terminaison majoritaire. »

COMPRÉHENSION ORALE

Entrée en matière

1 **Quels sont les prénoms français que vous aimez ?**

1re écoute (du début à « Camille garçons »)

2 **Quel est le point commun des prénoms *Claude, Dominique, Frédéric* et *Camille* ?**

3 **Ces prénoms sont-ils à la mode aujourd'hui ?**

2e écoute (de « Donc on a cette tendance » à la fin)

4 **Quelles sont les terminaisons de prénom à travers les époques ?**

a | Dans les années 1930 : …… **b** | Autour des années 1960 : …… **c** | Depuis les années 1990 : ……

PRODUCTION ÉCRITE

5 **Écrivez un texte sur votre prénom. Dites ce qu'il signifie, qui vous l'a donné et s'il est à la mode.**

C Quiz sur les prénoms

Qu'avez-vous appris sur les prénoms à la mode ? Découvrez-le avec ce quiz !

**Vous disposez d'une minute pour répondre à ces questions.
Quand vous avez terminé, comparez vos réponses avec les réponses de votre voisin(e) et comptez vos points (1 point par réponse exacte).**

1 Quel prénom féminin se retrouve aux États-Unis, en Russie et au Brésil ?

2 *Léa* ou *Olivia* : lequel de ces prénoms est le plus populaire au Québec ?

3 En 2014, quel prénom masculin qui commence par N est populaire dans les pays francophones ?

4 *-ette, -ine, -a* : laquelle de ces terminaisons est aujourd'hui à la mode en France ?

5 *Claude, Dominique, Camille* : lesquels de ces prénoms sont démodés ?

GRAMMAIRE > les pronoms interrogatifs

Cahier unité 7 d'activités

ÉCHAUFFEMENT

1 Lisez ces phrases et trouvez les mots interrogatifs.

a | *Léa* ou *Olivia* : lequel de ces prénoms est le plus populaire au Québec ?

b | *-ette, -ine, -a* : laquelle de ces terminaisons est à la mode en France ?

c | *Claude, Dominique, Camille* : lesquels de ces prénoms sont démodés ?

d | Quel prénom féminin se retrouve aux États-Unis, en Russie et au Brésil ?

2 Relisez les phrases de l'activité 1 et complétez avec *quel* ou *lequel*.

a | Quand on pose une question avec ….. , on est libre de donner n'importe quelle réponse.

b | Quand on pose une question avec ….. , on doit choisir sa réponse dans les choix proposés.

FONCTIONNEMENT

Les pronoms interrogatifs

3 Relisez les phrases de l'échauffement et complétez le tableau avec les pronoms interrogatifs.

	masculin	féminin
singulier	…..	…..
pluriel	…..	*lesquelles*

Emploi

On utilise les pronoms interrogatifs **lequel**, **lesquels**, **laquelle**, **lesquelles** pour poser des questions sur l'identité de personnes ou de choses. On les emploie dans des questions qui demandent un choix entre plusieurs éléments. Ils varient en genre et en nombre et peuvent remplacer **quel(s)** et **quelle(s) + nom** :

– *J'aime **ces prénoms**.*
– ***Lesquels** ?*
– *Nathan et Léa.*

RAPPEL : les adjectifs interrogatifs

On utilise les adjectifs interrogatifs **quel**, **quels**, **quelle** et **quelles** quand on pose une question sur un nom. **Quel**, **quels**, **quelle** et **quelles** s'accordent avec le nom qu'ils accompagnent :

Quel* prénom** *lui donner ? /* ***Quels *sont les deux* **prénoms** *féminins les plus donnés ?*

ENTRAÎNEMENT

4 Écrivez cinq questions sur le texte suivant. Utilisez *quel, quelle, quels, quelles*. Ensuite, échangez vos questions avec les questions de votre voisin(e) et essayez de répondre à ses questions pendant qu'il/elle répond aux vôtres.

Exemple : – *Quel est son prénom ? – Elle s'appelle Jacqueline.*

> Jacqueline est une dame dynamique de 82 ans. Elle est sportive et pratique son activité favorite, le tennis, tous les samedis. Elle est aussi très sociable et généreuse : elle invite souvent des amis à dîner et elle a aussi décidé d'héberger gratuitement un étudiant brésilien. Il se plaît chez elle mais il se plaint parfois des deux défauts de Jacqueline : elle est bavarde et têtue !

5 Adjectif ou pronom interrogatif ? Trouvez la bonne réponse.

a | Elles sont toutes très belles, je n'arrive pas à me décider... Quelle/Laquelle est-ce que tu me conseilles ?

b | Alors, tu choisis quelle/laquelle réponse ?

c | J'adore ces prénoms. Quels/Lesquels est-ce que tu préfères ?

d | Tu détestes quel/lequel défaut ?

e | Quelle/Laquelle de ces qualités est-ce que tu préfères ?

6 Complétez le texte avec *lequel, laquelle, lesquels, lesquelles*.

a | – ….. de ces prénoms préfères-tu : Manon, Chloé ou Léa ? – Manon et Chloé.

b | – ….. de ces qualités compte pour toi ? – La politesse.

c | – ….. de ces petits garçons s'appelle Adam ? – Le blond.

d | ….. de tes amies sont les plus têtues ?

e | ….. de ces livres peut m'aider à choisir un prénom ?

VOCABULAIRE > le caractère

Activités unité 7 cahier + TNI

Les qualités

agréable
calme
chaleureux/chaleureuse
courageux/courageuse
direct(e)
drôle
dynamique
gai(e)
intelligent(e)
optimiste
patient(e)
prudent(e)
sérieux/sérieuse
sociable
spontané(e)
sympathique
travailleur/travailleuse

PRODUCTION ORALE

1 **Selon vous, les mots de cette liste sont-ils tous des qualités ?**
2 **Quelles sont vos qualités ?**

Les défauts

agressif/agressive
autoritaire
bavard(e)
bête = stupide
émotif/émotive
ennuyeux/ennuyeuse
fier/fière
froid(e)
impatient(e)
nerveux/nerveuse
paresseux/paresseuse
pessimiste
peureux/peureuse
têtu(e)
timide

PRODUCTION ORALE

3 **Choisissez les défauts que vous supportez le moins et expliquez pourquoi.**

4 **Trouvez la qualité ou le défaut qui correspond à ces définitions.**
a | Se dit de quelqu'un qui parle beaucoup : .....
b | Se dit de quelqu'un qui est amusant : .....
c | Se dit de quelqu'un qui sait attendre : .....

PRODUCTION ÉCRITE

5 **Écrivez une définition des défauts suivants :**
pessimiste – bête – autoritaire.

6 **Associez un mot à chaque image.**
agressif(-ive) – calme – drôle – fier(e) – froid(e) – gai(e) – nerveux(-se) – timide – triste

La personnalité

Les côtés positifs
avoir bon caractère
être à l'écoute
être attentif

Les côtés négatifs
avoir mauvais caractère
s'énerver rapidement
être de mauvaise humeur

7 **Trouvez dans la liste ci-dessus l'expression contraire de :**
a | rester calme
b | être de bonne humeur

Expressions

avoir un caractère de cochon
être bavard comme une pie
être doux comme un agneau
être têtu comme une mule

PRODUCTION ORALE

8 **Selon vous, ces expressions sont-elles positives ou négatives ?**
9 **Dans votre langue, est-ce qu'il existe des expressions avec des noms d'animaux pour caractériser quelqu'un ?**

D Illustres inconnus, leurs créations ont changé le monde

Roger Dambron, 94 ans, a inventé le portrait-robot il y a un peu plus de soixante ans. Le nonagénaire nous raconte la naissance de son invention, aujourd'hui connue de tout le monde.

« J'étais malade et en séjour en maison de cure[1] près de Dijon. Vous savez, pendant les cures, on essaie de passer le temps. » Alité, à la recherche d'un cadeau pour ses enfants, Roger Dambron décide de prendre en photo ses camarades de cure. « J'ai aussi ramassé des magazines et j'ai découpé toutes les têtes des photos. » Chaque visage était ainsi découpé en sept parties (les cheveux, le front, les yeux, le nez, la bouche, les joues et le menton). Ce jeu, le Photo-Robot, avait pour but de mélanger ces différentes parties pour créer de nouveaux visages. « Quand je suis rentré à Étaples[2], je voulais améliorer et faire breveter[3] l'invention. » Ce sera chose faite en 1953. Roger Dambron présente son invention au célèbre concours Lépine. Il y décroche la médaille de bronze.

Nicolas Mézil, *Vosges matin*, 30 juillet 2013

1 Établissement où on soigne des personnes qui ont besoin d'un traitement long. 2 Ville du nord de la France. 3 Être propriétaire de sa création.

COMPRÉHENSION ÉCRITE

Entrée en matière

1 Décrivez l'image.

2 Qu'est-ce qu'un portrait-robot ? Quelle est son utilité selon vous ?

Lecture

3 Quand et pour qui Robert Dambron a eu l'idée de créer le portrait-robot ?

4 Comment a-t-il réalisé son invention ?

5 Quel était le but du jeu ?

6 Que s'est-il passé en 1953 ?

Vocabulaire

7 Relevez dans le texte les mots qui permettent de faire une description physique.

E Au commissariat

« Vous êtes ici comme témoins, vous comprenez pourquoi ? »

COMPRÉHENSION ORALE

Entrée en matière

1 Lisez l'extrait du document. Selon vous, qui pose cette question ?

1re écoute (du début à « en courant »)

2 Combien de personnes parlent ? Qui sont-elles ?

3 Qu'a vu Mme Trouche ?

4 Qu'a fait M. Zadem ?

5 Qu'a fait le suspect quand M. Zadem s'est approché de lui ?

2e écoute (de « en courant » à la fin)

6 Pourquoi la police recherche le suspect ?

7 Comment est-il physiquement ?

PRODUCTION ORALE

8 En scène ! Vous avez été le témoin d'un vol dans une bijouterie. Vous allez au commissariat et vous aidez le policier à faire le portrait-robot de la voleuse.

Pour faire le portrait physique de quelqu'un

- Il pèse plus ou moins 100 kg.
- Il mesure environ 1,80 m.
- Il est costaud.
- Il est blond/châtain/brun/roux.
- Il a les cheveux raides/frisés/bouclés.
- Il a une petite moustache.
- Il porte des lunettes, une veste bleue.

GRAMMAIRE > les adjectifs indéfinis

ÉCHAUFFEMENT

1 Trouvez les adjectifs indéfinis dans les phrases suivantes. Ils expriment tous la même idée : est-ce la quantité ou la qualité ?

a | J'ai découpé toutes les têtes des photos.
b | Chaque visage était découpé en sept parties.
c | Son invention est aujourd'hui connue de tout le monde.

FONCTIONNEMENT

Les adjectifs indéfinis

2 Relisez les phrases de l'échauffement et complétez.
Ces adjectifs permettent :
a | de parler d'éléments séparément : phrase ….. .
b | de parler d'éléments globalement : phrases ***a*** et ….. .

Emploi
Pour exprimer la quantité, on peut utiliser les adjectifs indéfinis **tout** et **chaque**.

• **Tout**, **toute**, **tous** et **toutes** s'accordent en genre et en nombre avec le nom :
*J'aime **tous les prénoms** en -a.*
*J'ai découpé **toutes les têtes** des photos.*

	singulier	pluriel
masculin	**tout**	**tous**
féminin	**toute**	**toutes**

• **Chaque** est toujours suivi d'un nom au singulier :
***Chaque année**, un nouveau prénom est à la mode.*

REMARQUE
Tout peut aussi être un pronom neutre qui signifie « toutes les choses ». Dans ce cas, il est invariable :
***Tout** va bien !*

ENTRAÎNEMENT

3 Complétez avec *tout, toute, tous* ou *toutes*.
a | ….. les personnes qui s'appellent Nathan sont timides.
b | ….. le monde est d'accord pour dire qu'il est fatigant.
c | Cette situation me stresse, j'y ai pensé ….. la nuit.
d | ….. les tests le confirment : je suis quelqu'un de sympa.
e | Je n'ai plus d'argent : je vais arrêter de sortir ….. les soirs.
f | ….. les policiers aiment ce genre d'enquête.

4 Complétez avec *chaque, tout, toute, tous* ou *toutes*.
On fait une grande fête pour l'anniversaire de Léo ….. les ans et c'est ….. fois la même chose : ….. le monde est content, sauf lui. Il trouve toujours que nous n'avons pas invité assez de monde et qu'il n'a pas eu assez de cadeaux. Cette année pourtant, ….. la famille était là, ….. ses collègues aussi, sans parler bien sûr de ….. ses amis. ….. invité lui a offert un beau cadeau, il en a eu soixante ! ….. année, nous invitons dix personnes de plus, nous allons devenir fous !

PRODUCTION ORALE

5 Répondez aux questions suivantes. Dans vos réponses, utilisez *tout, toute, tous, toutes* ou *chaque*, comme dans l'exemple.
Exemple : *– Combien de fois par mois faites-vous du sport ? – Je fais du sport tous les jours/chaque mercredi./– Je ne fais pas de sport tous les mois.*
a | Quand faites-vous le ménage ?
b | Combien de fois par mois est-ce que vous discutez avec votre voisin(e) ?
c | Quand est-ce que vous travaillez ?
d | Avec qui est-ce que vous aimez passer vos vacances ?
e | Comment fêtez-vous votre anniversaire ?

PRODUCTION ÉCRITE

6 Vous avez une manie, un petit défaut. Vous écrivez sur votre blog une anecdote pour l'illustrer. Exemple : *En vacances, je sais profiter de chaque minute… Je bavarde en cours tous les jours… J'aime que chaque chose soit à sa place…*

CIVILISATION

F 365 photos qui vont (enfin) vous faire aimer les Parisiens

« Je déteste sourire » (9 février 2014)

Né au Kazakhstan, Constantin Mashinskiy débarque à Paris il y a trois ans, après un passage en Espagne. Intrigué[1] par les habitants de la capitale française, réputés pour leur froideur et leur arrogance entre autres défauts, il décide de s'intéresser de plus près à ces 2,2 millions d'habitants.

Photographe à ses heures perdues, le graphiste se lance alors dans un projet original : prendre chaque jour la photo d'un Parisien et l'accompagner de quelques mots. *« Elle a un adorable accent », « Elle attendait sur un banc dans le seul morceau ensoleillé de la rue », « Il portait un bouquet de fleurs la tête en bas », « Elle a juste dit "oui" »...*

365 clichés seront ainsi collectés. « Dès que je croise un regard intéressant, je m'approche et je demande : "Bonjour, est-ce que je peux vous prendre en photo pour une série sur les Parisiens ?" La plupart des gens acceptent. »

D'ailleurs, Constantin Mashinskiy a été lui-même étonné de la gentillesse des Parisiens qui ont, en France et à l'étranger, la réputation de ne pas être très aimables... « Sur 500 demandes environ, je suis tombé seulement 2-3 fois sur des personnes pas très sympathiques... mais c'est pareil dans n'importe quelle ville à mon avis ! »

Clémentine FITAIRE, Auféminin.com, 17 octobre 2014

1 Intéressé.

COMPRÉHENSION ÉCRITE

Entrée en matière

1 Lisez le titre. À votre avis, pour quelles raisons peut-on aimer les Parisiens ?

Lecture

2 Qui est Constantin Mashinskiy ?

3 Quel est son projet artistique ?

4 Pourquoi a-t-il souhaité mettre en place ce projet ?

5 Qu'est-ce que cela lui a permis de comprendre ?

Vocabulaire

6 Relevez dans le texte tous les mots et expressions qui permettent de caractériser les Parisiens.

7 Quels sentiments Constantin Mashinskiy ressent ? Relevez-les dans le texte.

Je crois qu'ils se disputaient à propos de quelque chose (10 mars 2014)

PRODUCTION ÉCRITE

8 Choisissez une des deux photos puis décrivez-la. Aidez-vous ensuite des légendes pour imaginer le caractère des personnes photographiées.

Oh, le cliché !

« Les Parisiens sont prétentieux et impolis. »

Les habitants de la capitale française ont mauvaise réputation. Pour les Français, ils sont prétentieux (42 %), impolis (14 %) et snobs (13 %). Les Parisiens eux-mêmes se disent stressés (23 %), impolis (15 %) et râleurs (14 %) !

→ Qu'en pense-t-on dans votre pays ?

VOCABULAIRE > le physique

Activités unité 7 cahier + TNI

Les cheveux

bouclés	frisés
épais	ondulés
fins	raides

La coupe de cheveux

un carré
courts
un dégradé
une frange
longs/mi-longs
une mèche

1 Dites comment sont leurs cheveux.

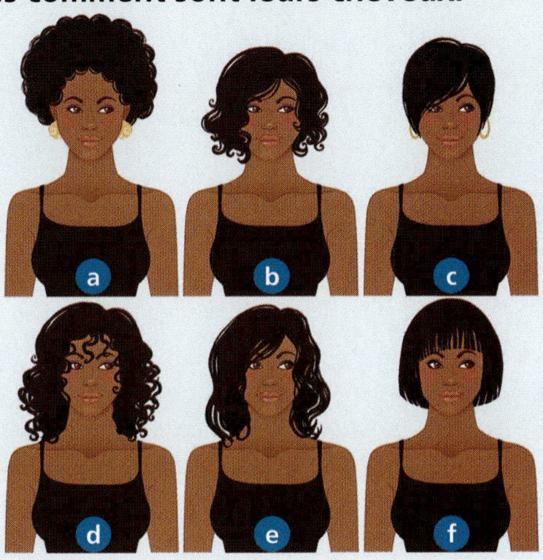

Les yeux

en amande	petits
clairs	ronds
expressifs	soucieux
foncés	vifs

2 Quels adjectifs caractérisent :

a | la forme des yeux : .....
b | la couleur des yeux : .....
c | le regard : .....

Les émotions

la crainte
la déception
l'énervement (*m.*)
l'ennui (*m.*)
l'étonnement (*m.*)
la fierté
la gêne
le soulagement

PRODUCTION ORALE

3 Parmi les émotions de la liste, dites lesquelles vous avez ressenties récemment et à quelle occasion.

Les mouvements du corps

s'allonger
s'approcher
s'arrêter
avancer
se coucher
se lever
se mettre à genoux
se pencher
reculer
se relever
sauter
tomber
traverser

4 Associez un verbe de mouvement du corps à un dessin.

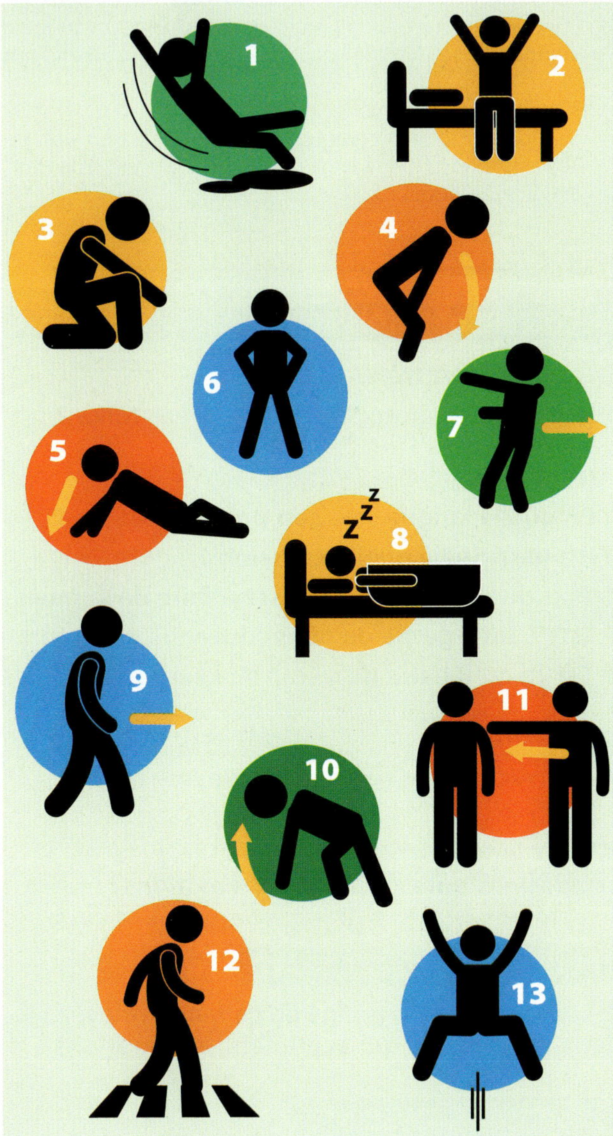

G On a rencontré Mika

La pop star était à Bruxelles hier pour un concert privé à l'Ancienne Belgique[1]. On a profité de l'occasion pour échanger quelques mots... Extraits !

On dit que votre prochain album sera entièrement en français, c'est vrai ?

« C'est complètement faux *(rires)*. Je crois que ce n'est pas le bon moment dans ma vie. Il y aura quelques titres en français sur le prochain album, mais il sera essentiellement en anglais. »

Vous avez été membre du jury dans l'émission « *The Voice, la plus belle voix* » l'année dernière. Allez-vous continuer ?

« Je n'ai pas encore signé et je ne sais pas encore si je vais le faire. Pour l'instant, je me concentre sur l'album. Mais je peux dire que j'ai adoré le faire. »

Vous avez envie de participer à « *The Voice Kids* » ?

« Non. Pour comprendre ma décision, il faut savoir que j'ai moi-même débuté très tôt, à 9 ans. J'avais des cours tous les jours avec des professeurs très sévères. C'est ma mère qui me poussait : j'étais nul à l'école et elle voulait que je me développe ailleurs. C'était bien, mais c'était dur. Je pleurais chaque jour. »

Comment gérez-vous vos réseaux sociaux ?

« Oh, je gère mon compte Twitter seul et je suis nul, c'est une catastrophe ! *(Rires)* Je ne poste que des photos de mon chien et de mon neveu ! »

Sigrid DESCAMPS, Flair.be, 19 septembre 2014

1 Salle de spectacle.

Mika est un chanteur de pop britannico-libanais

TÉMOIGNAGE

Pendant le concert, nous avons rencontré Julia, une fan de Mika. Elle nous donne son impression.

Alors, qu'est-ce que vous pensez de ce concert ?

« C'est super ! Je suis heureuse d'assister à ce spectacle. Je suis vraiment surprise que Mika soit aussi énergique sur scène. C'est génial ! Je suis très émue d'être ici… »

Comment avez-vous découvert Mika ?

« Avec l'émission The Voice. *Cela me ferait plaisir qu'il poursuive l'émission l'année prochaine, mais j'ai peur qu'il arrête… Vous savez s'il va continuer ? »*

Non, mais on lui posera la question !

COMPRÉHENSION ÉCRITE

Entrée en matière

1 Regardez la photo. Connaissez-vous Mika ?

Lecture

2 En quelle langue sera son prochain album ?

3 Il a participé à quelle émission ?

4 Pourquoi sa mère l'a poussé à faire de la musique ?

5 Est-ce qu'il garde de bons souvenirs de sa formation ?

6 Est-ce qu'il parle de sa carrière sur les réseaux sociaux ?

Vocabulaire

7 Trouvez dans le texte un synonyme de :

a | difficile : .....   b | mauvais : .....

8 Lisez le témoignage de Julia et relevez les expressions qui expriment ses émotions.

COMPRÉHENSION ORALE 32

9 Écoutez le témoignage de ce fan et relevez les deux expressions qui expriment ses émotions.

PRODUCTION ÉCRITE

10 Vous avez assisté à un spectacle. Écrivez une lettre à un(e) ami(e) francophone pour raconter votre expérience et parler de vos émotions pendant le spectacle.

PRODUCTION ORALE >>> DELF

11 Est-ce que la musique est importante dans votre vie ? en écoutez-vous ? en jouez-vous ?

Pour parler de ses émotions

- Je suis surprise qu'il soit aussi énergique.
- Je suis heureuse d'assister à ce concert.
- J'ai hâte qu'il sorte un nouvel album.
- Je suis ému(e) d'être ici.
- J'ai peur qu'il arrête.
- Cela me fait plaisir qu'il poursuive l'émission.
- Je suis content d'être là.

H Les émotifs anonymes

COMPRÉHENSION AUDIOVISUELLE

Entrée en matière

1 **Décrivez la photo extraite du film. À votre avis, où se passe la scène ?**

1er visionnage (du début à 0'29")

2 **Qui voyez-vous dans cette scène ?**

3 **Quel est l'exercice que l'homme va devoir faire ?**

2e visionnage (de 00'30" à la fin)

4 **Est-ce que les deux personnes se connaissent bien ? Justifiez votre réponse.**

5 **Quelle est leur attitude ? Imaginez les émotions qu'ils ressentent.**

6 **Pourquoi cette scène est-elle drôle ?**

PRODUCTION ORALE >>> DELF

7 **Vous avez un(e) nouveau/nouvelle voisin(e).**
Vous faites connaissance avec lui/elle mais il/elle est timide. À deux, jouez la scène.

GRAMMAIRE > l'expression des sentiments

Cahier unité 7 d'activités

ÉCHAUFFEMENT

1 **Observez ces phrases. Quelle est la forme verbale des mots en gras ?**

a | Je suis heureuse d'**assister** à ce spectacle.

b | Je suis vraiment surprise que Mika **soit** aussi énergique sur scène.

c | Cela me ferait plaisir qu'il **poursuive** l'émission.

2 **Relisez les phrases et trouvez le sujet des verbes en gras. Que remarquez-vous ?**

FONCTIONNEMENT

L'expression des sentiments

On utilise le subjonctif après des verbes ou expressions verbales qui expriment un sentiment :
Je ***suis heureux qu'il soit*** *en France.*
• Quand il y a un seul sujet dans la phrase, le deuxième verbe est à **l'infinitif** :
Je ***suis heureux d'être*** *en France.*

ENTRAÎNEMENT

3 **Transformez comme dans l'exemple pour exprimer un sentiment.**
Exemple : *Il est têtu. Ça m'énerve ! → Ça m'énerve qu'il soit têtu.*

a | Elle organise un concert. Ça m'inquiète. → .....

b | Nous partons pendant 3 mois. Ma mère n'est pas contente. → .....

c | Son fils chante faux. Il est déçu. → .....

d | Ils ne m'invitent pas à leur fête. Je suis triste. → .....

4 **Subjonctif ou infinitif ? Terminez les phrases suivantes comme dans l'exemple.**
Exemple : *Je suis ravie (il/venir) ..... . → Je suis ravie qu'il vienne.*

a | Nous sommes émus (nous/partir) ..... .

b | Je suis gêné (il/payer) ..... .

c | Tu es énervé (elle/être en retard) ..... .

d | Je suis soulagée (je/rentrer) ..... .

PRODUCTION ÉCRITE

5 **Vous avez rencontré une personne parfaite/horrible. Décrivez les sentiments que vous ressentez.**
Exemple : *Je suis heureuse qu'il soit grand. Je suis soulagée qu'il parle français.*

PHONÉTIQUE Prononcer *tout, toute, tous, toutes*

Cahier unité 7 d'activités

ÉCHAUFFEMENT

1 a Observez et écoutez les expressions suivantes.
Les mots soulignés se prononcent de combien de façons différentes ? 33

a | tout le monde
b | tous les jours
c | toute la nuit
d | toutes les personnes

b Réécoutez. Dans les mots soulignés, barrez la lettre ou les lettres qui ne se prononce(nt) pas.
Exemple : tout le monde

FONCTIONNEMENT

2 Complétez avec *tout, toute, tous* et *toutes*.

- ..... et ..... ont la même prononciation et se prononcent [tu].
- .... et ..... ont la même prononciation et se prononcent [tut].
- On ne prononce pas le ***s*** final de ..... et ..... .

REMARQUE
Quand ***tout*** est suivi d'un mot qui commence par une voyelle ou un *h*, on doit faire la liaison :
Tout a bien marché ? *À tout à l'heure !*

ENTRAÎNEMENT

3 Lisez ces phrases à voix haute puis écoutez-les pour vérifier votre prononciation. 34

a | J'ai tout le temps faim.
b | Je suis fatigué, j'ai travaillé toute la journée.
c | Tout a changé.
d | Il part en vacances à Ibiza tous les ans.
e | Julie et Theresa ? Oui, je les connais bien toutes les deux.
f | Tout est super ici !

4 Dictée. Écoutez et écrivez. Vérifiez votre travail à l'aide de la transcription p. 207. 35

5 À vous ! Écrivez sur votre cahier deux phrases avec, au choix, *tout, toute, tous* ou *toutes*. Dictez ces deux phrases à votre voisin(e) qui doit les recopier sur son cahier. Ensuite, vérifiez son travail.

L'ESSENTIEL GRAMMAIRE/VOCABULAIRE

1 Les pronoms et adjectifs interrogatifs. Complétez les phrases avec un mot interrogatif.

a | ..... de ces hommes est le suspect ?
b | ..... de ces chansons est de Mika ?
c | ..... chanson écoutes-tu pour t'endormir ?
d | ..... de ces prénoms sont démodés ?
e | ..... film as-tu vu cinq fois ?

2 L'expression des sentiments. Complétez les phrases. Utilisez le sujet indiqué entre parenthèses.
Exemple : *(Je) Mes amis sont tristes...* → *Mes amis sont tristes que je parte à l'étranger.*

a | (Tu) Je suis déçue .....
b | (Je) Je suis heureux .....
c | (Nous) Vous êtes étonnés .....
d | (Vous) Vous êtes fiers .....
e | (Je) Tu es inquiet .....

3 Le caractère. Citez :

a | une qualité qui commence par la lettre C.
b | un défaut qui commence par la lettre P.
c | une émotion qui commence par la lettre E.
d | une qualité qui commence par la lettre S.
e | un défaut qui commence par la lettre T.

4 Le physique. Complétez le texte avec les mots suivants et faites l'accord quand c'est nécessaire : *frisé – gai – châtain – beau – moustache – long – super – agressif*
Ma belle-sœur est quelqu'un de très ..... , elle est toujours de bonne humeur et sourit tout le temps. En plus, c'est une ..... femme : elle a de ..... cheveux ..... et ..... . Je la trouve ..... . Je ne sais pas pourquoi elle a épousé mon frère : il s'énerve facilement, je le trouve aussi très ..... et il porte une affreuse ..... .

ATELIERS

1 CRÉER UN TEST PSYCHOLOGIQUE SUR LE CARACTÈRE

Vous allez réaliser un test psychologique pour mieux connaître le caractère des élèves de la classe. Prenez exemple sur le test de l'unité 4, page 60.

Démarche

Formez des groupes de quatre.

1 Préparation

- En groupe, choisissez deux traits de caractère que vous allez tester (exemples : *la patience, l'impatience, l'optimisme, le pessimisme,* etc.)
- Vérifiez que chaque groupe travaille sur un trait de caractère différent.
- Rédigez cinq questions. Pour chaque question proposez deux réponses possibles (a) et (b).
- Rédigez un texte pour présenter les deux profils : profil (a) et profil (b).

2 Réalisation

- Chacun va poser ses questions aux autres élèves.
- Rassemblez vos réponses par équipe.
- Rédigez un rapport qui présente les résultats de votre test.

3 Présentation

- Quel est le tempérament des élèves de votre classe ? Vous présentez votre rapport à la classe. Vous pouvez l'accompagner d'illustrations ou de statistiques.

2 CRÉER SON AVATAR SUR INTERNET

ATELIER TECH

Vous allez créer votre avatar sur internet.

Démarche

Travail individuel.

1 Préparation

- Recherchez un site internet francophone permettant de créer son avatar. Vous pouvez par exemple aller sur http://www.lacartoonerie.com/widgets/avatar_widget.php

2 Réalisation

- Pour créer votre avatar, vous devrez choisir votre corps, votre visage, vos cheveux, vos accessoires, vos vêtements ainsi qu'un arrière-plan. Entrez ces critères physiques dans le logiciel.

(Vous n'êtes pas obligé de réaliser un avatar qui vous ressemble ! Imaginez ce qui vous fait plaisir.)

- Enregistrez votre avatar puis téléchargez l'image.

3 Présentation

- Présentez maintenant à la classe l'avatar que vous avez créé. Décrivez-le et expliquez pourquoi vous avez choisi de réaliser ce type de personnage.

Le portrait au 20e siècle

1 Associez chaque œuvre à son auteur et à son titre.

a | Suzanne Valadon, *Portraits de famille* (1912)
b | Fernand Léger, *L'homme au chapeau bleu* (1937)
c | Niki de Saint Phalle, *Femme au chien* (1986)
d | Raymond Depardon, *Autoportrait* (1959)
e | Ossip Zadkine, *Buste de jeune fille* (1914)
f | Agnès Varda, *La famille Yang* (1957)

2 Choisissez une œuvre et décrivez-la. Dites ce que vous ressentez quand vous la regardez.

1

2

3

4

5

6

L'ACTU EN DIRECT

Objectifs

- Structurer son propos
- Reprocher quelque chose
- Faire une critique positive ou négative

Tu es au courant ?

A Les nouveaux supports de l'info

COMPRÉHENSION ÉCRITE

Entrée en matière

1 Comment vous informez-vous sur l'actualité ?

Lecture

2 Quel support choisissent de plus en plus les Français pour lire la presse ?

3 Avec quel outil la majorité des Français consultent la presse en ligne ?

4 Quelle est la différence d'usage entre la tablette et le smartphone ?

PRODUCTION ORALE

5 Préférez-vous lire le journal papier ou le journal numérique ? Pourquoi ?

6 Utilisez-vous beaucoup votre téléphone pour lire sur internet ? Pourquoi ?

7 Quels sites d'information consultez-vous ?

B Le journal *La Presse* passe au numérique 36

COMPRÉHENSION ORALE

« Alors les journaux papier sont encore là, bien sûr. »

Entrée en matière

1 Lisez la phrase extraite du document.
Pensez-vous que les journaux papier vont disparaître ?

1re écoute (en entier)

2 Ce document est :
a | un débat. b | une chronique. c | un reportage.

3 Dans ce document, on parle du journal français *L'Équipe* et d'un journal :
a | belge. b | suisse. c | canadien.

2e écoute (en entier)

4 Comment s'appelle l'émission ?

5 Que doivent faire les journaux papier d'après la journaliste ?

6 Que vient d'annoncer le quotidien *La Presse* ?

PRODUCTION ORALE

7 Y a-t-il des journaux 100 % numérique dans votre pays ? Lesquels ?

C L'évolution des médias

Depuis l'arrivée des écrans dans nos vies, nous ne suivons plus l'actualité de la même manière. Avant, on regardait le JT[1], on lisait le journal (en papier) et on écoutait la radio. Maintenant, comme internet a transformé notre quotidien, l'information a beaucoup évolué. Voici un panorama des nouveaux outils et formats de l'actualité.

D'abord, l'information est devenue instantanée : aujourd'hui, on peut suivre l'actualité en direct sur internet. Ensuite, avec les flux RSS, on peut lire en temps réel les informations de médias qui nous intéressent. Mais, à cause de la grande masse de données sur le net, nous sommes souvent perdus : moins de la moitié des articles publiés sur internet sont lus en entier. Pour régler ce problème, les médias en ligne ont un nouvel outil : la *datavisualisation* qui permet de représenter en images des données statistiques. Grâce aux images, les internautes comprennent mieux les informations, c'est pourquoi la *datavisualisation* rencontre un grand succès.

Enfin, tout le monde peut prendre la parole sur les grands sites d'information grâce aux blogs et aux espaces de commentaires. Les citoyens peuvent facilement informer, partager leurs savoirs, témoigner, réagir… Les outils numériques ont donc transformé le monde de l'information, mais la révolution ne fait que commencer. Comment nous informerons-nous dans 50 ou 100 ans ?

Source : www.meta-media.fr

1 Journal télévisé.

COMPRÉHENSION ÉCRITE

Entrée en matière

1 **Observez l'image. Décrivez la situation.**

Lecture

2 **Comment s'informait-on avant l'arrivée d'internet ?**

3 **Comment est devenue l'information ?**

4 **Que peut-on faire grâce aux flux RSS ?**

5 **Quel est l'avantage de la *datavisualisation* ?**

6 **Qu'ont apporté les blogs et les espaces de commentaires ?**

Vocabulaire

7 **Trouvez dans le texte un synonyme de :**

a | s'informer
b | une grande quantité d'informations
c | parler de son expérience

PRODUCTION ÉCRITE

8 **Faites une courte présentation de la presse écrite de votre pays. Quels sont les principaux journaux et magazines ? Lesquels préférez-vous ?**

Pour structurer son propos

- Pour commencer, je vais parler des journaux nationaux.
- C'est l'occasion de parler de la presse numérique.
- D'abord, …
- Après …
- Ensuite, …
- Enfin, …
- Pour finir, …

GRAMMAIRE > la cause et la conséquence

Cahier unité 8 d'activités

ÉCHAUFFEMENT

1 Dans les phrases suivantes, dites si les mots en gras expriment une cause ou une conséquence.

a | **Comme** internet a transformé notre quotidien, l'information a beaucoup évolué.

b | **À cause de** la grande masse de données sur le net, nous sommes perdus.

c | Les outils numériques ont **donc** transformé le monde de l'information.

d | Les internautes comprennent mieux les informations, **c'est pourquoi** la datavisualisation rencontre un grand succès.

e | Tout le monde peut prendre la parole **grâce aux** blogs.

FONCTIONNEMENT

Emploi des expressions de cause et de conséquence

La cause	**Parce que** se met généralement en milieu de phrase. On peut aussi utiliser **car** : *Je ne lis pas le journal papier* ***parce que/car*** *je le lis sur internet.*
	Comme introduit la cause en début de phrase : ***Comme*** *je n'ai pas de smartphone, je lis la presse sur mon ordinateur.*
	À cause de + nom introduit une cause négative ou neutre : *Je suis arrivé en retard* ***à cause d'****un problème dans le métro.*
	Grâce à + nom introduit une cause positive : ***Grâce à*** *ce magazine, je suis toujours bien informé des dernières infos.*
La conséquence	**Donc / Par conséquent / Alors** (oral) : *Il a oublié d'acheter le journal,* ***donc*** *il est ressorti.* **C'est pourquoi / C'est pour cela que / C'est pour ça que** (oral) : *Il y a trop de publicité dans le journal,* ***c'est pourquoi*** *je ne l'achète plus.*

ENTRAÎNEMENT

2 Complétez par une expression de cause (plusieurs réponses possibles).

a | ….. tu étais en retard, j'ai acheté le journal.

b | ….. internet, on peut mieux s'informer.

c | Je suis rentrée plus tôt ….. j'étais fatiguée.

d | On ne peut pas lire ce journal dans le métro ….. son grand format.

3 Complétez les phrases avec *grâce à* ou *à cause de*.

a | Les journaux papier sont en difficulté ….. internet.

b | Quelques journaux ont plus de lecteurs ….. leur site en ligne.

c | ….. la presse en ligne, on peut améliorer son français.

d | Les journalistes trouvent moins facilement du travail ….. la crise.

4 Complétez le texte avec des expressions de cause et de conséquence (plusieurs réponses possibles).

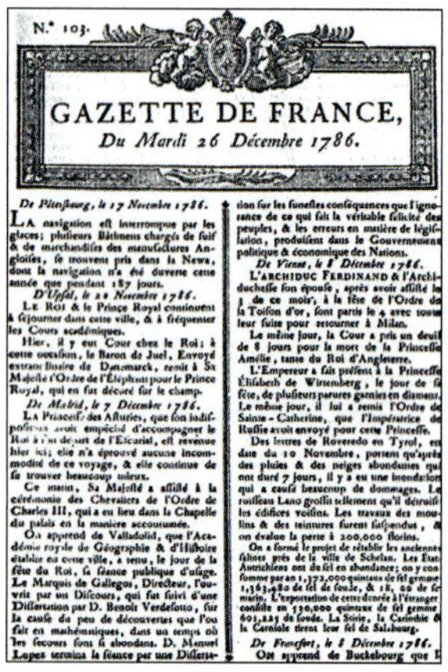
N.° 103.

GAZETTE DE FRANCE,

Du Mardi 26 Décembre 1786.

Le premier numéro de la *Gazette* est sorti en 1631, c'est ….. un des premiers journaux français. Le roi Louis XIII a demandé à son médecin Théophraste Renaudot de créer un journal ….. il voulait informer les citoyens. La *Gazette* paraissait tous les samedis. ….. c'était un succès, elle est devenue quotidienne en 1792. ….. la concurrence des autres journaux, la *Gazette* a disparu en 1915.

PRODUCTION ÉCRITE

5 Sur le modèle du texte de l'exercice 4, racontez l'histoire d'un journal de votre pays et utilisez au moins deux expressions de cause et/ou de conséquence.

VOCABULAIRE > l'info, la presse

Activités unité 8 cahier + TNI

La presse écrite

l'article *(m.)*
le chapeau
le reportage
la rubrique
le scoop
la source
le titre
la Une

1 Complétez le schéma avec des mots de la liste ci-dessus.

Les types de publication

le journal local/régional/national
le magazine économique/culturel
la presse à scandale/*people*
la presse sportive/féminine
la revue politique

2 Lisez les titres de presse française suivants. Dites à quel type de publication ils correspondent.
a *Tennis magazine* – **b** *Public* – **c** *Le Parisien* – **d** *L'Expansion* – **e** *Le Monde diplomatique* – **f** *La Voix du Nord* – **g** *Glamour*

La fréquence de publication

hebdomadaire
mensuel
quotidien

3 Complétez les phrases suivantes avec *hebdomadaire – quotidien – mensuel*.
a | *La Libre Belgique* est un journal ..... car il paraît tous les jours.
b | *L'illustré* est une revue ..... suisse romande qui paraît tous les mercredis.
c | *Le Courrier de Floride* est un magazine ..... que les Francophones de Floride peuvent lire chaque mois.

4 Citez des journaux de votre pays, dites de quel type de publication il s'agit et à quelle fréquence ils sont publiés.

Les rubriques de l'info

les actualités nationales/internationales
le courrier des lecteurs
économie
faits divers
mode
politique
société
sport

5 À quelle rubrique appartiennent les titres d'articles suivants ?
a | Visite du Premier ministre sénégalais en France
b | La Bourse en bonne santé
c | C'est la rentrée des classes
d | Une femme retrouve son chien un an après
e | Victoire de l'OM contre Lyon
f | Sommet exceptionnel à New York
g | La *fashionweek* est ouverte

Les métiers de l'info

le/la journaliste
le/la photographe
le/la reporter

Informer, s'informer

être au courant
interviewer quelqu'un
publier un article
se tenir informé(e)
suivre les nouvelles/l'actualité/l'information

PRODUCTION ORALE

6 Trouvez une actualité et décrivez-la à l'aide du vocabulaire de cette page.

DOCUMENTS

D *L'Équipe* change de format

C'est la révolution pour les lecteurs de *L'Équipe* : le quotidien sportif abandonne son gigantesque format pour passer en *tabloïd*.

Le grand format, le journal sportif l'a adopté dès sa première publication en 1946 et pourtant, à partir de demain, le journal devient plus compact (38 x 28cm). Cette évolution, de nombreux lecteurs l'attendent. Les usagers du métro par exemple : ils reprochent à ce format d'être difficile à tenir sans gêner ses voisins aux heures de pointe[1]. D'autres lecteurs fidèles s'inquiètent déjà : moins de place, moins d'info ? La rédaction veut les rassurer : il y aura moins de sujets par page mais plus de pages. *L'Équipe* restera *L'Équipe*, célèbre pour ses belles photos ; l'information sera simplement mieux rangée, mieux contextualisée.

Cyril Linette, le directeur général du quotidien sportif, a expliqué que le grand format ne convient plus au public actuel. Ce n'est pas agréable de se retrouver face à une double page pleine d'informations.

Sources : www.rtl/actu.fr

1 Heure où il y a beaucoup de monde.

COMPRÉHENSION ÉCRITE

Entrée en matière

1 **Regardez la photo. À votre avis, quel type de journal est *L'Équipe* ?**

Lecture

2 **Comment est le nouveau format ?**

3 **Pourquoi les lecteurs du métro veulent ce changement ?**

4 **Qu'est-ce qui est célèbre dans *L'Équipe* ?**

5 **D'après le directeur de *L'Équipe*, pourquoi fallait-il changer le format ?**

Vocabulaire

6 **Trouver dans le texte un synonyme de *très grand*.**

Pour reprocher quelque chose

- Cela ne convient pas aux lecteurs.
- Ils reprochent au journal son grand format.
- Il ne faut pas garder ce format.
- Ce n'est pas bien/agréable de se perdre dans les informations.

PRODUCTION ÉCRITE

7 **Vous n'aimez pas la nouvelle version de votre magazine préféré. Écrivez un mail au directeur pour expliquer ce que vous reprochez à cette nouvelle formule.**

E

COMPRÉHENSION ÉCRITE

Lecture

1 **Décrivez les personnages de l'image. Que font-ils ?**

2 **Quel est l'avantage du nouveau format de *L'Équipe* selon la femme ? Et quel est son inconvénient ?**

3 **Que veut faire l'homme ?**

Vocabulaire

4 **Que signifie *faire l'unanimité* ?**

a | mettre tout le monde d'accord

b | trouver une solution

PRODUCTION ÉCRITE

5 **Imaginez le tweet que l'homme envoie.**

GRAMMAIRE > la place des pronoms COD et COI

Cahier unité 8 d'activités

ÉCHAUFFEMENT

1 Que remplacent les pronoms en gras dans les phrases suivantes ?

a | Les lecteurs, la rédaction veut **les** rassurer.

b | Le grand format, le journal sportif **l'**a adopté en 1946.

c | Les lecteurs fidèles, le directeur **leur** a promis plus de pages.

d | Ce nouveau journal, certains ne **l'**aiment pas.

2 Où sont placés les pronoms par rapport aux verbes dans chaque phrase ?

FONCTIONNEMENT

La place des pronoms COD et COI

3 Où placer les pronoms COD et COI ? Complétez avec *avant* ou *après*.

- Au présent, au futur, à l'imparfait et au conditionnel, le pronom COD ou COI se place ***avant*** le verbe :
*La télé, je **la regarde** souvent.*
- Au futur proche, au passé récent et au présent continu, le pronom COD ou COI se place ..... le verbe à l'infinitif :
*La radio, je **suis en train de l'écouter**.*
- Au passé composé, le pronom COD ou COI se place ..... l'auxiliaire *être* ou *avoir* :
*Le film d'hier, je ne **l'ai** pas **enregistré**.*
- Dans une phrase négative, le pronom se place aussi .... le verbe :
*La radio, je **ne l'**écoute pas beaucoup.*
*La télé, je préfère **ne pas l'**avoir à la maison.*

RAPPEL

	Pronoms COD	Pronoms COI
je	me/m'	me/m'
tu	te/t'	te/t'
il/elle	le/la/l'	lui
nous	nous	nous
vous	vous	vous
ils/elles	les	leur

REMARQUE

Dans une phrase avec deux pronoms :
- **COD** + **COI** à la 3e pers. du singulier et du pluriel. Exemple : *Je **le lui** ai dit. / Il **le leur** a dit.*
- **COI** + **COD** pour les autres personnes. Exemple : *Je **te le** donne. / Ils **nous la** donnent.*

ENTRAÎNEMENT

4 Remettez les mots dans l'ordre pour former des phrases.

a | Je / ai / émission. / recommandé / lui / cette

b | nous / Ils / dit. / ne / rien / ont

c | prêter / DVD. / Lucie / leur / va / son

d | lire / Tu / le / dois /.

e | Vous / de / n' / train / regarder. / pas / le / en / êtes

5 Transformez les phrases. Remplacez les mots soulignés par un pronom COD ou COI.

a | J'achète <u>le journal</u> tous les jours.

b | Maintenant, on peut lire <u>*L'Équipe*</u> dans le métro.

c | J'ai apporté le journal du jour <u>à ma mère</u>.

d | On va écrire un courriel <u>aux journalistes de la région</u>.

e | Le reporter a pris <u>mes parents</u> en photo pour illustrer son article.

6 Reliez les phrases de même sens.

a | Elle va recommander <u>ces 3 films</u> <u>aux lecteurs</u>.

b | Il a donné <u>le journal</u> <u>à ses collègues</u>.

c | Elle va recommander <u>cette série</u> <u>à Sonia</u>.

d | Il prête <u>ses lunettes</u> <u>à la journaliste</u>.

e | Il prête <u>sa tablette</u> <u>à sa sœur</u>.

f | Il a donné <u>son avis</u> <u>à la journaliste qui l'interviewait</u>.

1 | Elle va la lui recommander.

2 | Il les lui prête.

3 | Elle va les leur recommander.

4 | Il le lui a donné.

5 | Il le leur a donné.

6 | Il la lui prête.

F Les goûts télévisés des Français

37

COMPRÉHENSION ORALE

Entrée en matière

1 Regardez-vous la télé tous les jours ? Quelles émissions préférez-vous ?

2 Lisez la phrase extraite du document. Qu'est-ce qu'*un sondage* ?

« Il est question du dernier sondage. »

1re écoute (jusqu'à « appréciées des Français »)

3 Dites si c'est vrai ou faux :

a | L'étude « Quali TV » mesure la satisfaction des téléspectateurs.

b | Les émissions notées sont diffusées le soir vers 20 h 30.

c | L'étude parle des émissions que les Français regardent le plus.

2e écoute (de « Alors voyons » à la fin)

4 Quelle chaîne est la mieux notée ? Pourquoi ce résultat étonne la journaliste ?

5 Pour les magazines d'information, les Français préfèrent quelles thématiques ?

6 Quelle émission de divertissement obtient le meilleur résultat ?

Oh, le cliché !

« Les Français : sophistiqués et chics. »

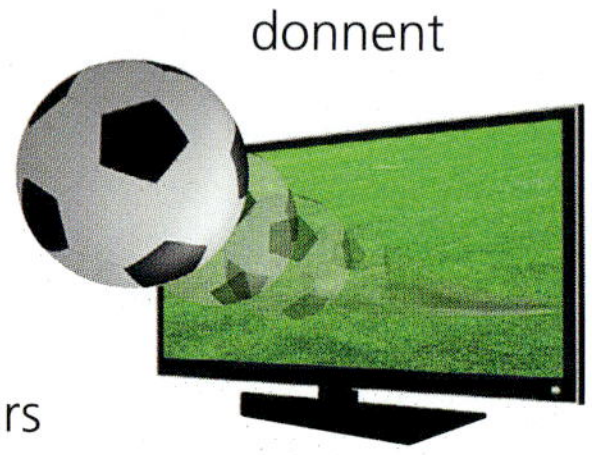

Les Français donnent une image de personnes cultivées, raffinées, peut-être grâce à la réputation de leurs musées, artistes et autres intellectuels.
Pourtant, à la télé, les Français regardent plutôt les matchs de foot, les séries américaines et les comédies françaises !

→ Et dans votre pays, quelle place est donnée à la culture ?

PRODUCTION ORALE >>> DELF

7 Voici le programme de télévision de ce soir.
À deux, vous discutez avec un(e) ami(e) pour décider quelle émission vous allez regarder.

France 2 2 2 2 2 2

20.55 T

Malaterra

Série (Fr, 2015). 110 mn. Avec Simon Abkarian, Constance Dollé, Louise Monot. (saison 1, 1 et 2/8).

► **Vous aviez adoré *Broadchurch*, son approche si humaine du polar, sa lenteur assumée ? Voici une adaptation française un brin paresseuse. Seuls changements : le paysage (la Corse remplace la côte anglaise) et le dénouement...**

LIRE pages 97 et 135.

France 5 5 5 5 5 5

20.40

La maison France 5

Magazine. 60 mn. Présentation : Stéphane Thebaut. L'émission se déroule dans le département de l'Hérault, en Languedoc-Roussillon. Inspirer : autour du bain. Rénover : un petit appartement dans le Marais. Choisir : le salon Batimat. Rêver : la maison réalisée par l'architecte d'intérieur Véronika Isker. Changer : créer un bureau/console TV entre une entrée et un séjour.

M6 6 6 6 6 6

20.55

Le meilleur pâtissier

Jeu. Présentation : Faustine Bollaert. Invité : Christophe Roussel. *Les gâteaux roulés.* Pâtissier chocolatier de renommée internationale, Christophe Roussel rejoint le jury. Les six pâtissiers amateurs vont montrer leur savoir-faire, notamment en réalisant un Krantz Cake, pâtisserie juive d'Europe de l'Est.

France 4 14 63 14 14 14

20.45

Bandidas

Western de Joachim Ronning et Espen Sandberg (USA/Fr, 2006). 105 mn. Avec Penélope Cruz, Salma Hayek, Steve Zahn.

► **Penélope et Salma braquent des banques dans le Mexique du XIXe siècle. Tentant ? Non !**

LCP 13 106 57 13 13

20.30

Questions d'info

Débat. Présentation : Yaël Goosz, Frédéric Haziza, Frédéric Dumoulin et Françoise Fressoz. Invités non communiqués.

21.30 Europe hebdo
21.45 La cité du livre

VOCABULAIRE > les médias, la radio, la télé

Activités unité 8 Cahier + TNI

Des médias francophones

France 24
France télévision
Radio Télévision belge francophone (RTBF)
Radio Canada
Radio Télévision suisse romande (RTS)
Radio France
Radio France internationale (RFI)
TV5Monde

1 De quel média francophone parle-t-on ?

a | Le groupe de chaînes de la télévision publique française : .....

b | Une station de radio et une chaîne de télé françaises internationales : ..... et .....

c | Les radios et télévisions publiques francophones de Suisse et de Belgique : ..... et .....

d | Une chaîne française d'information internationale en continu : .....

e | L'ensemble des stations de radio publiques françaises : .....

Les métiers de l'audiovisuel

le cameraman
le présentateur/la présentatrice
le réalisateur/la réalisatrice

La radio/La télévision

l'auditeur/l'auditrice
la chaîne
l'écran (*m.*)
le lecteur DVD
le poste de radio
la station de radio
la télécommande
le téléspectateur/la téléspectatrice

Les émissions d'information

le documentaire
le journal télévisé (JT)
le magazine d'information
la météo

Les émissions de divertissement

le dessin animé
l'émission (*f.*) de variétés
le jeu télévisé
la série

2 Lisez les noms de programmes télévisés. De quel type d'émission s'agit-il à votre avis ?

a | *Qui veut gagner des millions ?*

b | *Le 20 heures*

c | *Envoyé spécial : les secrets de la Corse*

d | *Plus belle la vie*

e | *L'âne Trotro*

La série télé

l'épisode (*m.*)
la saison
le scénario

PRODUCTION ORALE >>> DELF

3 Décrivez votre émission de télévision préférée. Dites quand elle est diffusée, de quoi elle parle, ce que vous aimez dans cette émission...

Devant la télé

allumer la télé
changer de chaîne
enregistrer un film
éteindre la télé
regarder une émission
zapper

4 Sélectionnez le bon verbe dans chaque phrase.

a | Je ne serai pas là ce soir, tu peux **enregistrer/regarder** ma série ?

b | Je suis fatiguée, **allume/éteins** la télé s'il te plaît.

c | Je déteste ce film, **change de/regarde la** chaîne.

d | Je veux voir la météo. Vite, **change/allume** la télé !

e | Je n'aime pas cette émission, est-ce que tu peux **enregistrer/zapper** s'il te plaît ?

G Quelles séries vont nous scotcher à l'écran ?

***Les Revenants*, le retour**

Vous êtes nombreux à avoir suivi la première saison de la série de zombies française. Elle est même diffusée aux États-Unis. L'image est belle, l'histoire est intelligente et le scénario très bien écrit. Voilà donc la saison 2, ne la ratez pas !

***Le Bureau des légendes*, saison 2**

J'ai été un peu déçu par la deuxième saison de la série sur les services secrets français. C'est un peu raté car il y a moins de suspense... Mais si vous êtes fan, regardez-la pour retrouver les acteurs qui sont très bien !

Dix pour cent

Voilà une nouvelle série très drôle à suivre sur France 2. Elle nous fait découvrir le monde des agents de comédiens. C'est passionnant ! En plus, des grands noms du cinéma français y participent. Profitez-en !

Quelques webséries à succès

Notons aussi que les webséries se multiplient sur internet. À cause de leur budget réduit, beaucoup de ces vidéos sont de qualité moyenne, souvent mal écrites et mal tournées, mais certaines sortent du lot, comme *Jeune diplômée* ou la websérie *Typique* qui nous arrive de Belgique. Une réussite et un grand succès chez nos voisins belges.

COMPRÉHENSION ÉCRITE

Entrée en matière

1 Regardez les affiches des séries et décrivez-les. À votre avis, de quoi parlent ces séries ?

1re lecture (en entier)

2 Lisez les critiques des trois séries. Laquelle est une série :

a | d'espionnage ? **b** | fantastique ? **c** | comique ?

2e lecture (en entier)

3 D'après le journaliste, quels sont les défauts et les qualités des trois séries ?

4 Pourquoi les webséries sont souvent de mauvaise qualité ?

Vocabulaire

5 Que signifient les expressions...

a | scotcher à l'écran ?

1. choquer 2. hypnotiser

b | sortir du lot ?

1. se faire remarquer 2. être identiques

PRODUCTION ÉCRITE >>> DELF

6 Vous avez vu un film cette semaine. Écrivez une critique sur le site www.allocine.com. Décrivez le film et donnez vos impressions (60 à 80 mots).

Au fait !

La vidéo à la demande, ou *VOD*, est une technique qui permet de regarder des vidéos de son choix depuis une plateforme numérique.

Pour faire une critique...

négative :
- Je trouve ça sans intérêt.
- C'est raté./C'est nul.
- C'est ennuyeux.
- C'est n'importe quoi.
- Ça ne me plaît pas./Ça ne m'a pas plu.
- C'est mal fait/mal écrit/mal...

positive :
- C'est réussi/une réussite !
- C'est passionnant.
- C'est un succès !

H Série 100% belge 8

COMPRÉHENSION AUDIOVISUELLE

Entrée en matière

1 Regardez l'image et lisez le titre. À votre avis, de quoi parle cette série ?

1er visionnage (en entier)

2 Que voit-on dans cette vidéo ? (plusieurs réponses)

a | Des présentateurs qui parlent d'une série.
b | Des extraits d'une série policière.
c | Des réactions de téléspectateurs sur une série.
d | Des extraits d'une série familiale.

2e visionnage (jusqu'à « c'est très malsain »)

3 Quel est le titre de la série ? Comment le journaliste explique ce titre ?

4 Dans la série, que reproche la dame à son fils devant le congélateur ? Comment l'homme réagit ?

3e visionnage (de « Christine... » à la fin)

5 Quel est le problème de Christine, Laurent et Nicolas ? Qu'arrive-t-il à leurs parents ?

Au fait !
Un *pitch* est un résumé très court du scénario d'un film. Son but est de donner envie d'aller voir le film.

6 Le pitch de cette série est :
a | commun. b | insolite.

PRODUCTION ORALE

7 Avez-vous envie de voir cette série ? Pourquoi ?

GRAMMAIRE > l'impératif et les pronoms

Cahier unité 8 d'activités

ÉCHAUFFEMENT

1 Observez les pronoms dans ces phrases. Où sont-ils placés par rapport au verbe ?
a | Allez-**y**. b | Ne **la** ratez pas. c | Profitez-**en**.

FONCTIONNEMENT

L'impératif et les pronoms

2 Complétez les phrases avec *avant* ou *après*.
À l'impératif affirmatif :
- le pronom se place ….. le verbe et on ajoute un tiret (-) : *Dis-**lui** que cette série est super.*
- On utilise **moi** et **toi** au lieu des pronoms **me** et **te** : *Donne-**moi** ça ! Lève-**toi**, tu caches l'écran !*
- Avec les pronoms **en** et **y**, on ajoute un **-s** à la 2e personne de l'impératif des verbes en **-er** pour faciliter la prononciation : *Penses-**y** !*

À l'impératif négatif, le pronom se place ….. le verbe et les pronoms ne changent pas de forme :
*Le DVD est sur la table, **ne l'**oublie **pas**. **Ne m'**appelle **pas** pendant le JT !*

REMARQUE
À l'impératif, on peut utiliser deux pronoms dans une phrase. On met le pronom **COD** après le verbe, puis on place le pronom **COI**. Exemple : *Donne-**moi** **le programme TV** ! → Donne-**le**-**moi** !*

ENTRAÎNEMENT

3 Transformez les phrases et remplacez les mots soulignés par un pronom.
a | Allume <u>la télé</u> !
b | Prends <u>des DVD</u> !
c | Ne dis pas <u>à mes amis</u> que je regarde cette série !
d | Va <u>au festival du documentaire</u> !
e | Regarde <u>l'épisode</u>, tu verras si ça te plaît.

unité 8 L'actu en direct

PHONÉTIQUE L'impératif : prononcer le *s* ajouté avec *en* et *y*

Cahier d'activités unité 8

ÉCHAUFFEMENT

1 Écoutez. Dans quelles phrases entendez-vous une liaison en [z] ? 38

a ❏ b ❏ c ❏ d ❏

2 Écoutez de nouveau et observez. Comparez les verbes à l'impératif. Quelles différences voyez-vous ? 38

a | **Va** au kiosque acheter *L'Équipe*, s'il te plaît.

b | **Vas-y** vite ! Le kiosque va fermer.

c | **Regarde** trois minutes de cette série.

d | **Regardes-en** juste trois minutes, tu vas adorer.

FONCTIONNEMENT

3 Complétez la règle.

À la 2e personne du singulier, les **verbes en -er** à l'impératif ne finissent pas par ***s***, mais pour prononcer plus facilement, on ajoute un ***s*** à la fin quand ils sont suivis des pronoms ***y*** et ….. .

ENTRAÎNEMENT

4 Écoutez et répétez les phrases. 39

5 Ajoutez un *s* à la fin des impératifs quand c'est nécessaire. Écoutez ensuite l'enregistrement et lisez la transcription pour vérifier vos réponses. 40

a | Tu as vu ce nouveau magazine ? Lis…-en un article et donne…-moi ton opinion.

b | On regarde quel film ce soir ? Choisis…-en un.

c | Tu écris des emails d'invitation à ta fête ? Envoie…-en aux collègues aussi.

d | Il y a de super jeux sur mobile, télécharge…-en deux ou trois ; pense…-y !

6 Réutilisez les impératifs de l'activité 4 dans des phrases.

Exemple : *Je ne suis pas là ce soir, tu pourras regarder le foot, profites-en !*

L'ESSENTIEL GRAMMAIRE/VOCABULAIRE

1 La cause et la conséquence. Complétez les phrases avec : *comme – à cause de – grâce à – donc.*

a | Je suis libre ce soir ….. on peut regarder un film.

b | ….. cette émission francophone, j'ai fait des progrès en français.

c | ….. il fait beau, j'éteins la télé et je sors.

d | Le magasin était fermé, ….. je n'ai pas fait les courses.

e | J'ai mal dormi ….. ce film.

2 Les pronoms COD et COI. Répondez par oui ou non et utilisez un pronom COD ou COI.

a | Vous lisez les journaux français ?

b | Tu as acheté le journal ?

c | Tu connais la nouvelle reporter de TV5Monde ?

d | Il a répondu au journaliste ?

e | Vous avez écrit cet article ?

3 L'info, la presse. Complétez les phrases avec : *articles – correspondante – Une – magazine – reportage – rubrique*

Portrait d'une journaliste

Svetlana travaille pour un ….. belge d'information. Elle est ….. à Moscou et elle écrit des ….. pour la ….. économique. L'année dernière, elle a découvert un scoop et son ….. a été publié à la ….. de son journal.

4 Les médias, la radio, la télé. Complétez les phrases avec le bon mot.

a | J'adore cette série. J'ai vu tous les épisodes de la première **s**…..

b | C'est toujours toi qui as la **t**….., c'est mon tour de choisir la chaîne.

c | Tu as vu la **m**….. , est-ce qu'il va pleuvoir ?

d | C'est le nouveau **p**….. du journal télé.

e | Tu peux regarder la télé jusqu'à 21 h, après tu l'**é**….. .

ATELIERS

1 RÉALISER UN COMPTE RENDU DES CHIFFRES DE LA SEMAINE

Vous allez présenter un sondage, une étude.

Démarche

Formez des groupes de deux à trois.

1 Préparation

- En classe, faites la liste des rubriques qui vous intéressent. Exemples : *le sport, l'économie, les sujets de société, les médias, la politique...*
- Chaque groupe choisit une rubrique.

2 Réalisation

- Individuellement, lisez la presse francophone et sélectionnez une étude, un sondage ou une statistique qui correspond à votre rubrique.
- En groupe, mettez en commun vos résultats et sélectionnez une étude ou un sondage.
- Cherchez une infographie qui permettra de mieux visualiser les résultats chiffrés.
- Préparez votre présentation. N'oubliez pas de citer vos sources.

3 Présentation

- Présentez votre compte rendu à la classe.

2 RÉALISER UNE CHRONIQUE SUR UNE SÉRIE FRANCOPHONE

ATELIER TECH'

Vous allez préparer une chronique sur une série et l'enregistrer pour la publier sur internet.

Démarche

Formez des groupes de deux à trois.

1 Préparation

- Faites des recherches sur les séries francophones. Cherchez des séries que vous pouvez voir en ligne.
- En classe, mettez en commun les résultats de vos recherches.
- Chaque groupe sélectionne une série.

2 Réalisation

- Regardez quelques épisodes ou des extraits de cette série.
- Faites des recherches sur l'histoire, les acteurs, les scénaristes...
- Préparez une présentation de cette série avec : un résumé de l'histoire, la durée des épisodes, une critique de la série, comment et où la regarder...
- Enregistrez votre chronique avec un téléphone.

3 Présentation

- Présentez votre travail à la classe.
- Publiez votre chronique ainsi que des photos de la série sur le réseau social de votre choix.

Stratégies Compréhension de l'oral

Ces stratégies vont vous être utiles pour préparer le DELF A2 (cf. épreuve blanche p. 181) et réussir cet examen. L'épreuve dure 25 minutes.

Que devez-vous faire ?

Répondre à des questions sur 4 documents enregistrés que l'on rencontre dans la vie de tous les jours. Ces questions portent sur les informations principales.
On va vous demander : *qui parle ? À qui ? De quoi ? Pourquoi ? Où ? Quand ? Comment ?*

- 1er exercice : vous montrez que vous avez compris les instructions données dans une annonce diffusée dans un lieu public (aéroport, gare, magasin, etc.).
- 2e exercice : vous cherchez les informations essentielles d'un message personnel ou professionnel sur répondeur.
- 3e exercice : vous repérez les informations principales dans un flash info radiophonique, un bulletin météo, une publicité, etc.
- 4e exercice : vous identifiez globalement le contenu d'une conversation de la vie quotidienne (dans un magasin, dans un immeuble, dans la rue, etc.) entre deux francophones.

Quelques conseils pour vous aider

- Lisez bien la consigne qui se trouve avant chaque exercice : on vous indique dans quelle situation vous entendez cette annonce (« vous êtes à la gare à Paris »), ce flash info (« vous êtes en France et vous écoutez la radio »), etc.
- Lisez attentivement les questions avant l'écoute pour découvrir le sujet du document sonore et pour pouvoir vous concentrer sur les informations que vous allez devoir chercher.
- N'oubliez pas que vous allez entendre 2 fois chaque document sonore. Vous allez pouvoir compléter ou modifier vos réponses.
- Il y a beaucoup de chiffres à noter, alors révisez-les bien avant l'examen !

Préparation au DELF A2

Entraînez-vous à L'EXERCICE 3 *6 points* 41

Sujet : Vous écoutez une radio française. Répondez aux questions.

1 Quel type de programme écoutez-vous ?

❏ Un flash info. ❏ Une publicité. ❏ Une interview.

2 De quoi parle ce programme ?

❏ 

❏ 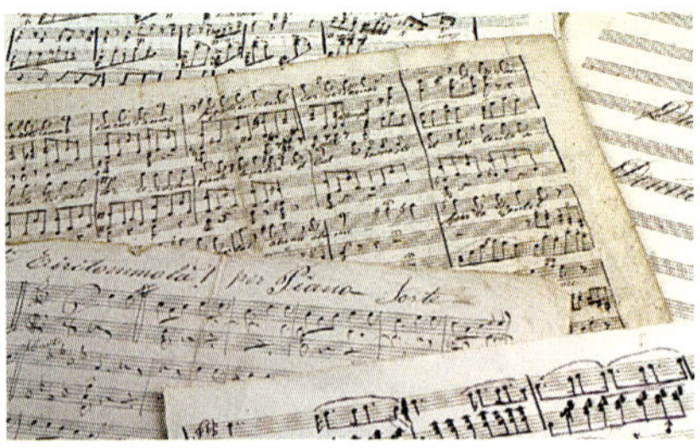

❏ 

3 À qui est-ce qu'on parle dans ce programme ?

On parle à des jeunes entre ..... et ..... ans.

4 Pourquoi est-ce qu'on parle à des jeunes dans ce programme ?

❏ Pour leur donner envie de faire de la musique avec d'autres jeunes.
❏ Pour leur donner des informations sur un spectacle.
❏ Pour leur proposer de rencontrer une star.

5 À quel numéro peut-on se renseigner ? Complétez. 01 ..... 71 ....

6 L'activité proposée à ces jeunes... ❏ est gratuite. ❏ coûte 10 euros. ❏ coûte 20 euros.

CONSOMMER AUTREMENT

Objectifs

- Répondre à une annonce
- Exprimer un souhait, un désir
- Parler de situations imaginaires

Ça vous dirait de faire un échange ?

A Bouger, manger, se loger… sans posséder

blog tendances

Tendances du jour | Tendances conso | Communauté | Projets | Evénements | Rechercher

TENDANCES CONSO

La consommation collaborative

Depuis quelques années, la consommation collaborative s'est beaucoup développée grâce à des sites spécialisés sur le web.
On partage un trajet en voiture, on échange son logement le temps des vacances, on troque des vêtements d'occasion, on se réunit pour acheter en commun et obtenir un meilleur prix.
Certains sites internet permettent de mettre en commun ou de louer entre voisins un coin de jardin, une perceuse ou d'autres équipements pour une journée ou plus. L'important est de pouvoir utiliser un produit plus que de le posséder. Cette nouvelle économie touche presque tous les secteurs d'activité : transports, services, voyages…

COMMENTAIRES

Ben

Bonjour, merci pour cet article. Je souhaiterais ajouter une chose : si comme moi, vous voyagez souvent, vous devriez essayer un service comme BlaBlaCar pour le transport. C'est simple et économique. Réservez votre place en ligne dans la voiture d'un particulier et voyagez moins cher !

➡ Répondre

AlexCoco

Ben, tu devrais aussi essayer le « couchsurfing ». Tu aurais la possibilité de te loger gratuitement dans le monde entier et, surtout, tu pourrais partager le quotidien et les conseils des habitants de la ville ou du pays que tu visites.

➡ Répondre

COMPRÉHENSION ÉCRITE

Entrée en matière

1 Observez l'image. Nommez les objets que vous reconnaissez.
2 Selon vous, que font ces personnes ?

Lecture

3 Qu'est-ce que la consommation collaborative ? Trouvez dans le texte les verbes pour la définir.
4 Comment s'est-elle développée ?
5 Quels sont les conseils de Ben et d'AlexCoco ?

PRODUCTION ORALE

6 Préférez-vous acheter, louer ou partager certains objets ? Pourquoi ?
7 Quels types de produits et de services recherchez-vous sur internet ? Quels sites consultez-vous ?

B Une économie en plein boom

COMPRÉHENSION ÉCRITE

Lecture

1 Observez ce nuage de mots. Répondez aux questions suivantes :

a | Quels sont les mots et expressions en commun avec le document A ?

b | Complétez ce nuage avec des mots sur le thème de la consommation collaborative.

PRODUCTION ÉCRITE

2 Depuis quelques mois, la consommation collaborative est devenue votre nouveau mode de vie. Sur votre blog, vous expliquez comment votre vie a changé. Utilisez au moins 6 mots ou expressions du nuage de mots.

C En ligne, tout est possible

42

« Je vous appelle au sujet de l'annonce. »

YakaSaider
Echange de services entre particuliers

RECHERCHER | COMMENT ÇA MARCHE ? | EXEMPLES DE SERVICES | CONNEXION | INSCRIVEZ-VOUS | je m'inscris maintenant

Yakasaider vous met en contact pour partager des activités, louer et échanger des biens ou des services entre inconnus, à proximité de chez vous.

Annonces du jour

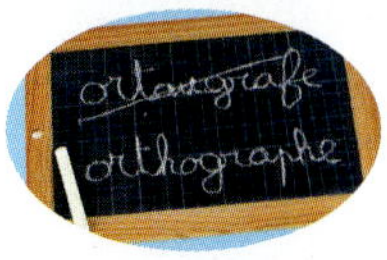

Améliorez votre français contre des cours de cuisine : ça vous dirait de faire un échange ? Contactez Lucie au 06.98.34.26.98 ou par mail à lucie34@gmail.com

Loue deltaplane d'une largeur de 9 m 50, très léger, très simple d'utilisation, démonstration possible. 25 €/h. Contactez Julien au 07.10.14.06.25 ou par mail à loulou@yahoo.fr

COMPRÉHENSION ORALE

Entrée en matière

1 Observez la page web. Comment s'appelle le site ? Quel bien et quel service sont proposés ?

1re écoute (en entier)

2 De quelle annonce s'agit-il ?

3 Quelles informations entendez-vous sur :

a | la date
b | la durée
c | l'heure
d | le coût

2e écoute (en entier)

4 Pourquoi les deux personnes se rappelleront-elles dans quelques jours ?

5 Quelle est la dernière demande de la personne intéressée par l'annonce ?

PRODUCTION ORALE >>> DELF

6 À deux. L'annonce de Lucie vous intéresse. Vous l'appelez pour lui demander des informations.

PRODUCTION ÉCRITE

7 Vous avez loué le deltaplane. Vous envoyez un courriel à Julien pour le remercier et lui demander si vous pouvez le louer de nouveau le week-end prochain.

Pour répondre à une annonce

- Je suis très intéressé(e) par votre annonce.
- Je voudrais échanger/louer…
- On pourrait se voir/se rappeler/se retrouver…
- J'aimerais savoir si on pourrait échanger…
- Vous me feriez un petit prix ?

GRAMMAIRE > le conditionnel présent (1)

ÉCHAUFFEMENT

1 Trouvez les verbes conjugués au conditionnel présent et retrouvez leur infinitif.

a | Vous devriez essayer un service comme BlaBlaCar pour le transport.

b | Je souhaiterais ajouter une chose.

c | Ça vous dirait de faire un échange ?

d | Pourriez-vous me dire comment utiliser votre deltaplane ?

FONCTIONNEMENT

Le conditionnel présent

2 Relisez les phrases de l'échauffement et complétez.

On utilise le conditionnel présent pour :

a | Demander poliment : phrase ***d***

b | Donner un conseil : phrase …

c | Faire une proposition : phrase …

d | Exprimer un souhait : phrase …

Formation

Comme le futur simple, le conditionnel se forme sur l'**infinitif du verbe**.

On ajoute à l'infinitif les terminaisons **-ais**, **-ais**, **-ait**, **-ions**, **-iez**, **-aient** :

*aimer : j'**aimerais***   *finir : je **finirais***   *prendre : je **prendrais***

REMARQUES

• Il y a quelques exceptions, les mêmes verbes qu'au futur :

avoir : **j'aurais, tu aurais…**

être : **je serais, tu serais…**

faire : **je ferais, tu ferais…**

aller : **j'irais, tu irais…**

voir : **je verrais, tu verrais…**

savoir : **je saurais, tu saurais…**

devoir : **je devrais, tu devrais…**

pouvoir : **je pourrais, tu pourrais…**

venir : **je viendrais, tu viendrais…**

il faut : **il faudrait**

• On emploie souvent le conditionnel avec les verbes **pouvoir**, **vouloir** et **devoir** pour être plus poli :

***Pourriez**-vous me dire comment trouver un cours de langue ? **Voudriez**-vous un café ? Tu **devrais** lui expliquer la situation.*

ENTRAÎNEMENT

3 Conjuguez les verbes entre parenthèses au conditionnel.
Dites si c'est une demande polie, un conseil, une proposition ou un souhait.

Exemple : *Je (souhaiter) **souhaiterais** louer une maison cet été.* (un souhait)

a | Vous (avoir) ….. deux euros à me prêter, s'il vous plaît ?

b | Tu cherches une colocation ? Tu (devoir) ….. consulter ce site.

c | Il (aimer) ….. bien acheter une veste en cuir d'occasion.

d | Tu (vouloir) ….. venir avec moi en vacances ?

e | À ta place, je (lire) ….. les petites annonces pour trouver une baby-sitter.

f | (pouvoir) …..-tu m'aider, s'il te plaît ?

g | Ça t'(intéresser) ….. de louer des vélos cet après-midi ?

PRODUCTION ÉCRITE >>> DELF

4 Vous avez reçu ce mail de votre ami Akim. Vous lui répondez.
Vous lui faites des propositions et lui donnez des conseils pour l'aider (60 à 80 mots).

Salut,
Comme tu le sais, je viens d'acheter une maison et j'ai encore beaucoup de choses à faire : je dois acheter des meubles, des objets pour la décoration, du matériel pour faire du bricolage… Cela coûte très cher ! Et je ne te parle pas du jardin… Est-ce que tu aurais des idées pour m'aider ?
A+
Akim

VOCABULAIRE > la consommation

Activités unité 9 cahier + TNI

Consommer

acheter
dépenser
donner
échanger
économiser
louer
partager
participer
payer
prêter ≠ emprunter
troquer
vendre/revendre

1 Complétez les phrases avec un des verbes suivants : *revendre – louer – emprunter – prêter – économiser*

a | Léo a oublié son porte-monnaie. Il m'a demandé de lui ….. 20 €.
b | Je dépense trop : je dois absolument ….. pour partir en vacances !
c | ….. mes livres sur internet ? Pourquoi pas ?
d | Je vais ….. la bicyclette de mon voisin pour le week-end.
e | ….. du matériel en ligne sur ce site est très simple.

2 Pour chaque nom, retrouvez le verbe correspondant.

Exemple : *l'échange* → *échanger*
a | la location → …
b | le partage → …
c | la participation → …
d | l'achat → …
e | le don → …
f | le troc → …

Le produit

cher
donné = offert = en cadeau
en échange
en promotion = soldé = en solde
gratuit
neuf ≠ d'occasion
payant

PRODUCTION ORALE

3 Avez-vous déjà acheté des objets d'occasion ? Lesquels ?

Les personnes

l'acheteur
le client
le consommateur
l'entreprise *(f.)*
le loueur
le particulier
l'utilisateur
le vendeur

4 Trouvez le féminin des mots suivants :

a | le consommateur → …..
b | le client → …..
c | le vendeur → …..
d | l'acheteur → …..
e | l'utilisateur → …..

Quelques secteurs d'activité

l'habillement *(m.)*
le logement
la restauration
les services *(m.)*
les transports *(m.)*
les voyages *(m.)*

5 De quels secteurs d'activité s'agit-il ?

6 Complétez le texte avec les mots suivants et mettez au pluriel quand c'est nécessaire : *entreprise – voyage – particulier – secteur – consommation – service*

Des ….. très variés sont concernés par cette nouvelle économie : transports, ….., restauration, etc. En Europe, il existe un grand nombre d'….. liées à la ….. collaborative, comme BlaBlaCar, un ….. de covoiturage très utilisé par les ….. .

DOCUMENTS

D Une rue, une boîte, des échanges

Comment faire vivre nos rues, créer des rencontres et des échanges entre de parfaits inconnus ?

Les « Boîtes d'échanges entre voisins » créent un lien social et culturel entre habitants d'un quartier en créant des opportunités d'échanges, de rencontres, en permettant aux habitants de donner des objets qu'ils n'utilisent plus. Le principe est tout simple : prendre quelque chose et/ou déposer quelque chose ! Des livres, CD, DVD, jeux, jouets ou tout autre objet. C'est un projet qui explore les échanges entre voisins. Il amène de la vie, de la solidarité dans le quartier, un sentiment d'appartenance et d'implication dans la vie locale.

Art urbain et création de situation, les boîtes sont simplement posées là, à la disposition des habitants. Que va-t-on y trouver ? L'objet déposé est-il encore là ? Entre quelles mains ? Où se trouve-t-il ? Quelle est sa nouvelle vie ? Qui sera la prochaine personne à s'arrêter ?

Source : www.hclbox.org/fr

COMPRÉHENSION ÉCRITE

Entrée en matière

1 **Décrivez la photo. À votre avis, que fait la jeune femme ?**

Lecture

2 **Quel est le sujet de cet article ?**

3 **Que peut-on déposer dans les boîtes ?**

4 **Quels sont les côtés positifs du projet pour la vie du quartier ?**

Vocabulaire

5 **Reliez chaque mot à son synonyme.**

a | créer un lien	1 | mettre
b | déposer	2 | apporter
c | amener	3 | relier

Au fait !

Le projet « Boîtes d'échanges entre voisins » est une initiative suisse du genevois Dan Acher. Engagé pour la création de villes heureuses, il dépose dans les grandes villes des boîtes d'échanges décorées par des artistes locaux.

PRODUCTION ORALE

6 **Est-ce qu'il existe des boîtes d'échanges dans votre pays ?**

7 **En scène ! Une boîte est installée dans votre quartier. Avec votre colocataire, vous décidez d'y déposer quelques objets. Vous devez vous mettre d'accord.**

E Micro-trottoir

43

« Quelle bonne initiative ! »

COMPRÉHENSION ORALE

1re écoute (en entier)

1 **Combien de personnes parlent ?**

2 **Qui sont-elles ? Où vivent-elles ?**

2e écoute (en entier)

3 **Toutes les personnes sont-elles satisfaites du projet ? Qui ne l'est pas ? Pourquoi ?**

4 **Quel est le souhait de la dernière personne interviewée ?**

PRODUCTION ÉCRITE

5 **On a installé une boîte dans votre quartier. Écrivez sur la page Facebook du projet quelles choses on peut y trouver, quels objets vous souhaitez déposer et dites si vous êtes satisfait(e) de cette initiative.**

Pour exprimer un souhait, un désir

- J'espère qu'ils vont en mettre plus dans le quartier.
- Elle voudrait bien déposer un jouet.
- J'ai envie d'écrire au maire.
- Je souhaite qu'on mette des boîtes partout !

GRAMMAIRE > le gérondif

Cahier unité 9 d'activités

ÉCHAUFFEMENT

1 a Lisez les phrases suivantes.

a | Les « Boîtes d'échanges entre voisins » créent un lien entre habitants en créant des opportunités d'échanges, de rencontres, en permettant aux habitants de donner des objets qu'ils n'utilisent plus.

b | En prenant un livre dans la boîte hier, j'ai rencontré Sophie.

c | Nous sommes rentrées ensemble en discutant.

b Retrouvez la réponse à ces questions dans les phrases précédentes.

1 | De quelle manière les « Boîtes d'échanges entre voisins » créent un lien social et culturel entre habitants ?

2 | De quelle manière ai-je rencontré Sophie ?

3 | Comment sommes-nous rentrées ?

c Quelle forme verbale utilisez-vous pour répondre à ces questions ?

FONCTIONNEMENT

Le gérondif

Emploi

Le gérondif permet d'exprimer la manière de faire quelque chose. Le sujet du verbe au gérondif est le même que le sujet de la phrase principale. Les deux actions ont lieu en même temps :

*J'ai rencontré Sophie **en prenant** un livre dans la boîte.*

Formation

On forme le gérondif avec **en** + **base du verbe** *(radical du verbe conjugué à la 1re personne du pluriel du présent)* + **-ant** :

infinitif	présent	gérondif
prendre →	*nous **pren**ons* →	***en** pren**ant***
permettre →	*nous **permett**ons* →	***en** permett**ant***

REMARQUES

- Les verbes **être** (**en étant**), **avoir** (**en ayant**) et **savoir** (**en sachant**) sont irréguliers.
- Les pronoms compléments se placent entre le **en** et le **verbe** :

*Je marchais **en lui parlant.***

ENTRAÎNEMENT

2 Transformez les phrases suivantes en utilisant le gérondif.

Exemple : *Elle lit la revue* TouSolidaire. *Elle écoute du jazz.* → *Elle lit la revue* TouSolidaire ***en écoutant*** *du jazz.*

a | Je consulte le site BlaBlaCar. Je mange mon sandwich.

b | Il a trouvé un canapé pas cher. Il a regardé les annonces sur leboncoin.fr.

c | J'ai passé des vacances en Espagne. J'ai fait un échange de maison.

d | Je me suis débarrassé de mon vieux bureau. Je l'ai donné à un ami.

e | Il s'implique dans la vie locale. Il est membre d'une association de quartier.

f | Il a trouvé un logement. Il a mis une petite annonce.

3 Complétez librement les phrases suivantes en utilisant le gérondif.

a | Tu trouveras un vélo d'occasion…

b | Elle a amélioré son français…

c | Il pourrait louer une voiture…

d | J'ai appris à faire des macarons…

e | Il pourrait gagner plus d'argent…

PRODUCTION ÉCRITE

4 Alimentation, transports, voyages, sorties. Comment économiser un peu tous les jours ? Proposez des solutions pour chaque secteur.

Exemple : *Alimentation* → *On peut réaliser des économies en faisant des achats groupés ou en achetant ses fruits et légumes directement à un producteur.*

CIVILISATION

F Jeter ? Pas question !

Au Repair Café de Bruxelles.

Dans un Repair Café, on pratique un type de « consommation » collaborative qui s'exprime sous la forme d'entraide entre bricoleurs avertis, amateurs ou totalement novices. Les Repair Cafés ont leur utilité car de nombreux objets finissent à la poubelle parce qu'ils seraient trop chers à faire réparer par des réparateurs professionnels. Ainsi les Repair Cafés remettent en fonctionnement de l'électroménager, du textile, de l'électronique, des vélos ou motos...

Que fait-on dans un Repair Café ?

Dans un état d'esprit très « consommation collaborative », on y bricole, on répare son aspirateur qui n'aspire plus, son grille-pain qui ne grille plus, son casque audio devenu sourd.

Pour ceux qui n'ont jamais tenu un tournevis, des bricoleurs bénévoles sont là pour vous aider, vous apprendre. L'idée est le partage et l'apprentissage...

Nolwenn, www.consoglobe.com, 28 janvier 2014.

COMPRÉHENSION ÉCRITE

Entrée en matière

1 Que font les gens sur la photo ?

Lecture

2 Lisez le texte puis répondez par vrai ou faux en justifiant vos réponses.

a | Le principe du Repair Café est d'apprendre à réparer ensemble.

b | Tous les réparateurs sont des professionnels.

c | On y apporte des objets qui ne fonctionnent plus.

d | C'est possible d'apprendre à bricoler.

Vocabulaire

3 Reliez.

a | Un bricoleur averti •		• débutant	
b | Un bricoleur amateur •	**est**	• expert	**en bricolage**.
c | Un bricoleur novice •		• assez compétent	

Oh, le cliché !

« Les Français sont passionnés de ventes aux enchères. »

Oui ! Au moins un quart des Français a déjà participé à une vente aux enchères pour acheter des choses neuves ou d'occasion.

→ Et dans votre pays, les ventes aux enchères ont-elles du succès ?

PRODUCTION ORALE

4 Aimez-vous bricoler ? Pourquoi ?

5 Y a-t-il des Repair Cafés dans votre pays ? Aimeriez-vous y aller ?

G La passion de Jacques

44

« C'est important de donner une seconde vie aux objets. »

COMPRÉHENSION ORALE

Entrée en matière

1 Lisez la phrase extraite de l'interview. Selon vous, comment peut-on donner une seconde vie aux objets ?

1re écoute (jusqu'à « lieu d'échanges »)

2 Qui est Jacques ?

3 Où et quand est né le concept des Repair Cafés ?

4 Pourquoi Jacques aime passer du temps au Repair Café ?

2e écoute (de « comment » à la fin)

5 Comment est organisé son Repair Café ?

6 Que peut-on y faire réparer ? Les réparations sont-elles chères ?

7 Comment contacter le Repair Café ?

PRODUCTION ÉCRITE

8 Écrivez un mail à Jacques pour proposer votre aide.

VOCABULAIRE > les objets et le bricolage

Activités unité 9 Cahier + TNI

Les objets du quotidien

le CD/le DVD
le casque audio
l'électroménager *(m.)* = le grille-pain, la cafetière, l'aspirateur *(m.)*...
le jouet
le linge
le livre
le vêtement

Les matières

en acier
en argent
en bois
en carton
en coton
en fer
en laine
en métal
en or
en papier
en plastique
en verre

1 **Dites en quelle matière sont les objets suivants.**

a

b

c

d

e

f

La réparation

le bricoleur/la bricoleuse
dépanner
jeter/mettre à la poubelle
l'outil *(m.)* = le marteau, la perceuse, le tournevis...
recoller
recoudre
le réparateur
réparer
repeindre

Au fait !

Le préfixe ***re-*** sert à former de nombreux verbes et noms. Ce préfixe signifie « encore une fois ».
Exemple : *repeindre* signifie « peindre encore une fois ».
⚠ ***re-*** devient ***ré-*** devant une voyelle :
utiliser* → *réutiliser

Les travaux manuels

le bricolage
le collage
la couture
la décoration
le jardinage

2 **Complétez le texte avec les mots suivants :**
en panne – couture – poubelle – bricoleur – répare – sèche-cheveux – tournevis

J'ai acheté un ..... il y a six mois et il est tombé ..... . Mon mari, qui est ..... amateur, l'a ouvert avec un ..... mais n'a pas réussi à le réparer. Je suis retournée au magasin mais les vendeurs disent qu'on ne ..... pas les sèche-cheveux ! Ils m'ont conseillé de le mettre à la ..... et d'en acheter un autre. Heureusement, ma voisine m'a dit d'aller au Repair Café où elle fait de la ..... pour aider les habitants du quartier.

Être en mauvais état

un objet abîmé/cassé
la panne
tomber/être en panne
un vêtement/du tissu tâché
un vêtement/du tissu déchiré

3 **Complétez avec les mots de la liste *Être en mauvais état*.**

a | *C'est **abîmé**.*

b | C'est ...

c | C'est ...

d | C'est ...

e | C'est ...

DOCUMENTS

H L'ubérisation de la société, c'est Mad Max !

Imaginez la journée type dans un monde ubérisé. La famille Dupont trouverait sur son smartphone, une application qui pourrait répondre à tous ses besoins. Monsieur se rendrait au travail en commandant un taxi Uber. Madame réserverait leurs futures vacances en louant un appartement à des particuliers via AirBnb puis commanderait le déjeuner sur Mon-voisin-cuisine. L'alimentation en électricité de la maison Dupont se ferait auprès d'un particulier qui possèderait des panneaux solaires. Le petit dernier réviserait ses cours dans des Mooc.

Source : www.laffranchipresse.fr

COMPRÉHENSION ÉCRITE

Entrée en matière

1 Observez l'image. Imaginez quelles applications la personne consulte.

Lecture

2 Dans un monde ubérisé :

a | Comment Monsieur Dupont irait-il au travail ?
b | Comment sa femme organiserait-elle leurs vacances ?
c | Comment la famille se nourrirait-elle ?
d | Comment chaufferaient-ils leur maison ?
e | Comment le fils Dupont réviserait-il ses leçons ?

PRODUCTION ÉCRITE

3 Et vous, comment serait votre journée type dans un monde ubérisé ?

Au fait !

L'ubérisation, en référence à l'entreprise américaine Uber, est un nouveau modèle économique basé sur internet et les smartphones.

Pour parler de situations imaginaires

- Je trouverais toutes les applications pour répondre à mes besoins.
- Je me rendrais au travail en commandant un taxi Uber.
- Je commanderais le déjeuner sur Mon-voisin-cuisine.
- Je réviserais mes cours dans des Mooc.

I Ma vie ubérisée (9)

COMPRÉHENSION AUDIOVISUELLE

Entrée en matière

1 Lisez le titre et observez l'image. Imaginez ce que font ces deux personnes avec leur smartphone.

1er visionnage (avec le son)

2 Quand et dans quelle ville ont lieu ces événements ? Sont-ils réels ?

3 Dans ce monde ubérisé, est-ce que les gens travaillent dans un bureau ? Pourquoi ?

4 Nommez les lieux où on les voit travailler.

5 Que fait l'étudiant en médecine ?

6 Comment le professeur donne-t-il son cours ?

2e visionnage (avec le son)

7 Dites si ces affirmations sont vraies ou fausses. Dans ce nouveau monde…

a | Tout le monde est noté.
b | Respecter le Code du travail est très important.
c | Il y a des horaires de travail fixes.
d | On est toujours en vacances.
e | On travaille à la demande.

PRODUCTION ORALE

8 Que pensez-vous de ce nouveau mode de travail ? Aimeriez-vous travailler dans ces conditions ?

J Costockage

45

« *Rendez-vous sur notre site StockTout.fr* »

COMPRÉHENSION ORALE

Entrée en matière

1 Lisez le titre et la citation. À votre avis, qu'est-ce que le site StockTout.fr ?

1re écoute (en entier)

2 De quel type de message s'agit-il ? Où pouvez-vous l'entendre ?

3 À qui est-il destiné ?

2e écoute (en entier)

4 Quels espaces de stockage est-il possible de louer ?

5 Jacques met à disposition quel type d'espace de stockage ?

6 Cela lui rapporte combien par mois ?

7 Depuis quand est-il inscrit ?

8 Quel est l'avantage pour Sophie de faire appel à ce service ?

9 Pour s'inscrire, il faut :

a | payer 6 euros
b | contacter Jacques
c | aller sur internet

Vocabulaire

10 Retrouvez les contraires des mots suivants. Associez.

a | dépenser	1 | diminuer
b | déménager	2 | acheter
c | augmenter	3 | économiser
d | louer	4 | emménager

PRODUCTION ORALE

11 Vous voulez participer au développement de *l'ubérisation*. Quels services pourriez-vous proposer à des particuliers ?

GRAMMAIRE > le conditionnel présent (2)

Cahier unité 9 d'activités

ÉCHAUFFEMENT

1 Relisez le document H. Pourquoi utilise-t-on le conditionnel : pour présenter des faits imaginaires ou des faits réels ?

FONCTIONNEMENT

Le conditionnel est employé pour faire une hypothèse, pour imaginer une réalité différente de la réalité actuelle.
Exemple : *Je rêve de vacances au bord de la mer. Je me* ***baignerais*** *tous les jours, je* ***ferais*** *de longues promenades sur la plage…*

ENTRAÎNEMENT

2 Conjuguez les verbes entre parenthèses au conditionnel présent.
Dans un monde parfait,

a | Les gens (se parler) ..... avec douceur et (se respecter) ..... .
b | Il n'y (avoir) ..... plus de violence.
c | On (ne rien acheter) ....., on (échanger) ..... et (se prêter) ..... tout.
d | Les gens (savoir) ..... s'impliquer dans la vie locale.
e | Nous (faire) ..... tous de la colocation, du covoiturage et du coworking !

PRODUCTION ORALE

3 Et vous, quel serait votre monde idéal ?

4 Vous rêvez de vivre à Paris. Imaginez la première semaine de votre nouvelle vie dans la capitale française.

PHONÉTIQUE L'accent d'insistance

Cahier unité 9 d'activités

ÉCHAUFFEMENT

1 Écoutez et observez la phrase suivante.
On insiste sur la partie soulignée : c'est l'accent d'insistance. 46

a | C'est <u>vrai</u>ment extra !

2 Écoutez et observez les phrases.
Où est placé l'accent d'insistance dans ces phrases ? Soulignez les éléments accentués. 47

a | C'est formidable !
b | C'est trop cher !
c | Quelle bonne initiative !
d | C'est horrible !

FONCTIONNEMENT

3 Lisez la règle et choisissez la bonne réponse.

- L'accent d'insistance est un accent expressif. Il est utilisé pour souligner des émotions (désaccord, colère, tristesse, regret, satisfaction, surprise, joie, etc.).
- L'accent d'insistance est en général placé :

a | au début du mot ou de l'expression qu'on veut mettre en valeur.
b | à la fin du mot ou de l'expression qu'on veut mettre en valeur.

REMARQUE
L'accent d'insistance ne supprime pas l'accent tonique de fin de mot.

ENTRAÎNEMENT

4 a Écoutez et retrouvez les phrases qui comportent un accent d'insistance. Complétez le tableau. 48

Phrases avec accent d'insistance	Phrases sans accent d'insistance
……	……

b Écoutez de nouveau et répétez les phrases.

5 À vous ! Imaginez une bonne ou une mauvaise nouvelle. Dites-la à votre voisin(e). Votre voisin(e) réagit : *c'est parfait ! J'aime beaucoup !* etc. Il/Elle utilise l'accent d'insistance.
Exemple : – *J'ai un nouveau téléphone ! – Il est <u>ma</u>gnifique !*

L'ESSENTIEL

GRAMMAIRE/VOCABULAIRE

1 Le conditionnel. Conjuguez les verbes au conditionnel présent.
a | Alice (échanger) ….. bien sa voiture contre une moto.
b | Madame, vous me (permettre) ….. de prendre cette chaise ?
c | Vous (obtenir) ….. de meilleurs résultats avec cette application.
d | Je (vivre) ….. bien de nouveau en Australie.
e | À ta place, je (ne pas aller) ….. .

2 Le gérondif. Transformez les phrases en utilisant le gérondif.
a | Il a fait sa traduction. Il a utilisé un dictionnaire.
b | Nous avons eu un accident. Nous avons amené Max à l'école.
c | Comment peut-il comprendre le professeur, il parle tout le temps.
d | Eugène s'est arrêté de fumer, il a pris 10 kilos.

3 La consommation. Retrouvez l'intrus.
a | payant – donné – offert – en cadeau
b | les consommateurs – les transports – les voyages – le logement
c | donner – prêter – emprunter – acheter
d | le client – l'acheteur – le vendeur – le consommateur

4 Les objets et le bricolage. Dites si ces affirmations sont vraies ou fausses.
a | Les draps du lit sont en tissu.
b | Le bois est un métal.
c | Le marteau et la perceuse servent à cuisiner.
d | Pour réparer un grille-pain, il faut des compétences en informatique.

ATELIERS

1 ORGANISER UN TROC

Vous allez organiser un troc avec les étudiants de votre classe ou de votre établissement.

Démarche
Formez des groupes de trois ou quatre.

1 Préparation
- Discutez des choses, des objets que vous pourriez troquer entre vous.
- Faites la liste des biens que vous n'utilisez plus et que vous pourriez échanger. Par exemple, des vêtements, des accessoires, des jeux, des livres, des DVD, etc.

2 Réalisation
- Communiquez sur l'événement avec des affiches, vous pourrez ainsi attirer plus de personnes ! Précisez la date et le lieu du troc et ce que les gens pourront y trouver.
- Le troc doit être convivial. Décidez qui apporte de la musique, des boissons, etc.
- Pendant le troc, racontez l'histoire du produit que vous proposez, cela peut permettre de lui donner plus de valeur.

3 Présentation
Chaque personne raconte son expérience après le troc.

2 CRÉER UNE PAGE FACEBOOK D'ÉCHANGE DE SERVICES ENTRE ÉTUDIANTS

ATELIER TECH'

Vous allez créer une page Facebook pour proposer des échanges de services destinés aux étudiants de l'école.

Démarche
Formez des groupes de trois ou quatre.

1 Préparation
- Pensez aux différents services que vous pourriez échanger grâce à la page Facebook (aide dans le quotidien, etc.).
- Listez ensuite vos savoirs et compétences. Par exemple, des compétences en langue, en informatique, en cuisine, en bricolage, en couture, etc.

2 Réalisation
- Écrivez une présentation de la page Facebook : dites quels types d'échanges on peut y trouver et donnez-lui aussi un titre. Par exemple : « *Entre étudiants* » *est un espace d'échange de services entre les étudiants de …. grâce à des petites annonces (garde d'enfants, soutien scolaire, don d'objets, sorties, covoiturage, bénévolat...).*
- À partir de la liste de vos savoirs et compétences, rédigez individuellement une annonce pour offrir ou demander un service.

3 Présentation
- Chaque groupe expose le titre et sa présentation de la page Facebook. La classe choisit le titre et le texte de présentation les plus adéquats, ou rédige une version finale en mélangeant plusieurs propositions.
- Une personne se charge de créer la page Facebook et d'insérer la présentation de la page.
- Pour finir, chaque étudiant poste son annonce d'offre/de demande de service sur la page. Qui répondra à votre annonce ?

DÉTENTE

A Les mots mêlés de la consommation collaborative

Retrouvez les mots suivants dans la grille.

bénévole
consommer
don
échange
économiser
gratuit
lien
location
louer
occasion
partage
particulier
produit
revendre
service
solidarité
troc

F	Y	D	Q	X	I	H	C	W	A	O	K	X	M	H
O	J	Z	X	R	J	M	O	C	C	A	S	I	O	N
L	O	C	A	T	I	O	N	V	Y	M	T	Y	T	F
B	G	D	O	N	Z	A	S	V	T	A	O	G	L	P
F	R	H	C	S	I	N	O	L	M	D	W	F	W	A
Z	A	E	C	O	N	O	M	I	S	E	R	O	F	R
E	T	Ç	R	L	T	K	M	E	T	P	O	T	O	T
B	U	H	B	I	J	B	E	N	E	V	O	L	E	I
P	I	Z	S	D	S	E	R	V	I	C	E	M	U	C
R	T	C	Ç	A	M	O	T	Ç	Ç	S	B	W	T	U
O	N	P	A	R	T	A	G	E	G	T	N	X	E	L
D	X	J	D	I	P	L	R	G	L	O	U	E	R	I
U	H	B	E	T	L	Q	Y	A	G	X	B	Z	Q	E
I	R	C	Ç	E	K	P	E	C	H	A	N	G	E	R
T	R	O	C	F	G	R	E	V	E	N	D	R	E	D

B Voici des objets qu'on peut trouver dans une boîte d'échanges entre voisins.

Observez-les attentivement pendant 30 secondes puis fermez vos livres. Citez le plus d'objets possible.

ON PART EN VOYAGE ?

Objectifs

- Réserver un séjour
- Se renseigner sur un site touristique
- Exprimer son indifférence

Ça vaut le détour !

DOCUMENTS

A De Québec aux chutes du Niagara

Nouvelles Terres vous propose un circuit unique dans la « Belle Province ». À partir de Montréal, vous naviguerez 5 jours sur le Saint-Laurent jusqu'au lac Ontario, puis notre croisière vous mènera aux chutes du Niagara. De là, vous prendrez la route en car pour la ville de Québec où vous séjournerez une semaine dans un hôtel 3 étoiles pour découvrir la plus francophone des villes nord-américaines. Possibilité de louer une voiture pour visiter la région.

INFOS PRATIQUES

Nos prestations incluent les vols réguliers Paris / Montréal / Paris, tous les transferts, la pension complète à bord du bateau et la demi-pension à l'hôtel ainsi que l'excursion aux chutes du Niagara (sauf le vol en hélicoptère). Nos prix ne comprennent pas les visites guidées de Montréal et de Québec.
Nous vous proposons 10 possibilités de départs, de mai à octobre.

COMPRÉHENSION ÉCRITE

Entrée en matière

1 **De quel type de document s'agit-il ?**

2 **Décrivez la photo.**

Lecture

3 **Quel type de séjour est proposé ?**

4 **Où et quand peut-on faire ce voyage ? Combien coûte-t-il ?**

5 **Quelles prestations sont comprises dans le prix du voyage ?**

6 **Est-ce que toutes les visites sont incluses ?**

Vocabulaire

7 **Associez un moyen de transport aux mots suivants :**
une croisière – un vol – une route

8 **Reliez les mots à leur synonyme.**

a | un circuit	**1** | une visite
b | une excursion	**2** | un service
c | une prestation	**3** | un tour

Au fait !

C'est le navigateur français Jacques Cartier (1491-1557) qui a nommé « Canada » ce territoire d'Amérique du Nord.

PRODUCTION ÉCRITE

9 **Votre ami(e) français(e) va venir visiter votre pays. Imaginez un circuit touristique pour lui/elle.**

B Réservation 49

« Hôtel de la Paix, bonjour. »

COMPRÉHENSION ORALE

Entrée en matière

1 **Lisez la phrase extraite du document. À votre avis, qui la prononce ?**

1re écoute (jusqu'à « c'est d'accord »)

2 **Qui sont les personnes qui parlent ?**

3 **Pour quelles dates la femme veut faire une réservation ?**

4 **Quel est le prix de la chambre sans supplément ?**

5 **Quel est le coût du supplément ? Pourquoi ?**

2e écoute (de « vous préférez » à la fin)

6 Quel type de lit souhaite la cliente ?

7 Qu'est-ce qu'il y a dans la chambre ?

8 Quelles sont les caractéristiques du parking ?

9 Le petit déjeuner est-il compris dans le prix ?

10 Que demande l'homme pour finaliser la réservation ?

Pour réserver un séjour

- Je voudrais faire une réservation.
- Je vais réserver une chambre pour 4 nuits.
- Est-ce que le petit déjeuner est compris ?
- Je voudrais une chambre double avec vue sur la mer.
- Quelles sont les prestations incluses dans le prix ?
- On peut mettre une option ?

PRODUCTION ORALE >>> DELF

11 À deux. Vous voulez passer des vacances dans un pays francophone. Vous choisissez une ville puis vous téléphonez à l'hôtel de votre choix pour réserver une chambre.

C Le carnet de Marco

Le carnet de voyage de Marco

Destination ▸ Coup de cœur ▸ Itinéraire ▾ Photos ▸ Préparer son voyage ▸

Québec

Les chutes du Niagara

mardi 22 mars 2016

Avec le groupe, nous sommes allés aux chutes du Niagara. J'ai décidé de faire le tour en hélicoptère proposé en option pour 80 dollars car c'était dans mon budget. Nous étions cinq passagers et avons décollé à 10 h. La vue était exceptionnelle. C'était fantastique. Je voulais en même temps regarder et prendre un maximum de photos. Le vol a duré 20 minutes mais à la fin du tour, le vent a commencé à souffler et l'atterrissage a été difficile !

Le matin suivant, nous avons pris un car à destination de Québec. De la fenêtre, on apercevait de magnifiques paysages.

À notre arrivée à Québec, nous avons déposé nos valises à l'hôtel et j'ai décidé de sortir à la découverte de la vieille ville. Je marchais dans les ruelles quand soudain, un orage a éclaté. Sous une pluie violente, j'ai cherché un endroit pour m'abriter. Je suis entré, au hasard, dans un café. L'ambiance y était joyeuse. Ça sentait bon le chocolat chaud. Au fond du bar, des clients parlaient fort. J'avais froid et faim. Je me suis installé près de la porte vitrée, on pouvait voir le port au loin. J'ai commandé la spécialité locale et un café.

La suite du séjour demain !

COMPRÉHENSION ÉCRITE

Entrée en matière

1 Lisez le titre et observez le document. De quel type d'écrit s'agit-il ?

2 Observez les photos. Que voyez-vous ?

Lecture

3 Est-ce que le vol en hélicoptère était cher pour Marco ?

4 A-t-il apprécié l'expérience ?

5 Comment est-il allé à Québec ?

6 Qu'est-ce qu'il a fait en arrivant ? Et après ?

7 Quel temps faisait-il dans la ville ?

Vocabulaire

8 Que signifie l'expression *au hasard* ?

GRAMMAIRE > le passé composé et l'imparfait dans le récit

Cahier unité 10 d'activités

ÉCHAUFFEMENT

1 Trouvez les verbes conjugués au passé composé et à l'imparfait.

Je suis entré, au hasard, dans un café. L'ambiance y était joyeuse. Ça sentait bon le chocolat chaud. Au fond du bar, des clients parlaient fort. J'avais froid et faim. Je me suis installé près de la porte vitrée, on pouvait voir le port au loin. J'ai commandé la spécialité locale et un café.

2 Observez l'emploi des temps et entourez la bonne réponse.

Dans le récit de Marco :

a | *Le passé composé / L'imparfait* permet de décrire une situation (lieux, personnes, etc.).

b | *Le passé composé / L'imparfait* introduit une nouvelle action.

FONCTIONNEMENT

Passé composé et imparfait

Dans un récit au passé, on utilise le passé composé et l'imparfait.

- **Le passé composé introduit l'action (comme un film) :**
*Je **suis entré**, au hasard, dans un café. Je **me suis installé** près de la porte. J'**ai commandé** la spécialité locale et un café.*
- **L'imparfait pose le décor. On l'utilise pour les descriptions :**
*L'ambiance y **était** joyeuse. Ça **sentait** bon le chocolat chaud. Au fond du bar, des clients **parlaient** fort. J'**avais** froid et faim.*

L'imparfait souligne qu'une action dure depuis un certain temps quand une nouvelle action est introduite au passé composé pour indiquer un changement. Le passé composé est souvent accompagné d'un indicateur de temps comme *soudain* ou *tout à coup* :
***Je marchais dans les ruelles** quand soudain **un orage a éclaté**.*

ENTRAÎNEMENT

3 Transformez les verbes à l'imparfait ou au passé composé.

C'est la fin de l'hiver. Il neige encore. Un matin, un taxi s'arrête devant notre maison. Nous n'attendons personne. Nous regardons par la fenêtre et nous voyons un couple âgé sortir de la voiture : ce sont mes grands-parents italiens !

4 Écrivez les verbes entre parenthèses au passé composé ou à l'imparfait.

a | On (naviguer) ..... tranquillement. Tout à coup, nous (voir) ..... une baleine sortir de l'eau.

b | Je (essayer) ..... de réserver mes vacances en ligne et soudain l'ordinateur (se bloquer) ..... .

c | Hilda (arriver) ..... un peu après 8 h à la gare. On l'(attendre) ..... depuis une heure.

d | Les touristes (faire) ..... une visite guidée quand soudain leur guide (tomber) ..... dans l'escalier du musée.

e | Simone (parler) ..... avec Claude de leur prochaine destination. Tout à coup, le téléphone (sonner) ..... .

PRODUCTION ÉCRITE >>> DELF

5 En vous aidant des photos, racontez la suite de votre voyage et donnez vos impressions.

J'ai loué une voiture, quitté Bordeaux et roulé vers Hendaye près de la frontière espagnole où j'avais rendez-vous chez un vieil ami, Thierry. De sa maison, on apercevait l'océan. Nous avons marché sur la plage et discuté toute la soirée autour d'un bon dîner. Mercredi, je me suis réveillé(e) tôt puis…

VOCABULAIRE > le voyage

Activités unité 10 Cahier + TNI

Le séjour

l'auberge de jeunesse *(f.)*
le camping
le circuit
chez l'habitant
le club de vacances
la croisière
l'hôtel *(m.)*

PRODUCTION ORALE

1 Quand vous partez en vacances, quel type d'hébergement préférez-vous ? Pourquoi ?
2 Qu'est-ce qui est important pour vous : les prestations ? le calme ? la proximité des sites touristiques ? autre chose ?

Les prestations

la cabine
la chambre simple/double
en option
les lits jumeaux *(m.)*
la demi-pension/la pension complète
le supplément
tout inclus/tout compris

3 Complétez le texte avec les mots : *séjour – demi-pension – jumeaux – double – supplément*

Monsieur,
Je vous confirme votre réservation pour une chambre ….. , du 31 juillet au 6 août. Il s'agit d'un …… pour 2 personnes en ….. .
Conformément à votre demande, la chambre dispose de lits ….. . Le …… pour le dîner du 31 juillet sera de 15 € par personne.
Dans l'attente de vous accueillir,
Sandra Meisse - Hotel du Rouvray

Les préparatifs du voyage

l'agence de voyages *(f.)*
l'arrivée *(f.)*
l'assurance annulation *(f.)*
le bagage/la valise
le billet d'avion, de train, de car
le budget
changer de l'argent
le départ
la destination
le passeport
la réservation

5 Lisez ces devinettes et trouvez le mot correspondant dans la liste ci-dessus.

a | On doit le présenter pour passer les frontières.
b | Cette garantie est parfois incluse dans la carte de crédit.
c | On peut le garder en cabine mais il doit être de petite taille.
d | Entre l'hébergement, la nourriture et les sorties, il sera de 800 € pour dix jours de vacances.
e | C'est une entreprise qui prépare et vend des circuits touristiques.

Voyager en avion

l'atterrissage *(m.)*
l'avion *(m.)*
la compagnie aérienne
le décollage
le passager/la passagère
le transfert
le vol (régulier)

6 Remettez les actions dans l'ordre chronologique.

a | atterrir
b | acheter un billet d'avion
c | monter à bord de l'avion
d | choisir une destination
e | aller à l'aéroport
f | enregistrer ses bagages
g | décoller
h | faire ses valises

1d **2** ….. **3** ….. **4** ….. **5** ….. **6** ….. **7** ….. **8** …..

4 Écoutez et complétez avec les informations manquantes. 50

Air company — Air ticket

Prénom : ______
Nom : Hascoët
Vol : ______
Destination : ______
Date : 18/03/2016
Heure : 13 h 42
Porte : ______
Siège : 24B

Air ticket

Prénom : ______
Nom : Hascoët
Vol : ______
Date : 18/03/2016
Heure : 13 h 42
Porte : ______
Siège : 24B

D Giverny

Giverny

Giverny et ses environs | Parcours | Hébergements | Gastronomie | Agenda

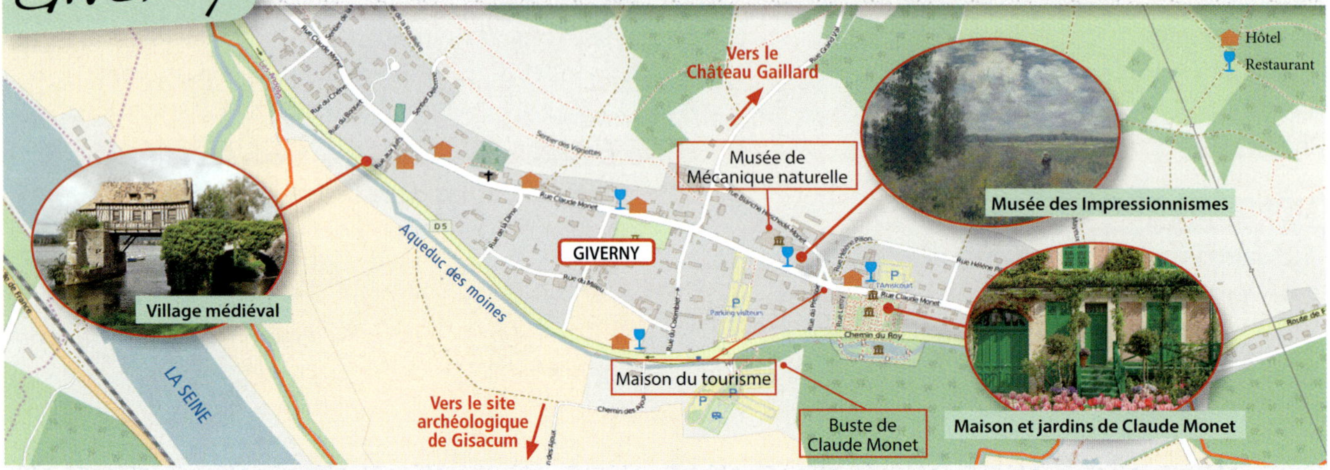

Giverny est un petit village médiéval connu pour les jardins et la maison du peintre Claude Monet. Cette maison, que Monet a découverte par hasard au cours[1] d'une promenade, possède une façade rose aux volets verts. Il l'a transformée à sa manière. Monet, sa femme Alice et leurs 8 enfants s'y sont installés en 1883. L'artiste a créé son atelier au rez-de-chaussée et y a peint jusqu'à sa mort en 1926. Le village et ses alentours attirent chaque année un demi million de visiteurs. Les ressources de ce petit coin de Normandie ne s'arrêtent pas là : la région offre des sites archéologiques, des châteaux prestigieux, des jardins merveilleux et de riches musées.

▶ Cliquer ici pour en savoir plus

1 Pendant.

COMPRÉHENSION ÉCRITE

Entrée en matière

1 **Observez le plan de Giverny. Quels sites peut-on visiter dans le village ?**

Lecture

2 **Pourquoi le village de Giverny est-il célèbre ? Il est situé dans quelle région ?**

3 **Comment Claude Monet a-t-il trouvé sa maison ?**

4 **Où se trouvait son atelier et qu'y faisait-il ?**

5 **Que peut-on visiter dans les environs du village ?**

PRODUCTION ÉCRITE

6 **Vous avez visité Giverny et ses alentours. Écrivez un courriel à un(e) ami(e) pour lui raconter votre excursion.**

E En route ! 51

« Combien de temps dure la visite ? »

COMPRÉHENSION ORALE

Entrée en matière

1 **De quelle manière aimez-vous visiter des sites touristiques ? seul(e) ? accompagné(e) d'un guide ?**

2 écoutes (en entier)

2 **Qui sont les personnes qui parlent ?**

3 **Que souhaiterait faire l'homme ?**

4 **D'où partira-t-il ? Le voyage est-il direct ?**

5 **Combien coûte la navette ? Où doit-il acheter le ticket ?**

6 **Quel est le prix de la visite guidée et où est le lieu de rendez-vous ?**

PRODUCTION ORALE

7 **Vous êtes intéressé(e) par la visite guidée du Mont-Saint-Michel. Vous vous renseignez à l'office de tourisme sur les visites, les tarifs et sur les autres excursions à faire.**

Pour se renseigner sur un site touristique

- Je voudrais aller à … et visiter …
- Combien de temps dure la visite ?
- La visite guidée coûte combien ?
- Il y a un tarif spécial étudiants ?
- Et pour aller à …, c'est compliqué ?

GRAMMAIRE > l'accord du participe passé

ÉCHAUFFEMENT

1 Observez les participes passés dans les phrases suivantes. Que remarquez-vous ?

a | Cette maison, que Monet a **découverte** au cours d'une promenade, possède une façade rose aux volets verts.

b | Il l'a **transformée** à sa manière.

FONCTIONNEMENT

L'accord du participe passé

• **Avec l'auxiliaire être, le participe passé s'accorde toujours avec le sujet :**
*Monet, sa femme Alice et leurs 8 enfants s'y **sont installés** en 1883.*

• **Avec l'auxiliaire avoir, le participe passé s'accorde avec le COD, seulement s'il est placé avant le verbe.**
En général, le nom est repris par un pronom relatif (a) ou un pronom complément (b) :
a | *La visite guidée que vous **avez** réservée commencera dans 5 minutes.*
b | *Sa maison, Monet l'**a** transformée à sa manière.*

ENTRAÎNEMENT

2 Accordez les participes passés.

a | Cette région ? Je ne l'ai pas encore visité... .
b | Ma maison est pleine des souvenirs que j'ai rapporté... de mes voyages.
c | La visite guidée que nous avons fait... était ennuyeuse.
d | Les clés de la chambre d'hôtel ? Je ne les ai pas pris... .
e | Il a gardé le contact avec les gens qu'il a rencontré... en voyage.
f | Je vais réserver la croisière que vous avez conseillé... à mon mari.
g | Sophie ? Je l'ai invité... chez moi à la campagne pour le week-end.

3 Lisez et répondez à ces questions à voix haute en utilisant un pronom COD, puis répondez à l'écrit.

Exemple : – *Tu as fait la réservation pour ce soir ?*
– *Oui, je l'ai fait**e**. / – Non, je ne l'ai pas fait**e**.*

a | – Vous avez écrit cette lettre de réclamation ? – Oui, ...
b | – Tu as compris les explications du guide ? – Oui, ...
c | – Tu as mis tes lunettes dans ton sac ? – Oui, ...
d | – Tu as encore ouvert ta valise ? – Oui, ...
e | – Vous avez pris l'assurance annulation ? – Non, ...
f | – Tu as découvert la Corse l'été dernier ? – Non, ...

REMARQUE

On entend l'accord féminin des participes en **-t** et en **-s** :
*Sa maison ? Monet l'a découver**te** un peu par hasard.*

J'ai pris une photo de la maison.
*La photo que j'ai pri**se** est réussie.*

4 Conjuguez les verbes au passé composé et accordez les participes passés quand c'est nécessaire.

Paul et Danielle (décider) ..... de passer un long week-end en Normandie. Ils (arriver) ..... à leur hôtel à Vernon à 23 h. Ils (prendre) ..... un verre au bar, puis ils (monter) ..... se coucher. Ils (dormir) ..... jusqu'à 9 h puis (visiter) ..... une exposition qu'un ami de Danielle (recommander) ..... . Ils (admirer) ..... les tableaux de Monique Robert, une artiste peintre de la région. Ensuite, ils (faire) ..... un pique-nique au bord de la rivière. Les sandwichs qu'ils (manger) ..... étaient délicieux. L'après-midi, ils (passer) ..... à l'office de tourisme pour réserver une visite guidée de la vieille ville où une jeune femme les (inscrire) ..... pour la visite de 15 h. Le soir, ils (dîner) ..... au restaurant de leur hôtel. On leur (servir) ..... les spécialités de la région et ils (se régaler) ..... .

F Le tourisme en France 10

COMPRÉHENSION AUDIOVISUELLE

Entrée en matière

1 Quelles villes françaises connaissez-vous ?

2 Observez la carte de France. Quelles sont les régions (en vert) que les touristes étrangers apprécient ?

1er visionnage (sans le son)

3 De quel type d'émission s'agit-il ?

4 Quel monument parisien voyez-vous ?

5 Que font les gens derrière la femme au micro ? Pourquoi ?

2e visionnage (avec le son)

6 Quels pays figurent sur le podium ?

7 Qui sont les touristes les plus nombreux à visiter la France ? Quel est leur nombre ?

8 Combien de temps les Chinois restent-ils en France ?

Oh, le cliché !

« Les Français sont attachés à leur patrimoine. »

Les Français sont fiers de leur culture, de leur histoire et de leur région d'origine. Bretons, Normands, Basques, Corses, Guadeloupéens, Bourguignons… sont tous attachés aux particularités de leur région.

→ Et dans votre pays, l'intérêt pour l'histoire et la culture régionales est-il fort ?

PRODUCTION ORALE

9 Par groupe, choisissez une région française.
Faites des recherches sur ses sites touristiques et présentez-la à la classe.

G Raconte-moi ta ville

Rouen Normandy Tourisme & Congrès recherche des « greeters », comprenez des ambassadeurs pour faire découvrir la ville et ses alentours.

Un « greeter », c'est tout simplement un hôte touristique, une personne qui partage sa connaissance du territoire, sa passion pour la ville, son histoire et ses secrets avec les touristes. Une pratique qui fonctionne très bien dans les grandes villes, c'est d'ailleurs à New York, dans les années 90 qu'elle est née.

Être ambassadeur est facile mais requiert[1] quelques conditions : d'abord c'est une action bénévole. Ensuite, il est demandé de pouvoir s'y consacrer au moins une demi-journée par mois, et enfin d'avoir au moins 18 ans. C'est là que la découverte du territoire avec un guide classique se démarque[2]. Il s'agit plutôt de montrer la ville comme elle est « au quotidien », de partager ses petites habitudes, ses bons plans et ses pratiques. L'occasion d'un bel échange culturel aussi. Prêts à candidater ?

Pour devenir un « greeter » : candidature à déposer avant le lundi 1er juin sur rouentourisme.com • Rens. 02 32 08 36 55 ou s.sirat@rouentourisme.com

Source : http://www.rouen.fr

1 Demande. 2 Est différente.

COMPRÉHENSION ÉCRITE

Lecture

1 Qu'est-ce qu'*un greeter* ? En quoi est-il différent d'un guide classique ?

2 D'où vient cette nouvelle pratique ?

3 Comment devenir *greeter* à Rouen ?

PRODUCTION ÉCRITE

4 Faites le Top 3 des lieux touristiques de votre pays et présentez-les dans un court article.

VOCABULAIRE > le tourisme

Activités unité 10 cahier + TNI

L'office de tourisme

l'accueil (*m.*)
la brochure
la documentation
le guichet
l'information pratique (*f.*)
le plan (de la ville)
le visiteur

1 Complétez le texte avec les mots suivants :
touristique – accueil – touristes – information
Un office de tourisme est un centre d' ….. . Sa mission est l'….. et la promotion du tourisme auprès des ….. locaux ou étrangers. Son objectif est de faciliter le séjour ….. des visiteurs.

La visite touristique

l'audio-guide (*m.*)
le conférencier/la conférencière
la culture
l'excursion (*f.*)
le guide
l'histoire (*f.*)
le patrimoine
la queue/la file d'attente
le sens de la visite
la visite guidée

2 Reliez.

a | découvrir	**1** | la queue
b | lire	**2** | le guide-conférencier
c | faire	**3** | le patrimoine local
d | suivre	**4** | la brochure

Les endroits à visiter

la cathédrale
le château
l'église (*f.*)
le monument historique
le musée
la ruelle
le site archéologique
la vieille ville
la ville médiévale

Quelques habitants des régions françaises

les Alsaciens
les Basques
les Bourguignons
les Bretons
les Corses
les Franciliens
les Guadeloupéens
les Normands

3 Associez les habitants à leur région et chaque région à une ville (voir carte de France, rabat, p. I).

a | les Alsaciens	**1** | la Bourgogne
b | les Basques	**2** | la Normandie
c | les Bretons	**3** | la Bretagne
d | les Corses	**4** | la Corse
e | les Normands	**5** | le Pays basque
f | les Bourguignons	**6** | l'Île-de-France
g | les Franciliens	**7** | l'Alsace

A | Dijon
B | Strasbourg
C | Ajaccio
D | Rennes
E | Caen
F | Paris
G | Biarritz

PRODUCTION ORALE

4 Connaissez-vous d'autres régions françaises ? Citez-les en vous aidant de la carte de France (rabat, p. I).

1

2

3

4

5

6

5 a Reliez les photos de sites touristiques à un mot de la liste *Les endroits à visiter*.

b Connaissez-vous certains sites sur ces photos ?

DOCUMENTS

H Le tourisme en couleurs

On peut distinguer les principaux lieux et moments de vacances en leur attribuant une couleur symbolique de ce qu'ils évoquent dans l'imaginaire des vacanciers.
Le tourisme vert, encore appelé rural, de campagne ou agritourisme, est motivé par la recherche de la nature et du calme. Il se caractérise par une durée de séjour plus courte que pour les autres destinations, le temps de se reposer à la vue des arbres, des fleurs ou de l'eau des rivières.
Le tourisme bleu est orienté vers la mer, mais aussi plus largement vers l'eau, sous toutes ses formes : lacs, rivières, torrents… Il est aussi à l'origine de l'intérêt pour la thalassothérapie, la croisière ou le tourisme fluvial.
Le tourisme blanc est celui qui conduit vers la pureté et la froideur des montagnes enneigées en hiver, parfois aussi en été pour ceux qui recherchent des neiges éternelles.
Le tourisme gris est celui que les gens pratiquent dans les villes. Il est plus sensible à l'artificiel qu'à l'authentique, à la culture qu'à la nature.
Le tourisme jaune conduit le voyageur qui recherche le silence dans le sable des déserts, où la solitude est habitée par une nature peu visible, mais présente.
Enfin, le tourisme multicolore est celui des circuits, qui permettent de mélanger quelques-unes des couleurs offertes au voyageur : bleu aquatique, vert campagnard, blanc montagnard, jaune désertique, gris urbain. Un arc-en-ciel de sensations.

« Les vacances en couleurs », *Francoscopie*, 2013, p. 572

COMPRÉHENSION ÉCRITE

Entrée en matière

1 Observez la photo. Où est cette personne ? Que fait-elle ?

Lecture

2 Lisez le texte puis les profils des personnes suivantes. Devinez de quel type de tourisme elles sont amateurs.

a | Le repos est la motivation principale des vacances de Jules, homme d'affaires stressé. Il a régulièrement besoin d'une cure thermale sur les côtes bretonnes.
b | Alex, Delphine et leurs enfants sont amateurs de sports de glisse, de froid et de sommets enneigés.
c | Passionné d'architecture moderne et de musées, Pablo est également accro au shopping.
d | Le charme des dunes, le coucher du soleil, dormir sous la tente, méditer et admirer la nuit étoilée, c'est la passion de Max.
e | Juliette et Agathe préfèrent passer leurs vacances en voyage organisé et varier les plaisirs : la randonnée, la voile, la culture, etc.

Vocabulaire

3 Reliez ces adjectifs à ce qu'ils désignent.

a | rural	**1** | l'eau
b | fluvial	**2** | la ville
c | aquatique	**3** | le fleuve
d | urbain	**4** | la campagne

PRODUCTION ORALE >>> DELF

4 Et vous, quel type de tourisme préférez-vous ? Pourquoi ?

PRODUCTION ÉCRITE

5 Imaginez une autre forme de tourisme : choisissez une couleur et écrivez un texte de présentation.

I Rando dans le Périgord

52

« *Alors, on fait celle-ci ou celle-là ?* »

COMPRÉHENSION ORALE

Entrée en matière

1 **Décrivez la photo.**

1re écoute (en entier)

2 **Combien de personnes parlent ?**

3 **Quand vont-elles faire la randonnée ?**

2e écoute (en entier)

4 **Les personnes sont-elles d'accord ? Pourquoi ?**

5 **Où le petit groupe fera la randonnée finalement ?**

Au fait !

Dans la région du Périgord, on distingue quatre zones touristiques appelées « les quatre Périgord » : le Périgord Vert, le Périgord Blanc, le Périgord Pourpre et le Périgord Noir.

PRODUCTION ORALE

6 **En scène ! Par groupe de trois personnes, organisez votre week-end dans le Périgord Vert, Blanc, Pourpre ou Noir. Renseignez-vous sur ces zones et mettez-vous d'accord sur un programme.**

Pour exprimer son indifférence

- Comme tu veux.
- Si tu veux.
- Ça m'est égal.
- Bof…
- Oui, pourquoi pas.

GRAMMAIRE > les pronoms démonstratifs

Cahier d'activités unité 10

ÉCHAUFFEMENT

1 **Lisez les phrases suivantes et dites quel mot remplace le pronom souligné.**

a | Le tourisme gris est <u>celui</u> que les gens pratiquent dans les villes.
b | Le tourisme multicolore est <u>celui</u> des circuits.
c | Alors, on fait quelle randonnée ? <u>Celle</u>-ci ou <u>celle</u>-là ?

FONCTIONNEMENT

Les pronoms démonstratifs

On utilise les pronoms démonstratifs pour désigner une personne ou une chose.
Ils permettent d'éviter une répétition. Le pronom prend le genre et le nombre du nom qu'il remplace.

masculin singulier	féminin singulier	masculin pluriel	féminin pluriel
celui	celle	ceux	celles

REMARQUE
Employés dans une même phrase, **celui-ci** et **celui-là** (**celle-ci** et **celle-là**, **ceux-ci** et **ceux-là**, **celles-ci** et **celles-là**) représentent deux ou plusieurs personnes ou objets que l'on veut différencier ou opposer :
*Quel livre voulez-vous ? **Celui-ci** ou **celui-là** ?*

ENTRAÎNEMENT

2 **Complétez avec un pronom démonstratif.**

a | Mes valises sont plus lourdes que ….. de ma sœur.
b | Regarde ces deux photos de Big Ben. Tu préfères ….. ou ….. ?
c | De mes deux voyages en Afrique, je préfère ….. où j'ai visité la Tanzanie.
d | Tu as vu la nouvelle voisine ? ….. qui vient de Hong Kong ?
e | Si tu n'as pas de parapluie, prends ….. de Julia.
f | L'avenir appartient à ….. qui se lèvent tôt.

PHONÉTIQUE Prononcer e, é, è

Cahier unité 10 d'activités

ÉCHAUFFEMENT

1 Écoutez et observez les mots suivants. Dans le mot a, le e souligné se prononce [ə]. Dans le mot b, les e soulignés se prononcent [E] (= [e] ou [ɛ]). 53

a | larg<u>e</u>ment b | h<u>é</u>licopt<u>è</u>re

2 a Écoutez et observez les phrases suivantes. Puis complétez le tableau avec les mots en gras. Soulignez le e qui se prononce [ə] ou [E]. Attention, des mots peuvent être classés dans deux colonnes. 54

a | Je pars une **semaine** avec mon **père** et ma **mère**.

b | Le tourisme **vert** se **caractérise** par une **durée** de **séjour** courte, par le **repos**.

c | De la **fenêtre**, on **apercevait** la montagne.

d | Le tourisme blanc est pour **celui** qui **cherche** des neiges **éternelles** en **été**.

Mots avec au moins un *e* qui se prononce [ə]	Mots avec au moins un *e* qui se prononce [E]
s<u>e</u>maine, ...	*p<u>è</u>re, ...*

b Réécoutez et vérifiez vos réponses. Puis répétez ces mots.

FONCTIONNEMENT

3 Complétez la règle avec des mots de l'échauffement.

- En général, quand la lettre **e** est suivie d'une seule consonne, elle se prononce [ə] : .....
- En général, quand la lettre **e** est à l'intérieur d'un mot et est suivie de deux consonnes, elle se prononce [E] : .....
- Les lettres accentuées ***é***, ***è*** et ***ê*** se prononcent [E] : .....

REMARQUE

- Le son [E] peut aussi s'écrire ***ai*** ou ***ei*** : *la sem**ai**ne / la n**ei**ge*
- Rappel : en général, le **e** placé à la fin d'un mot ne se prononce pas.

ENTRAÎNEMENT

4 Écoutez et répétez les phrases. 55

5 Écoutez et complétez avec e ou *é* ou *ai*. Puis répétez les phrases. 56

a | La r...gion r...commande la visite de ses sites arch...ologiques pr...stigieux.

b | J'... r...s...rv... un lit pour m...rcr...di dans une aub...rge de jeun...sse sur ma tabl...tte. Avant, je r...s...rv...s par t...l...phone.

L'ESSENTIEL GRAMMAIRE/VOCABULAIRE

1 Le passé composé et l'imparfait. Conjuguez les verbes à l'imparfait ou au passé composé et faites les accords nécessaires.

a | Les enfants (jouer) ..... en attendant le train. Soudain Fripouille, la chienne de Carole, (se jeter) ..... sur eux et les (mordre) ..... .

b | C'(être) ..... une très belle maison de famille qui (appartenir) ..... à mon amie Mib, elle l' (vendre) ..... l'année dernière.

c | Antoine (se passionner) ..... pour les voyages depuis longtemps. Il y a six mois, il (ouvrir) ..... une agence.

2 Les pronoms démonstratifs. Complétez le dialogue avec des pronoms démonstratifs.

— On achète le *Guide Bleu* ou le *Guide du Routard* pour notre week-end à Rome ?

— ..... ou ....., ça m'est égal !

— Je préfère ..... qui donne le plus d'infos historiques.

— Le *Guide Bleu* alors ?

— Ok, on prend ..... .

3 Le voyage. Trouvez l'intrus.

a | aéroport – réservation – chambre – lits jumeaux

b | train – avion – voyage – car

c | bateau – décollage – vol – atterrissage

4 Le tourisme. Dites si les affirmations sont vraies ou fausses.

a | Les Basques vivent en Bourgogne.

b | Le plan de la ville permet de s'orienter.

c | La tour Eiffel est un monument historique.

ATELIERS

1 ORGANISER UN SÉJOUR LINGUISTIQUE

Vous allez organiser un séjour linguistique dans un pays francophone.

Démarche
Formez des groupes de trois ou quatre.

1 Préparation

• Chaque groupe choisit sa destination, une ville dans un pays francophone.
• Définissez la formule de votre séjour linguistique. Fixez : un budget, les dates et la durée de votre séjour, un type d'hébergement (*en famille ? en résidence universitaire ? autre ?*), une école de langues (*Où suivre des cours ? Quel rythme : en demi-journées ? en journées complètes ? autre ?*), vos objectifs (*progresser en français mais aussi découvrir les lieux et aller à la rencontre des gens en faisant quelles activités ?*).

2 Réalisation

• Organisez vos idées et préparez un petit exposé. Vous pouvez faire une sélection de photos de votre destination pour donner envie à vos camarades de choisir votre séjour.

3 Présentation

• Chaque groupe présente son projet de séjour linguistique à la classe. Les étudiants votent pour le séjour qu'ils préfèrent.

2 RÉALISER UN CARNET DE VOYAGE NUMÉRIQUE ATELIER TECH'

Vous allez créer un carnet de voyage réel ou imaginaire sur internet.

Démarche
Formez des groupes de trois ou quatre.

1 Préparation

• En groupe classe. Pour votre inspiration, regardez des carnets de voyage publiés sur internet.
• Par groupe, choisissez une destination *(un pays, une région ou une ville)* et une ou des thématiques.

Exemple : *Destinations* → *Paris. Thématiques* → *les monuments typiques, les boulevards, la nature dans la ville, les sensations, la gastronomie, la culture, les transports, les habitants, etc.*

2 Réalisation

• Cherchez et sélectionnez des textes, des photographies, des dessins, des vidéos, des documents sonores *(bruits de rues, interviews par exemple)*, etc.
• Écrivez différents textes : des légendes pour les photos, des récits, des descriptions, des portraits, des interviews...
• Rassemblez tous vos documents et créez votre carnet de voyage. Il doit être entièrement numérique. Choisissez une application dédiée. Elles sont nombreuses sur le web.

3 Présentation

• Présentez votre carnet de voyage à la classe et mettez-le en ligne. Si c'est possible, postez-le sur le site de votre école.

Stratégies Production orale

Ces stratégies vont vous être utiles pour préparer le DELF A2 (cf. épreuve blanche p. 181) et réussir cet examen. **L'épreuve comporte 3 exercices et dure entre 6 et 8 minutes.** ***Le 1er exercice se fait sans préparation. Il y a 10 minutes de préparation au total pour les exercices 2 et 3.***

Que devez-vous faire ?

- **Entretien dirigé** (1'30) : vous saluez l'examinateur puis vous vous présentez (vous parlez de vous et de votre famille, vous expliquez rapidement ce que vous faites comme travail ou comme études, vous parlez de vos loisirs). L'examinateur peut vous poser quelques questions complémentaires.
- **Monologue suivi** (2'00) : vous tirez au sort deux sujets sur des thèmes que vous connaissez *(par exemple : vos études de français, votre travail, votre acteur préféré, un souvenir d'enfance, etc.)* et vous en choisissez un. Puis, vous parlez tout seul pendant 2 minutes sur ce sujet.
- **Exercice en interaction** (3'30) : l'examinateur vous propose deux sujets, vous en choisissez un. Vous allez devoir demander et donner des informations, faire des propositions.

Quelques conseils pour vous aider

- Pendant l'entretien dirigé, essayez d'être le plus autonome possible dans votre présentation. Préparez-vous bien à cet exercice en classe ou à la maison pour gagner des points facilement le jour de l'examen.
- Pour le monologue suivi, lisez bien les deux sujets pour faire le bon choix ; vous ne pourrez pas en changer après. Partez des questions posées pour structurer, organiser votre petit exposé. Pour relier vos idées, utilisez des mots comme « et », « mais », « alors », « donc ».
- Durant l'exercice en interaction, montrez que vous êtes capable de faire des propositions, de poser des questions, de réagir positivement ou négativement aux propos de l'examinateur.
- Pendant tout l'examen, n'oubliez pas de montrer que vous avez un vocabulaire riche, que vous connaissez différentes structures grammaticales simples et que vous vous exprimez clairement.

Préparation au DELF A2

Entraînez-vous au MONOLOGUE SUIVI *5 points*

Sujet : **Racontez votre premier voyage.**
Où êtes-vous allé(e) ? Avec quel moyen de transport ? Pour faire quoi ? Quels souvenirs gardez-vous de ce voyage ? Pourquoi ?

Entraînez-vous à L'EXERCICE EN INTERACTION *6 points*

Activité : **Organiser la venue d'un formateur.**
Vous faites un stage dans une entreprise française située dans votre pays. Un formateur va bientôt venir de France pour trois jours. Avec un collègue français, vous devez organiser son séjour. Discutez des points suivants : accueil à son arrivée, logement, activités à faire le soir après la formation, personnes à rencontrer, etc. puis partagez-vous les tâches.

ON RECRUTE

Objectifs

- Parler de sa formation
- Parler de ses projets professionnels
- Écrire une lettre formelle

J'ai décidé de changer de métier !

DOCUMENTS

A Quels souvenirs gardez-vous de vos professeurs ?

e-carte

J'aimais les professeurs qui apportaient quelque chose de plus que l'école, quelque chose de vivant. J'ai un bon souvenir de Mme Calot en classe de CP[1], à l'école primaire. Elle m'a donné confiance et surtout, c'est elle qui m'a donné le goût de la lecture. Grâce à elle, j'ai toujours été un élève curieux d'apprendre de nouvelles choses. J'ai su des années plus tard que c'était sa première année d'enseignement.
Et je n'oublierai jamais mon année de première au lycée Rey. J'adorais les cours de mon prof de français. C'était le prof que je préférais. Debout au milieu de la classe, il nous lisait avec passion des pages de Victor Hugo. J'étais impressionné du début à la fin. Résultat : j'ai eu 17/20 au bac !
Je dis merci à ces deux enseignants pour ce qu'ils ont fait.

Maximilien B.

1 *Cours préparatoire.*

COMPRÉHENSION ÉCRITE

Entrée en matière

1 **De quel type de document s'agit-il ?**

2 **Observez le timbre.**
À quel événement est-il associé ?

Lecture

3 **Répondez par vrai ou faux et justifiez votre réponse.**

a | Maximilien écrit une carte de remerciements.
b | Son enseignante de CP lui a donné envie de lire.
c | Elle avait beaucoup d'expérience.
d | Son professeur s'appelait Victor Hugo.
e | Maximilien a eu une mauvaise note au bac de français.

Vocabulaire

4 **Relevez les mots sur le thème de l'école.**

Au fait !

En juin 2015, la première « Fête des Profs » a eu lieu en France. Pendant tout le mois, on peut remercier, individuellement ou collectivement, ses professeurs.

PRODUCTION ORALE

5 **Est-ce que la *Fête des Profs* existe dans votre pays ? Que pensez-vous de cette initiative ?**

6 **Avez-vous eu un professeur qui vous a marqué en bien ou en mal ?**

PRODUCTION ÉCRITE

7 **Quels souvenirs gardez-vous de vos professeurs ? À l'occasion de la *Fête des Profs*, écrivez-leur une carte de remerciements. Vous pouvez l'écrire en ligne sur www.fetedesprofs.fr.**

B Les études de Mélie

57

« J'avais besoin de faire une pause. »

COMPRÉHENSION ORALE

Entrée en matière

1 **Que voyez-vous sur la photo ?**

1re écoute (jusqu'à « professionnel »)

2 **Quel est le parcours de Mélie ? Complétez :**

Parcours de Mélie
- Bac scientifique
- Licence d'.....
- ..... 1 à Sciences Po Lille
- Année de césure : volontaire, Chili
- Actuellement étudiante en .....

3 À quel moment a-t-elle fait son année de césure ?

4 Pourquoi Mélie a décidé de faire une pause dans ses études ?

2e écoute (de « Pourriez-vous » à la fin)

5 Qu'a fait Mélie pendant cette période ?

6 Pourquoi était-ce une expérience enrichissante ?

7 Que fait-elle en ce moment ?

PRODUCTION ORALE >>> DELF

8 Présentez votre parcours.

Pour parler de sa formation

- J'ai passé mon bac.
- J'ai fait une licence d'économie.
- Je me suis inscrit(e) à Sciences Po Lille.
- J'ai intégré un master 1.
- J'ai fait une année de césure.
- J'ai obtenu mon diplôme en 2015.

C Une année de césure après le bac ?

Contrairement aux pays scandinaves ou anglophones, l'année « sabbatique » a du mal à trouver sa place en France, où on préfère continuer ses études plutôt que de partir un an en stage ou à l'étranger.

« Passe ton bac d'abord. » OK, c'est fait, et maintenant ? Faire comme le tiers des bacheliers et partir à la fac ? Ou peut-être faire une classe prépa ? Chaque année, environ 3 bacheliers sur 4 s'inscrivent dans l'enseignement supérieur, et ce chiffre atteint 98 % lorsqu'il s'agit d'un bac général. Et s'il y avait une alternative à continuer les études, après déjà minimum douze ans passés sur les bancs de l'école ?

En dehors de nos frontières, on l'appelle le « gap year ». Ici, on parlerait d'une année sabbatique, ou de césure. Partir à l'étranger, suivre des cours de langues, travailler, faire un stage ou du bénévolat dans une association... Le *gap year* peut prendre différentes formes, avec l'idée de faire un break avant de commencer les études supérieures. C'est ce que plus de la moitié des lycéens au Danemark et en Norvège choisissent de faire. De nombreux

Source : Animafac

Britanniques et Allemands optent également pour cette expérience. Alice, moitié anglaise, est formelle : *« En Angleterre c'est normal, je dirais même que c'est dans le cursus de "la vie" de prendre une année sabbatique. »* Mais en France, *« ce n'est pas dans la culture »*...

Camille Jourdan, slate.fr, 9 juillet 2015

COMPRÉHENSION ÉCRITE

Entrée en matière

1 Lisez le titre et observez l'illustration. Qu'ont-fait ces quatre étudiants ?

Lecture

2 Comment appelle-t-on aussi *l'année de césure* ?

3 Que font la majorité des étudiants français qui ont obtenu un bac général ?

4 Que peut-on faire pendant cette période ?

5 Quelles sont les nationalités qui pratiquent le plus souvent l'année de césure ?

6 Est-ce une pratique courante en France ?

Vocabulaire

7 Reliez les éléments.

a | passer	**1** | un stage
b | faire	**2** | dans l'enseignement supérieur
c | s'inscrire	**3** | des cours
d | suivre	**4** | son bac
e | faire	**5** | une classe prépa

PRODUCTION ORALE

8 Est-ce qu'il est courant de faire une pause pendant ses études dans votre pays ? Pensez-vous que c'est une bonne idée ? Pourquoi ?

GRAMMAIRE > la mise en relief

Cahier d'activités unité 11

ÉCHAUFFEMENT

1 Observez les phrases suivantes. Dans les parties soulignées, quels mots permettent d'insister sur les éléments en gras ?

a | C'est **elle** qui m'a donné le goût de la lecture.
b | C'était **le prof** que je préférais.
c | C'est **la solidarité internationale** que j'ai choisie.
d | C'est **une expérience** que je n'oublierai jamais.

FONCTIONNEMENT

La mise en relief

On utilise la mise en relief, **c'est … que/qui**, pour donner plus d'importance à un élément de la phrase.
On utilise **qui** quand on donne plus d'importance au **sujet** du verbe.
On utilise **que** quand on donne plus d'importance au **complément** du verbe.

Formation

- Pour insister sur un **nom** (ou groupe nominal) **sujet**, on utilise ***C'est*** + ***nom*** + ***qui*** :
*C'est **un prof** qui enseigne le français depuis longtemps.*
- Pour insister sur un **nom** (ou groupe nominal) **complément**, on utilise ***C'est*** + ***nom*** + ***que*** :
*C'est **un prof** que je n'oublierai jamais.*
(Rappel : **que** devient **qu'** devant une voyelle.)
- Pour insister sur un **pronom**, on utilise ***C'est*** + ***pronom tonique*** (***moi***, ***toi***, ***lui***/***elle***, ***nous***, ***vous***, ***eux***/***elles***) + ***qui***/***que*** :
*C'est **lui** qui enseigne le français depuis longtemps. / C'est **lui** que j'ai appelé.*

REMARQUES

- On utilise ***ce sont*** à la place de ***c'est*** si l'élément mis en relief est au pluriel :
*Ce sont **les sciences naturelles** que je préfère.*
- On peut aussi utiliser ***ce qui*** ou ***ce que*** en début de phrase :
Ce que j'aime, c'est la lecture. (= C'est la lecture que j'aime.)
Ce qui me passionne, c'est la lecture. (= C'est la lecture qui me passionne.)

ENTRAÎNEMENT

2 Choisissez le pronom correct.

a | C'est le bruit *qui / que / qu'* l'empêche de travailler.
b | C'est son prof de chimie *qui / que / qu'* Léo admire beaucoup.
c | C'est toi *qui / que / qu'* as pris mon livre ?
d | C'est à Lyon *qui / que / qu'* il a fait ses études.
e | Ce sont tes affaires *qui / que / qu'* sont sur le bureau ?

3 Complétez les phrases avec *ce qui*, *ce que* ou *ce qu'*.

a | ..... elle déteste, ce sont les maths.
b | ..... je voudrais, c'est étudier à l'étranger.
c | ..... est important, c'est la formation.
d | ..... je préfère, ce sont les cours d'économie.
e | ..... est sympa, c'est de faire une année de césure.

4 Transformez les phrases suivantes pour mettre en relief les éléments soulignés.

Exemple : *Je vais acheter un dictionnaire. → C'est un dictionnaire que je vais acheter.*

a | Karim a étudié au Québec. → C'est …
b | Le prof fait son cours en anglais. → C'est …
c | Il fera un stage pendant son année de césure. → C'est …
d | Les élèves ont préparé un exposé. → Ce sont …
e | Monica a organisé un voyage de classe à Rome. → C'est …

5 Mettez en relief les mots soulignés dans deux phrases, comme dans l'exemple.

Exemple : *Il a reçu son diplôme hier.*
→ C'est son diplôme qu'il a reçu hier.
→ C'est lui qui a reçu son diplôme hier.

a | Le cours de chinois commence à 8 h.
b | Madame Levis nous attend dans la classe.
c | Il s'est inscrit en fac de droit.
d | Vous n'avez pas compris cet exercice.
e | La conférence a lieu dans l'amphithéâtre.

VOCABULAIRE > les études

Activités unité 11 cahier + TNI

Le système scolaire français

le baccalauréat
le brevet des collèges
le collège
l'école maternelle
l'école primaire
le lycée
l'université

PRODUCTION ORALE

2 Est-ce le même système dans votre pays ?

La scolarité

apprendre
la classe
le cours
l'emploi du temps *(m.)*
enseigner
la leçon
la matière
obtenir un diplôme
la rentrée

Les personnes

le bachelier/la bachelière
l'élève
l'enseignant(e)
l'étudiant(e)
le/la professeur(e)

3 Dites si c'est vrai ou faux et corrigez les erreurs.

a | Les étudiants vont à l'école primaire.
b | Un bachelier est une personne qui a obtenu son bac.
c | Léa a 11 ans, elle va entrer au lycée.
d | La rentrée des classes a lieu après les vacances d'été.
e | L'étudiant enseigne.

Les études supérieures

avoir bac +3, +4
faire des études
la faculté (la fac)
la fac de sciences,
de lettres et sciences humaines,
de médecine, de droit, etc.
l'école de commerce
les grandes écoles
s'inscrire à l'université

1 Complétez le tableau avec les mots du système scolaire français.

De 3 ans à 6 ans :	1 la petite section → 2 la moyenne section → 3 la grande section
De 6 ans à 11 ans :	1 le CP → 2 le CE1 → 3 le CE2 → 4 le CM1 → 5 le CM2
De 11 ans à 15 ans :	1 la 6e → 2 la 5e → 3 la 4e → 4 la 3e diplôme → ....
De 15 ans à 18 ans :	1 la seconde → 2 la première → 3 la terminale diplôme → ....
....	1 la licence → 2 le master → 3 le doctorat

4 Reliez chaque faculté à son logo.

a | La fac de géographie **c** | La fac d'histoire
b | La fac de linguistique **d** | La fac d'informatique

Le diplôme

le baccalauréat (le bac)
la licence (après 3 ans d'études = bac + 3)
le master 1 (bac + 4)
le master 2 (bac + 5)
le doctorat (bac + 8)

L'évaluation

avoir/réussir son examen ≠ rater son examen
l'examen *(m.)*
passer/présenter un examen
la note
les résultats *(m.)*
le test

5 Complétez le texte avec les mots suivants :
résultats – rater – réussir – notes – passer

Salut Zoé,
Je vais ..... mes deux derniers examens de licence demain. J'espère que je vais les ..... ! Je ne dois absolument pas les ..... . J'ai besoin d'obtenir de bonnes ..... car je voudrais m'inscrire en master 1 et c'est très sélectif. Les ..... seront affichés dans le hall de la fac à la fin du mois. Tu viendras avec moi ? Je te laisse. À très bientôt,
Dany

D Les nouveaux pères

« J'ai décidé de prendre une année sabbatique » par Jean-Christophe, 31 ans, Honfleur.

« Je suis en doctorat d'histoire et j'ai décidé de prendre une année sabbatique pour m'occuper de mes jumelles Solenne et Fanny. Ma compagne a repris son travail d'infirmière à l'hôpital mais il se trouve à 70 km de chez nous. Elle ne rentre qu'un soir sur deux. Je suis très content de mon choix. Je pense que les mentalités ont évolué sur la question des pères au foyer. Il y a de plus en plus d'hommes qui font comme moi, je ne suis pas le seul. »

« Si vous êtes sûr de le vouloir, n'hésitez pas ! » par Fred, 42 ans, Strasbourg.

« Longtemps, j'ai pensé que mon travail était la chose la plus importante. Puis, quand je suis devenu père, ma vie a complètement changé. J'ai démissionné de mon poste d'ingénieur en 2014, à la naissance de mon troisième enfant. J'assume parfaitement mon choix : quand on me demande ce que je fais, je dis que je me consacre à mes enfants et que le travail ne me manque pas, au contraire. Je suis vraiment moi : un homme qui a eu la chance de passer de sa passion pour son métier à sa passion pour ses enfants. J'ai appris à faire la cuisine et à faire les tâches ménagères. Mon conseil : si vous êtes sûr de le vouloir, n'hésitez pas ! »

COMPRÉHENSION ÉCRITE

Entrée en matière

1 Décrivez le dessin. Quelle est la situation ?

Lecture

2 De quel type de document s'agit-il ?

3 Pour quelles raisons Jean-Christophe et Fred ont-ils décidé d'arrêter leur activité ?

4 Que faisaient-ils avant ?

5 Est-ce qu'ils sont satisfaits de leur nouvelle vie ?

6 Selon Jean-Christophe, qu'est-ce qui a changé sur la question des pères au foyer ?

7 Que recommande Fred ?

Vocabulaire

8 Selon vous, *démissionner de son poste* signifie quitter son travail définitivement ou momentanément ?

PRODUCTION ÉCRITE

9 Imaginez un troisième témoignage.

E Je veux changer de métier

58

« Maintenant, je m'éclate ! »

COMPRÉHENSION ORALE

Entrée en matière

1 Connaissez-vous des gens qui ont changé de métier ?

1re écoute (en entier)

2 Où se trouvent les participants ?

3 Qui répond aux questions du journaliste ?

2e écoute (en entier)

4 Quelles sont les raisons du changement professionnel de la dame ?

5 Quel est son nouveau domaine professionnel ?

6 Quelle profession souhaite exercer l'homme ?

7 Qui l'aide dans ce changement ? Pourquoi ?

8 Quelle est la formation de la jeune fille ?

9 Pourquoi a-t-elle changé d'orientation ? Quelle est sa nouvelle voie ? Est-elle satisfaite ?

PRODUCTION ORALE

10 En scène ! Vous souhaitez changer de métier. Vous participez à une émission de télévision et vous témoignez.

Pour parler de ses projets professionnels

- Je veux changer de métier.
- J'ai décidé de me lancer dans l'aventure.
- J'ai pensé à une formation.
- Je vais me reconvertir.
- Je vais démissionner pour changer de vie.

GRAMMAIRE > le discours rapporté au présent

Cahier unité 11 d'activités

ÉCHAUFFEMENT

1 Lisez ces phrases et dites si elles sont au style direct ou indirect (= rapporté). Expliquez pourquoi.

a | Il dit que je peux le faire.
b | Il dit que je suis prêt à prendre une nouvelle direction.
c | « Comment vivez-vous cette reconversion ? »
d | « Ça a été facile ? »

FONCTIONNEMENT

Le discours rapporté

Pour rapporter les paroles de quelqu'un, on utilise **le discours indirect**.

- **Pour rapporter une phrase déclarative**, on peut utiliser les verbes suivants :
dire que, répondre que, affirmer que, ajouter que, annoncer que, déclarer que, expliquer que, répéter que, etc. :
Je suis content de mon choix. → *Il* ***dit qu'****il est content de son choix.*
Attention ! N'oubliez pas de transformer le sujet et les pronoms possessifs quand c'est nécessaire.

- **Pour rapporter une question**, on peut utiliser les verbes suivants :
demander, vouloir savoir, aimer savoir…
+ **mot interrogatif** (*où, quand, comment…*) :
Quand commenceras-tu ton nouveau travail ? → *Il* ***me demande quand*** *je commencerai mon nouveau travail.*

REMARQUES
Pour les questions avec **est-ce que**, **qu'est-ce que** et **qu'est-ce qui**, quelques modifications sont nécessaires :

	Discours direct	Discours indirect
Est-ce que → si	Je lui demande : « **Est-ce que** tu es prête ? »	Je lui demande **si** elle est prête.
Qu'est-ce que → ce que	Il me demande : « **Qu'est-ce que** tu fais ? »	Il me demande **ce que** je fais.
Qu'est-ce qui → ce qui	Il me demande : « **Qu'est-ce qui** te plaît dans ton travail ? »	Il me demande **ce qui** me plaît dans mon travail.

ENTRAÎNEMENT

2 Transformez les phrases au discours rapporté.

a | « Je veux changer de métier. » → Il dit …..
b | « Je voudrais avoir un bon coach. » → Il ajoute …..
c | « Je me lance dans une nouvelle aventure. » → Il affirme …..
d | « Je cherche une formation. » → Il indique …..

3 Transformez ces questions au discours rapporté.

Exemple : « *Qu'est-ce que vous voulez faire dans la vie ?* » → *Il me demande ce que je veux faire dans la vie.*

a | « Où fais-tu ton stage ? » → Il me demande …..
b | « Est-ce que c'est facile de trouver un job étudiant ? » → Il veut savoir …..
c | « Qu'est-ce qui vous plaît dans cette activité professionnelle ? » → Il aimerait savoir …..
d | « Quand commencez-vous votre nouveau travail ? » → Il veut savoir …..

PRODUCTION ORALE

4 Rapportez les paroles de cette personne.

a | Je veux quitter mon travail.
b | Je suis sûr que mon patron me déteste.
c | J'ai besoin de changer de vie.
d | Qu'est-ce que je pourrais faire d'autre dans la vie ?

F Curriculum vitae, mode d'emploi

Les règles d'or du CV français

La présentation d'un CV français peut être complètement différente de celle de votre pays d'origine. Le CV tient généralement sur une seule page, mais lorsque vous avez une longue carrière professionnelle (+ de 10 ans d'expérience), il peut compter deux pages.
Le « look » du CV varie : il peut être traditionnel ou le candidat peut faire preuve d'originalité s'il travaille dans un domaine artistique. Le CV traditionnel se compose de quatre parties principales :
1. Informations personnelles : nom, adresse et téléphone personnel, âge, nationalité, statut (marié, célibataire).
2. Formation : les diplômes, qualifications obtenues, dates et lieux (universités, etc.). Si possible, vous indiquerez l'équivalent français de vos diplômes avec une description du contenu. Les langues parlées et leur niveau de maîtrise à l'oral et à l'écrit sont très importants, surtout quand vous êtes étranger.
3. Expérience professionnelle : c'est la partie la plus importante. Chaque expérience fait l'objet d'un paragraphe. Vous préciserez la période où vous avez occupé le poste, le nom et le lieu de la société, la fonction exercée, vos responsabilités et réussites d'objectifs. Commencez par décrire le poste le plus récent.
4. Activités extraprofessionnelles, divers : cette partie n'est pas obligatoire, mais quelques activités bien choisies peuvent donner une image plus précise de votre personnalité aux recruteurs.

Source : www.justlanded.com

COMPRÉHENSION ÉCRITE

Entrée en matière

1 Qu'est-ce qu'un CV ? À quoi ça sert ?

Lecture

2 Lisez le texte et répondez par vrai ou faux. Justifiez votre réponse.

a | Un CV français peut avoir plus de deux pages.
b | Il est composé de cinq grandes parties.
c | On doit préciser ses coordonnées.
d | Il faut indiquer le niveau de compétence en langues étrangères.
e | La description des emplois commence par le plus récent.
f | À la fin du CV, il faut toujours ajouter un paragraphe sur ses loisirs.

Vocabulaire

3 Reliez les synonymes.

a | un employeur
b | un domaine
c | un poste

1 | un secteur
2 | une fonction
3 | un patron

Oh, le cliché !

« Les Français ne sont pas efficaces au travail. »
Les Français ont la réputation de faire trop de réunions, de longues pauses déjeuner et de ne pas beaucoup travailler. Pourtant, le taux de productivité des Français est un des plus élevés d'Europe, selon l'OCDE.

→ Et vous, pensez-vous être efficace au travail ?

PRODUCTION ORALE

4 Comment est-ce qu'on présente un CV dans votre pays ?

G Particularités suisses

59

« Et si j'allais travailler en Suisse ? »

COMPRÉHENSION ORALE

2 écoutes (en entier)

1 Qui est Yves Gautier ? De quoi parle-t-il ?

2 De quelle norme suisse est-il question dans le premier point clé ?

3 Quel diplôme français est mentionné ? A-t-il une appellation suisse ?

4 Qu'est-ce que le permis B pour les Français ?

5 Qu'est-il habituel d'ajouter sur un CV suisse ?

VOCABULAIRE > le monde professionnel

Activités unité 11 cahier + TNI

Travailler

le bureau
le contrat de travail
le curriculum vitae (le CV)
démissionner
l'emploi *(m.)* = le travail
= le boulot *(fam.)*
l'employeur *(m.)*
l'entreprise *(f.)*
l'offre d'emploi *(f.)*
le patron
le poste
se reconvertir
le salaire
la société
le travail à mi-temps, à plein temps

Au fait !

Le SMIC est le salaire minimum en France. Au 1er janvier 2016, il s'élève à 9,67 € brut de l'heure.

1 Reliez chaque mot à un synonyme.

a | la société	**1** | le chef
b | le salaire	**2** | l'entreprise
c | le travail	**3** | la rémunération
d | le patron	**4** | le boulot

Quelques professions

l'assureur
l'avocat
le banquier
le coach
le développeur web
l'électricien
le graphiste
l'ingénieur

Quelques domaines professionnels

l'art et la culture
la communication visuelle
le droit
la finance
l'informatique
la mode
le secrétariat
la téléphonie

2 Observez la liste des domaines et retrouvez celui des professions suivantes :
l'avocat – le styliste – le développeur web – l'assistant administratif – le banquier

Le CV

3 Complétez le CV de Barbara avec les noms de rubriques suivants :
Centres d'intérêts – Expériences professionnelles – Formation – Langues et informatique

4 Complétez ce texte en vous aidant du CV de Barbara.
Après son bac, Barbara a fait une … à l'université de Tours. Pendant l'été 2015, elle a fait un … dans un cabinet d'… . Elle a travaillé trois années de suite comme … à la Fnac. Elle pratique aussi des activités extraprofessionnelles comme le … et la … et a de bonnes connaissances linguistiques en … et en … .

Barbara Timmer
81 avenue des Fleurs — célibataire
37000 Tours — 22 ans
barbaratim@gmail.com
07.22.12.19.88

…………………………….
2015 Licence de droit (université de Tours)
2012 Bac ES (Tours)

…………………………….
Juin 2015-août 2015 : Stage dans un cabinet d'avocats (CH&SF– Angers)
Juillet 2014, 2013, 2012 : Vendeuse (la Fnac – Tours)

…………………………….
Anglais : niveau B2
Maîtrise du pack Office (Word, Excel, PowerPoint)

…………………………….
Musique : violon
Sports : zumba et karaté
Divers : présidente de l'Association des anciens élèves du lycée Molière

PRODUCTION ÉCRITE

5 À votre tour, écrivez votre CV. Si vous voulez, vous pouvez créer votre CV européen « Europass » sur https://europass.cedefop.europa.eu/fr/

Francophonie

Au Québec, on ne donne pas de renseignements personnels (âge, sexe, état civil, nationalité, photographie, etc.) sur le CV.

PRODUCTION ORALE

6 Pensez à un métier et donnez sa définition à la classe. Les étudiants doivent deviner le nom de la profession.
Exemple : *C'est une personne qui dessine des vêtements, des chaussures et des accessoires de mode. Il ou elle travaille seul(e) ou en équipe.*
→ *Un(e) styliste*

DOCUMENTS

H La chanson de motivation

11

COMPRÉHENSION AUDIOVISUELLE

Entrée en matière

1 Observez l'image. Selon vous, que fait cet homme dans la vie ?

1er visionnage (jusqu'à « visuelle »)

2 De quel style de musique s'agit-il ?

3 Où se trouve le jeune homme ?

4 Présentez Valérian et dites dans quel domaine il recherche un emploi.

2e visionnage (en entier)

5 À qui la chanson de Valérian est-elle destinée ?

6 Que propose-t-il de consulter ?

7 Par quoi est-il passionné ?

8 Quelles sont ses qualités ?

9 Cette chanson ressemble à…

a | une lettre de motivation

b | une lettre amicale

Vocabulaire

10 Réécoutez la chanson et complétez le texte.

> Madame, Monsieur,
> Votre ….. est renommée dans son secteur d'activité. C'est pourquoi elle m'a beaucoup intéressé. J'aimerais vous apporter ma ….. .
> […] Très ….. par le travail en équipe, j'aimerais fortement ….. votre agence.
> […] Je vous remercie de l'….. que vous porterez à ma petite chanson et vous prie de recevoir, Madame, Monsieur, l'expression de mes sentiments ….. .

PRODUCTION ORALE

11 Que pensez-vous de cette chanson ? Valérian va-t-il trouver facilement un travail selon vous ?

I Offres d'emploi

POSTE ▸ Libraire

QUOI ? Accueillir et conseiller les clients.

QUEL PROFIL ? Organisé(e) et méthodique, autonome et responsable, sens du commerce et du relationnel.

COMBIEN ? 28 000 € brut par an.

OÙ S'ADRESSER ? Par courriel à l'attention de la responsable, Mme Laurenti : *librairieplume@free.fr*

Envie de devenir promeneur de chiens ?

Vous êtes libre le matin et vous avez un bon contact avec les animaux ? Cet emploi est fait pour vous. Vous commencerez à travailler chez moi à 9 h pour nourrir et câliner mes deux chiens et mon chat Kedi. Pour mes chiens, il faut également assurer leurs promenades au parc. Vous finirez de travailler à 12 h.
Salaire : SMIC horaire

N'hésitez pas à me contacter : **maxou@gmail.com**

COMPRÉHENSION ÉCRITE

Lecture

1 Lisez les deux annonces et répondez.

a | Quels emplois sont proposés ?

b | Quelles sont les qualités demandées aux candidats ?

c | Quel est le salaire proposé ?

d | Qui faut-il contacter pour poser sa candidature ?

PRODUCTION ÉCRITE >>> DELF

2 Une de ces annonces vous intéresse.
Écrivez un courriel pour dire que vous êtes intéressé(e) et pour demander des informations (60 à 80 mots).

Pour écrire une lettre formelle

Par exemple, pour commencer :
- *Madame, Monsieur,* (si destinataire inconnu)
- *Madame Ledu,* ou *Monsieur Gao,* (si destinataire connu)

Par exemple, pour finir :
- *Recevez, Madame, Monsieur, l'expression de ma considération distinguée.* (si destinataire inconnu)
- *Cordialement,* ou *Bien à vous,* (si destinataire connu)

J Jobs d'été, ce que dit la loi 60

« Il y a des règles spécifiques. »

COMPRÉHENSION ORALE

Entrée en matière

1 **Lisez le titre. Qu'est-ce que *la loi* ?**

2 écoutes (en entier)

2 **De quel type de document s'agit-il ?**
3 **Quelles personnes parlent ?**
4 **Nommez au moins cinq jobs d'été cités par le journaliste.**
5 **À partir de quel âge peut-on travailler ?**
6 **Quelles règles spécifiques concernent les moins de 18 ans ?**
7 **Comment trouver des jobs d'été ?**

PRODUCTION ORALE

8 **Dans votre pays, à partir de quel âge peut-on travailler ?**
9 **Présentez le(s) job(s) que vous avez fait(s).**
10 **Voici des raisons de travailler quand on est étudiant. Dites si vous êtes d'accord et classez-les par ordre d'importance.**

a | Payer ses études.
b | Acquérir de l'expérience professionnelle.
c | Occuper son temps libre.
d | Ne plus demander d'argent à ses parents.
e | S'offrir des vacances.

GRAMMAIRE > les verbes à préposition

Cahier unité 11 d'activités

ÉCHAUFFEMENT

1 **Trouvez les prépositions dans les phrases et dites de quels verbes elles dépendent.**

a | Vous avez envie de devenir promeneur de chiens ?
b | Vous commencez à travailler à 9 h.
c | Vous finissez de travailler à midi.
d | N'hésitez pas à me contacter.

2 **Quelle est la forme des verbes après la préposition ?**

FONCTIONNEMENT

Les verbes à préposition

Certains verbes sont suivis d'une préposition. Les verbes qui suivent les prépositions **à** et **de** sont à **l'infinitif** : *Il a commencé* ***à étudier*** *en Belgique en 2013. Je rêve* ***de prendre*** *une année sabbatique.*

Verbes + à :	**Verbes + de :**
apprendre à / aider quelqu'un à / arriver à / chercher à / commencer à / continuer à / encourager quelqu'un à / hésiter à / inviter quelqu'un à / penser à / réussir à / servir à / se mettre à / se préparer à	avoir besoin de / accepter de / arrêter de / choisir de / conseiller de / décider de / essayer de / finir de / oublier de / proposer de / refuser de / regretter de / rêver de / s'arrêter de / se dépêcher de

ENTRAÎNEMENT

3 **Complétez le dialogue avec les prépositions *à* ou *de*.**

– Alors, tu veux toujours travailler à l'étranger ?
– J'ai décidé ..... réfléchir encore un peu. Mon chef m'a proposé ..... aller à Athènes le mois prochain.
– Et tu as accepté ..... partir tout de suite ?
– Non. En fait, j'hésite ..... partir.
– Et tu parles grec ?
– Bah non, mais si j'accepte la proposition, je vais commencer ..... l'étudier.
– Si tu acceptes, n'oublie pas ..... organiser une fête avant ton départ !

PHONÉTIQUE La dénasalisation

Cahier d'activités unité 11

ÉCHAUFFEMENT

1 Observez ces couples de mots et écoutez leur prononciation. 61

1 kenyan / kenyane 2 Fabien / Fabienne 3 bon / bonne

a | La prononciation des lettres soulignées dans chaque couple est identique ou différente ? Pourquoi ?

b | Dans quels mots entendez-vous une voyelle nasale ?

FONCTIONNEMENT

2 Écoutez et observez les phrases suivantes puis complétez la règle. 62

a | Il prend des cours. / Ils prennent des cours.

b | Simon est lycéen. / Simonne est lycéenne.

c | Je vous souhaite un bon anniversaire.

Dans certains cas, la dénasalisation permet de faire la distinction entre :

- le masculin et le féminin d'un mot → phrase : .....
- le singulier et le pluriel d'un mot → phrase : .....
- on observe ce phénomène dans la liaison → phrase : .....

REMARQUE

Souvent, on doit doubler le ***-n*** quand on transforme au féminin un mot terminé par une voyelle nasale. On le fait aussi pour certains verbes quand on passe du singulier au pluriel :

Il est mignon. → Elle est mignonne. / Il se souvient. → Ils se souviennent.

Au fait !

Qu'est-ce que la dénasalisation ? C'est le fait de passer d'une voyelle nasale à une voyelle orale : [ɑ̃] → [An], [ɛ̃] → [En], [ɔ̃] → [On]

ENTRAÎNEMENT

3 Écoutez et dites dans quelles phrases vous entendez des voyelles nasales. 63

4 Écoutez et répétez les phrases. 64

5 Choisissez une phrase dans la liste suivante et prononcez-la à voix haute. Votre voisin(e) la répète puis prononce la sienne. La personne suivante répète les deux phrases et en ajoute une troisième. Et ainsi de suite.

des lycéennes qui retiennent les leçons - des étudiants qui ne comprennent rien - des étudiants qui n'apprennent rien - un étudiant qui vient souvent - un bon élève - un professeur qui vient de loin - un étudiant qui comprend - des étudiants qui comprennent bien - des lycéens qui viennent de loin

L'ESSENTIEL GRAMMAIRE/VOCABULAIRE

1 La mise en relief. Complétez les phrases avec *c'est ... qui/que*.

a | ..... dans cette fac ..... j'ai étudié.

b | ..... la physique ..... j'aime.

c | ..... toi ..... as pris mon livre ?

d | ..... la politique ..... m'intéresse.

2 Le discours rapporté. Mettez les phrases suivantes au discours rapporté.

a | Qu'est-ce que tu souhaites faire cet été Jules ?
→ Sylvie demande à Jules .....

b | Est-ce que tu cherches toujours un job d'été ?
→ Elle veut savoir .....

c | Où est-ce que tu aimerais travailler ?
→ Elle lui demande .....

d | Tu voudrais travailler combien d'heures par jour ?
→ Elle aimerait savoir .....

3 Les études. Classez ces activités en fonction de la personne : *donner un cours – suivre un cours – faire un cours – prendre un cours – enseigner – corriger les copies – étudier – réviser – mettre une note – prendre des notes*

a | Ce que fait l'étudiant : .....

b | Ce que fait le professeur : .....

4 Le monde professionnel. Trouvez l'intrus.

a | une serveuse – un assureur – un cuisinier – un restaurateur

b | un chanteur – un musicien – un électricien – un peintre

c | un CV – un secrétariat – une offre d'emploi – une lettre de motivation

d | un professeur – un ingénieur – un directeur d'école – un enseignant

ATELIERS

1 CRÉER UN PETIT GUIDE PRATIQUE DE L'ÉTUDIANT

Vous allez réaliser un petit guide pratique de l'étudiant destiné à l'accueil des nouveaux étudiants dans votre ville.

Démarche

En groupe classe puis formez des groupes de trois ou quatre.

1 Préparation

- Ensemble, au tableau, faites la liste des sujets qui intéressent les étudiants.
- Classez les informations listées en rubriques.

Voici quelques exemples de rubriques :
les études → les formations, les écoles, les universités.
La vie étudiante → le logement, la vie sociale et culturelle, le sport sur le(s) campus, etc.

- Formez des groupes.

2 Réalisation

- Chaque groupe va écrire une rubrique contenant des informations pratiques pour aider les étudiants. Écrivez des textes courts et présentez-les avec des plans et des illustrations si nécessaire.

3 Présentation

- Chaque groupe présente sa rubrique à la classe puis publie le petit guide sur le site de l'école.

2 RÉALISER UNE CANDIDATURE EN VIDÉO

ATELIER TECH'

Sur le modèle de la chanson de motivation que vous avez travaillée, vous allez exprimer vos motivations avec originalité dans une vidéo. Vous la filmerez avec votre téléphone portable et la posterez sur le réseau social de votre choix.

Démarche

Formez des groupes de trois à cinq.

1 Préparation

- Dans chaque groupe, sélectionnez les personnes qui souhaitent être filmées.
- À partir des informations de votre CV, écrivez un scénario dans lequel vous parlerez de votre formation, de votre expérience, de vos diverses compétences et de vos centres d'intérêts. Vous pourrez aussi décrire vos qualités et principaux traits de caractère.

Parlez de vous concrètement et de façon originale si cela est possible, avec humour si vous le souhaitez.

2 Réalisation

- Avec un téléphone portable, filmez les membres de votre groupe. Définissez un thème et choisissez un style vestimentaire. Pensez aussi au décor ! Si vous optez pour un CV avec une musique de fond, choisissez une musique rythmée et dynamique. Créez une vidéo qui ne dépasse pas 3 minutes.

3 Présentation

- La classe regarde toutes les vidéos de candidature et choisit la meilleure.

TEST : Êtes-vous bosseur ?

1 Quand vous étiez étudiant :

a | Vous faisiez des fiches pour mémoriser vos cours.

b | Vous étudiiez vos cours et les livres qui vont avec.

c | Vous relisiez les cours le jour avant l'examen.

2 C'est bientôt l'heure de sortir du boulot. Vous avez rendez-vous avec un ami que vous n'avez pas vu depuis longtemps. Votre boss vous demande de faire quelque chose :

a | Vous lui demandez si c'est urgent, sinon ça attendra demain.

b | Vous le faites sans rechigner[1]. Tant pis, vous serez en retard à votre rendez-vous.

c | Vous le mettez de côté et le faites le lendemain. Rien ne va bouger cette nuit de toute façon.

3 Votre arrivée au bureau se fait :

a | 5 minutes avant l'heure, le temps de mettre votre repas dans le frigo et de préparer votre thé.

b | Une demi-heure avant, pour commencer la journée tranquillement.

c | Juste à l'heure ou un peu en retard, vous n'êtes pas à 5 minutes près. On n'est pas des esclaves.

4 Un ami vous demande de relire un de ses projets :

a | Vous le notez sur votre liste de choses à faire et tentez de boucler[2] la lecture dans la journée.

b | Vous mettez tout en suspens et vous vous consacrez à la correction sur-le-champ[3].

c | Oh zut ! Vous avez complètement oublié !

5 Vous êtes sans emploi depuis plusieurs mois, vous trouvez enfin quelque chose mais rapidement vous vous rendez compte que cela n'est pas pour vous :

a | Vous continuez de travailler et recherchez autre chose en parallèle.

b | Vous ne faites pas de chichis[4], c'est difficile en ce moment.

c | Vous démissionnez.

Au fait !

« bosser » signifie « travailler » *(familier)*. Un *bosseur* est une personne qui travaille beaucoup.

6 Depuis que vous occupez votre poste :

a | Vos responsabilités ont augmenté mais vous avez su mettre des limites pour protéger votre vie privée.

b | Vous avez perdu / pris du poids et ne voyez plus personne. Vous êtes super fatigué(e) !

c | Vous faites le strict minimum, pourquoi vous stresser pour rien ?

Source : mag.modelixir.com

1 Protester. 2 Terminer. 3 Immédiatement. 4 Histoires.

Résultats :

- Vous avez un maximum de **A** : vous êtes un gros bosseur.
- Vous avez un maximum de **B** : vous êtes accro à votre travail.
- Vous avez un maximum de **C** : vous êtes paresseux.

L'APPEL DE LA NATURE

Objectifs

- Présenter une action, un événement
- Expliquer un choix, un engagement
- Exprimer son inquiétude
- Exprimer/Réagir à la désapprobation

Touche pas à ma planète !

DOCUMENTS

A La charte du randonneur

RESPECTONS LES ESPACES PROTÉGÉS

En France, de nombreux espaces naturels remarquables (parcs nationaux, réserves naturelles…) sont protégés par des dispositifs réglementaires.

Que ce soit sur le littoral, à la montagne, dans les zones humides ou ailleurs, ces espaces accueillent les randonneurs. Renseignez-vous avant de partir pour connaître les dispositifs réglementaires.

RESTONS SUR LES SENTIERS

Dans la nature, seul le sentier est le territoire de l'homme.

Restez sur les chemins pour éviter le piétinement des espèces. Ne prenez pas de raccourcis et respectez les espaces fragiles.

NETTOYONS NOS SEMELLES

Sans le savoir nous pouvons nuire à la biodiversité.
En apportant, dans la terre collée à nos semelles, des graines ou des germes venus d'autres milieux naturels.
Pensez à nettoyer régulièrement les semelles de vos chaussures.

GARDONS LES CHIENS EN LAISSE

Nous le considérons comme un ami, les animaux sauvages le perçoivent comme un prédateur !

Pour le confort et la sécurité de tous, gardez vos animaux de compagnie en laisse.

RÉCUPÉRONS NOS DÉCHETS

Le meilleur déchet est celui que nous ne produisons pas.

Choisissez les produits que vous utilisez.
Ramassez et emportez vos déchets avec vous.
Soyez volontaire pour préserver notre environnement.
Préservons la nature pour que nos enfants puissent aussi en profiter.

LAISSONS POUSSER LES FLEURS

Elles sont plus jolies dans leur milieu naturel que dans un bouquet.

N'arrachez pas de fleur, de bourgeon ou de jeune pousse mais apprenez à reconnaître la faune et la flore dans leur environnement naturel.

www.ffrandonee.fr

COMPRÉHENSION ÉCRITE

Entrée en matière

1 À votre avis, une charte est :
a | un ensemble de règles.
b | un dépliant touristique.
c | un programme d'activités.

1re lecture

2 Lisez les titres des paragraphes. D'après vous, pourquoi sont-ils rédigés à la première personne du pluriel ?

2e lecture (en entier)

3 Pourquoi les randonneurs doivent-ils rester sur les sentiers ?

4 Que faut-il faire quand on se promène avec son chien ? Pourquoi ?

5 Que faire de ses déchets ?

6 Que faut-il faire pour respecter les plantes ?

Vocabulaire

7 Retrouvez dans le document un synonyme des expressions suivantes :
a | le bord de la mer : …..
b | un chemin plus court : …..
c | les espèces animales et végétales : ….. et …..
d | animal qui chasse sa nourriture : …..
e | animaux domestiques : …..

B Protégeons les océans !

COMPRÉHENSION ÉCRITE

Entrée en matière

1 **Que savez-vous sur la pollution des océans ?**

Lecture

2 **Décrivez l'affiche. Qui l'a réalisée ?**

3 **Répondez à la question de l'affiche. L'océan est un producteur d'oxygène ou une déchèterie ? Est-ce normal ?**

4 **Lisez la dernière phrase du slogan. Quel est l'objectif de cette affiche ?**

Au fait !

Un slogan est une phrase courte, une expression frappante, souvent facile à retenir. On trouve des slogans dans les affiches et la publicité. Son but est de rassembler autour d'une idée et de convaincre.

Source : Maud Fontenoy Fondation

PRODUCTION ORALE

5 **Comment pouvons-nous agir pour protéger les océans ?**

Exemple : *Pour éviter la pollution des océans, on peut jeter les déchets dans les poubelles. Pour que les océans restent propres, on peut...*

C Cap sur les vacances propres

65

COMPRÉHENSION ORALE

Entrée en matière

1 **Lisez la phrase extraite du document. À votre avis, de quel petit déchet s'agit-il ?**

« Ce petit déchet peut provoquer de grosses pollutions. »

2 écoutes (en entier)

2 **Présentez la campagne *Vacances propres*.**

3 **Quand est née cette campagne ?**

4 **Pourquoi de grandes entreprises ont lancé cette opération ?**

5 **Combien y a-t-il de tonnes de déchets sauvages ? Complétez.**

a | En France : .....

b | Sur les pistes de ski : .....

c | Sur les plages : .....

d | Sur les berges et dans l'eau : .....

6 **La journaliste cite des déchets sauvages. Lesquels ?**

Vocabulaire

7 **Trouvez un synonyme des expressions suivantes dans le document. Vous pouvez vous aider de la transcription p. 210.**

a | réputation : ......

b | déjeuner en plein air : .....

PRODUCTION ORALE

8 **Présentez une action du même type que *Vacances propres* dans votre pays. Quand est-elle née ? De quoi s'agit-il ? Où a-t-elle lieu ? etc.**

Pour présenter une action, un événement

- L'opération est née il y a 40 ans pour lutter contre la pollution/pour la planète.
- La campagne est lancée/débute demain.
- Il s'agit d'une action de sensibilisation.
- L'opération est à l'initiative d'une entreprise.
- Elle a lieu partout en France.
- Elle s'adresse aux étudiants.

PRODUCTION ÉCRITE >>> DELF

9 **Vous avez participé au nettoyage d'une plage avec une association. Vous écrivez à un(e) ami(e) pour lui raconter votre expérience et lui proposer de venir avec vous la prochaine fois.**

GRAMMAIRE > l'expression du but

Cahier unité 12 d'activités

ÉCHAUFFEMENT

1 Que permettent d'exprimer les mots en gras ?

a | Restez sur les sentiers **pour** éviter le piétinement des espèces.

b | Préservons la nature **pour que** nos enfants puissent aussi en profiter.

2 À quels temps sont conjugués les verbes après *pour* et *pour que* ?

FONCTIONNEMENT

L'expression du but

3 Complétez.

• Pour exprimer le but, on utilise :
pour + verbe à ….. ou **pour que** + verbe au …..

***Quand utiliser* pour *et* pour que ?**

• Quand le sujet est le même dans les deux parties de la phrase, on utilise **pour** :
*Je trie mes déchets **pour polluer** moins.*

• Quand le sujet des deux verbes est différent, on utilise **pour que** :
***Je** trie mes déchets **pour qu'ils** puissent être recyclés.*

ENTRAÎNEMENT

4 Complétez les phrases avec *pour* ou *pour que*.

a | J'aimerais participer à une campagne ….. sensibiliser le public au problème de la pollution.

b | La mairie a installé des poubelles ….. les habitants recyclent leurs déchets.

c | Il faut rester sur les sentiers ….. préserver la nature.

d | Ces sacs réutilisables sont très utiles ….. faire les courses.

e | Mon cousin m'a donné une brochure de WWF ….. je m'inscrive à l'association.

f | On doit faire passer des lois ….. les gens fassent plus attention.

5 Subjonctif ou infinitif ? Complétez.

a | Tu peux contacter ces ONG pour qu'elles (nettoyer) ….. cette plage.

b | Mélanie étudie la biologie pour (travailler) ….. dans la protection des forêts.

c | Dino emmène ses élèves au zoo pour qu'ils (connaître) ….. les animaux.

d | Luisa va à des cours de cuisine pour (découvrir) ….. la cuisine végétarienne.

e | Ils font des dons pour que cette association (pouvoir) ….. financer des actions.

f | Cette association publie des guides pour que les visiteurs (ne pas jeter) ….. leurs déchets.

6 Terminez les phrases.

a | J'aime observer les oiseaux pour …..

b | Je pars en vacances dans une réserve naturelle pour …..

c | Je lis beaucoup les journaux sur la nature pour …..

d | Je suis très actif/active dans une association environnementale pour que …..

e | Je fais attention à mes déchets pour que …..

PRODUCTION ÉCRITE

7 Vous faites partie d'une association. On vous demande de rédiger trois règles pour la charte du vacancier à la mer. Utilisez *pour, pour que* et la 1re personne du pluriel de l'impératif.

VOCABULAIRE > la géographie et l'environnement

Activités unité 12 cahier + TNI

Les milieux naturels, les espaces protégés

le désert
la forêt
la jungle
le littoral
la montagne
l'océan *(m.)*
le parc national
la réserve naturelle

1 Reliez les expressions imagées à leur signification.

a | C'est la loi de la jungle.
b | C'est une goutte d'eau dans l'océan.
c | C'est le désert.

1 | Il n'y a personne.
2 | Ce n'est pas important.
3 | C'est la loi du plus fort.

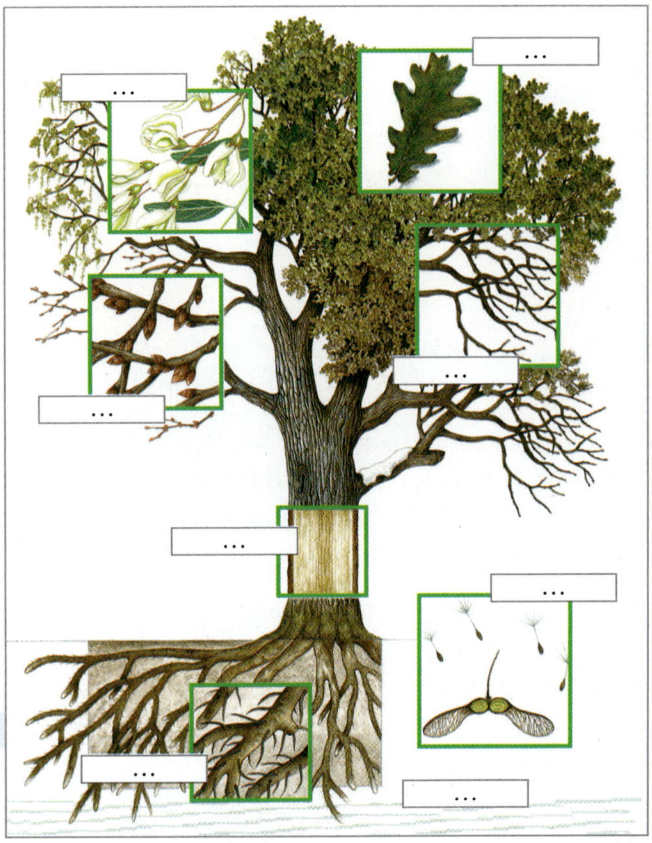

La flore

l'arbre *(m.)*
le bourgeon
la branche
la feuille
la graine
la fleur
la plante
la racine
la terre
le tronc

2 Complétez l'image avec les mots de la liste *La flore*.

La faune

les animaux domestiques
les animaux sauvages
l'espèce *(f.)*
le prédateur
la proie

Agir pour l'environnement

s'impliquer dans…
faire des économies d'énergie
préserver
protéger
recycler
respecter
trier les déchets

La pollution

le déchet
l'emballage *(m.)*
les gaz à effet de serre *(m.)*
la marée noire
le mégot de cigarette
le papier gras
le pétrole

PRODUCTION ORALE

3 En scène ! Vous êtes en montagne. Des personnes viennent de terminer leur pique-nique, elles repartent en laissant leurs déchets. Vous leur expliquez que leurs déchets vont mettre du temps à disparaître. Aidez-vous du document suivant :

D La reforestation

Terre et Environnement | **L'initiative de la semaine**

reforestACTION
AGIR ENSEMBLE POUR L'HOMME & L'ENVIRONNEMENT

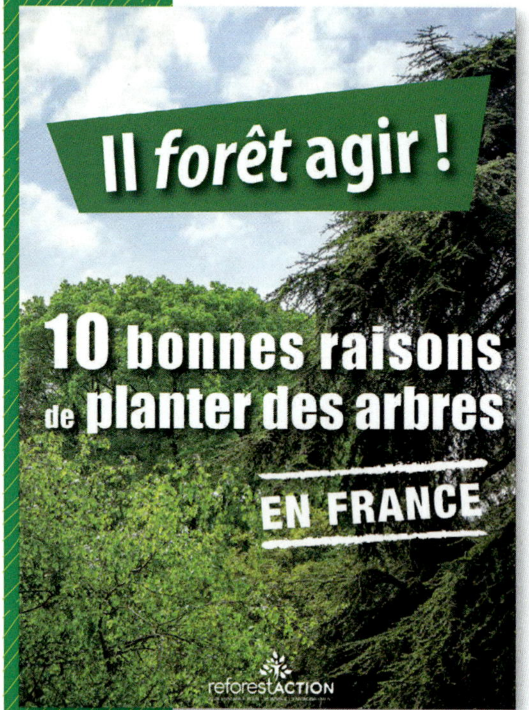

Terre et Environnement : Cette semaine, nous recevons Farida qui est employée par Reforest'Action.

Farida : Reforest'Action est une entreprise sociale qui propose au public de participer à la plantation d'arbres dans le monde entier. On peut tous participer en offrant un arbre par exemple.

T. E. : Pourriez-vous nous parler de la situation des forêts en France ?

Farida : 30 % du territoire français est occupé par des forêts, pourtant elles subissent des tempêtes, des incendies, des maladies… On replante des arbres, mais 2 fois moins qu'en 1990.

T. E. : Pourquoi vous êtes-vous engagée dans la reforestation ?

Farida : En fait, je suis intéressée par la nature depuis toujours. J'aime essayer de deviner quels animaux sont passés par là, grâce aux traces de pattes, aux plumes par terre. Je ne supporte pas de voir la nature se dégrader et je trouve que nous ne la préservons pas assez. Il faut protéger les forêts, c'est pour ça que je m'engage. Je crois que tout le monde peut agir.

Source : http://www.reforestaction.com/blog/10-bonnes-raisons-de-planter-des-arbres-en-france

COMPRÉHENSION ÉCRITE

Entrée en matière

1 **De quel type de document s'agit-il ? Qu'est-ce que *Terre et Environnement* selon vous ?**

1re lecture (affiche)

2 **Décrivez l'affiche.**

3 **Il y a un jeu de mot dans le slogan *« Il forêt agir ! »*. Réécrivez la phrase correcte.**

2e lecture (article)

4 **Présentez la campagne *Reforest'Action*.**

5 **Quelle est la proportion de forêts sur le territoire français ?**

6 **Qu'est-ce qui menace la forêt ?**

7 **Pourquoi Farida a décidé de s'engager pour la protection des forêts ?**

PRODUCTION ORALE

8 **Imaginez les « 10 bonnes raisons de planter des arbres ».**

PRODUCTION ÉCRITE >>> DELF

9 **Vous voulez devenir membre de *Reforest'Action*. Vous écrivez à *Reforest'Action* pour expliquer pourquoi vous voulez vous engager et pour demander ce que vous pouvez faire (60 à 80 mots).**

Pour expliquer un choix, un engagement

- Il faut protéger les forêts, c'est pour ça que je m'engage.
- Je m'engage parce que j'adore la nature.
- J'ai décidé de m'engager pour préserver les océans.
- Je pense/Je crois que tout le monde doit agir.
- À mon avis, tout le monde peut faire quelque chose.
- Je ne supporte pas de voir la nature se dégrader.

GRAMMAIRE > la forme passive

Cahier unité 12 d'activités

ÉCHAUFFEMENT

1 Dites quel est le sujet du verbe en gras et quel sujet fait l'action dans chacune des phrases ? Que remarquez-vous ?

a | Farida **est employée** par *Reforest'Action*.

b | 30 % du territoire français **est occupé** par des forêts.

FONCTIONNEMENT

La forme passive

Emploi

- La forme passive permet d'insister sur le résultat et les acteurs d'une action. Elle présente la même action que la forme active mais d'un point de vue différent.

Forme active : *Des forêts occupent 30 % du territoire français.*

Forme passive : *30 % du territoire français **est occupé** par des forêts.*

Formation

- La forme passive se construit avec l'auxiliaire **être** + **participe passé du verbe**.

Pour indiquer les différents temps, on conjugue l'auxiliaire **être :**

présent → *Elle **est** employée par Reforest'Action.*

imparfait → *Elle **était** employée par Reforest'Action.*

futur → *Elle **sera** employée par Reforest'Action.*

ENTRAÎNEMENT

2 Dans le texte, entourez les verbes à la forme passive.

Une visite qui fait peur

Des habitants du centre de Marseille ont été surpris hier par la visite d'un boa constrictor. C'est au petit déjeuner que la mère de cette famille des quartiers Nord a découvert le serpent dans l'évier de la cuisine. On sait maintenant ce qui s'est passé : l'animal a été abandonné dans un parc il y a quelques jours par son propriétaire qui voulait partir tranquillement en vacances. Le serpent a été reconnu par des voisins. Le propriétaire a été arrêté par la police hier et il va devoir s'expliquer devant un juge pour avoir abandonné son animal dangereux.

3 Transformez les phrases à la forme passive comme dans l'exemple.

Exemple : *Le vétérinaire <u>soigne</u> la chienne.*
→ *La chienne <u>est soignée par</u> le vétérinaire.*

a | Le guide photographie un lion. →.....

b | Une biologiste observe les plantes. →.....

c | Les étudiants écriront une charte. →.....

d | Mes grands-parents gardaient mon hamster l'été dernier. →.....

e | L'Office national des forêts préserve les espaces naturels. →.....

4 Dites si les phrases suivantes sont à la voix active ou passive.

a | Les animaux sauvages sont soignés chez ce vétérinaire.

b | On a abandonné beaucoup de chiens cette année.

c | Je me suis toujours couché très tôt.

d | Ce parc naturel a été inauguré par le président.

e | Cette forêt va être détruite si on ne fait rien.

f | Avec plus de bénévoles, les associations seraient plus efficaces.

E Animaux en voie d'extinction

Les animaux sauvages sont en danger : toutes les 13 minutes, une espèce animale disparaît. Depuis 1970, la population de vertébrés[1] dans le monde a baissé de 52 %.

Disparition des vertébrés selon leur milieu :

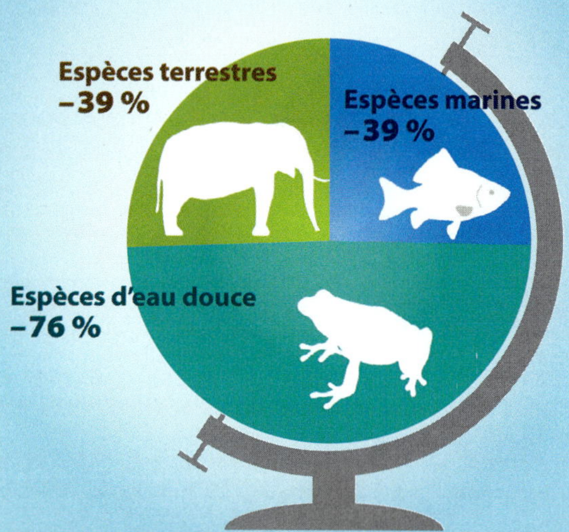

Source : *Rapport Planète Vivante 2014*, WWF (Fond mondial pour la nature)

1 Animal qui a un squelette.

COMPRÉHENSION ÉCRITE

Lecture

1 **Observez le document et lisez le titre. Selon vous, que signifie *en voie d'extinction* ?**

2 **Que se passe-t-il toutes les 13 minutes ?**

3 **Quelle espèce a le plus disparu depuis 1970 ?**

Vocabulaire

4 **À vous ! Citez des animaux pour chaque type d'espèce (terrestre, d'eau douce et marine).**

Oh, le cliché !

« Les Français, champions d'Europe des animaux de compagnie ! »

C'est vrai ! La France compte 63 millions d'animaux domestiques, pour 65,58 millions de Français (chiffres INSEE). Ils possèdent plus de chats que de chiens, mais l'animal que vous trouverez le plus souvent chez un Français est… le poisson !

→ Et dans votre pays, quel animal de compagnie a le plus de succès ?

F Une campagne originale du WWF belge

12

COMPRÉHENSION AUDIOVISUELLE

Entrée en matière

1 **Quel animal voit-on sur l'image ? À votre avis, que va-t-on apprendre sur cet animal dans la vidéo ?**

1er visionnage (sans le son)

2 **Où se trouve la femme ?**

3 **Combien y a-t-il de tigres à l'état sauvage ?**

4 **À votre avis, quel est le but de cette campagne du WWF ?**

2e visionnage (avec le son)

5 **Pourquoi la famille des tigres est vraiment en voie d'extinction ?**

6 **Qu'est-ce qui inquiète la femme ?**

7 **Qu'arrive-t-il à 30 % des Belges ?**

8 **Quelles sont les deux choses qu'on peut faire sur le site www.sauvezletigre.be ?**

PRODUCTION ORALE

9 **En scène ! Choisissez un animal en voie de disparition. Vous êtes inquiet/inquiète et vous alertez la classe sur la situation de cet animal.**

Pour exprimer son inquiétude

- Bientôt, il sera trop tard et ça m'inquiète/ça me fait peur.
- Je suis inquiet pour la faune sauvage.
- J'ai vraiment peur de l'inaction des gens.
- Je trouve cela très inquiétant/préoccupant.
- Si nous n'intervenons pas, il sera bientôt trop tard.

VOCABULAIRE > les animaux

Activités unité 12 cahier + TNI

Les animaux domestiques/de compagnie

le chat
le chameau
le cheval
la chèvre
le chien
le hamster
le lapin
le mouton
le poisson
la poule
la vache

PRODUCTION ORALE

1 Parmi les animaux de la liste, lesquels considérez-vous comme des animaux de compagnie ? Pourquoi ?

2 Reliez chaque expression imagée à sa définition.
a | passer du coq à l'âne
b | donner sa langue au chat
c | être comme chien et chat

1 | se disputer tout le temps
2 | changer rapidement de sujet de conversation
3 | dire qu'on ne sait pas répondre à la question

Le soin des animaux

aller chez le vétérinaire
nourrir
promener en laisse/attaché
vacciner

Les mammifères sauvages

l'éléphant *(m.)*
l'hippopotame *(m.)*
le léopard
le lion
le loup
l'ours *(m.)*
le renard
le rhinocéros
le singe
le tigre

Les oiseaux

l'aigle *(m.)*
le canard
le canari
le corbeau
la mouette
le perroquet
la pie
le pigeon

3 Retrouvez dans la liste de quels oiseaux il s'agit :
a | On les voit dans les villes. → .....
b | Il est souvent très coloré et peut parler. → .....
c | Il est tout noir et assez gros. → .....
d | On la trouve au bord de la mer. → ....
e | Il est puissant et capable d'attraper un lapin. → .....
f | Il est souvent jaune et dans une cage. → .....
g | Elle a un plumage noir et blanc. → .....

Les reptiles

le crocodile
le lézard
le serpent
la tortue

Le corps des animaux

l'aile *(f.)*
le bec
la nageoire
la patte
la plume
le poil
la queue
la trompe

4 Complétez les parties du corps de l'oiseau.

PRODUCTION ORALE >>> DELF

5 À deux. Vous avez perdu votre animal de compagnie. Vous allez au commissariat pour faire une déclaration : vous décrivez votre animal, vous dites où vous l'avez perdu, etc.

DOCUMENTS

G Agir pour la recherche sur la biodiversité

sauvages de ma rue

rechercher OK

SAUVAGES DE MA RUE | BIODIVERSITÉ URBAINE | PARTICIPER | RÉSULTATS | SAUVAGES DE MA VILLE | ACTU & DOCS

« Sauvages de ma rue » est un observatoire mis en place par *Le Muséum national d'Histoire naturelle* et *Tela Botanica*. L'idée est de créer des programmes de recherche qui associent des scientifiques et des citoyens volontaires.

Que font les citoyens ? Ils observent la nature qui les entoure et envoient leurs données aux scientifiques qui collectent toutes les informations et les étudient.

Que peuvent-ils observer ? Tout ! Les plantes sauvages en ville, les fleurs au bord des routes, les papillons et les insectes dans leur jardin, ou encore les oiseaux. Pas besoin d'avoir étudié les sciences, l'important c'est d'être motivé et rigoureux.

Comment faire ? Imprimez la fiche de terrain téléchargeable ici, avant de commencer l'observation des plantes. Après avoir choisi un lieu d'étude, préparez le matériel nécessaire : la fiche de terrain, un stylo et un appareil photo. Ensuite rendez-vous sur le lieu d'étude : soyez attentifs aux pieds des arbres, aux fissures dans le béton, aux murs… Notez vos observations et prenez des photos.

Avant d'envoyer vos données, identifiez les plantes photographiées grâce au guide en ligne. Ensuite, transmettez vos résultats aux scientifiques sur le site http://sauvagesdemarue.mnhn.fr.

sauvages de ma rue · Tela Botanica · MUSÉUM · VIGIENATURE Un réseau de citoyens qui fait avancer la science

D'après http://vigienature.mnhn.fr

COMPRÉHENSION ÉCRITE

Entrée en matière

1 Regardez le logo *Sauvages de ma rue*. À votre avis, qu'est-ce que la *biodiversité urbaine* ?

Lecture

2 Qu'est-ce que *Sauvages de ma rue* ?

a | un observatoire de la biodiversité qui associe citoyens et scientifiques.

b | un programme de formation sur la biodiversité pour les citoyens.

3 Que font les citoyens volontaires ? Qu'observent-ils ?

4 De quoi a-t-on besoin pour faire une observation ?

Vocabulaire

5 Reliez chaque mot à son synonyme.

a | la tribu
b | la rigueur
c | la fissure

1 | le sérieux
2 | l'ouverture
3 | la communauté

H Esther et Manuel, observateurs citoyens

66

COMPRÉHENSION ORALE

Entrée en matière

1 Lisez le titre et la phrase extraite du document. Que font les deux amis à votre avis ?

1re écoute (en entier)

2 Où se passe la scène ?

2e écoute (en entier)

3 Qu'est-ce que Manuel et Esther observent ?

a | le pied d'un arbre
b | un pot de fleur sur une fenêtre
c | une fissure dans le béton
d | la grille d'un jardin public

« Alors, cet arbre, c'est un marronnier ou un chêne ? »

4 Pourquoi se disputent-ils ?

5 Que feront-ils quand ils seront rentrés ?

Vocabulaire

6 Retrouvez dans la liste les trois noms de plantes que vous entendez dans la conversation.
un coquelicot – une marguerite – une ortie – une pâquerette – un pissenlit – une rose

7 Quelles parties d'une fleur sont citées ?

PRODUCTION ORALE

8 En scène ! À deux. Imaginez une conversation entre deux personnes qui ne sont pas d'accord : un observateur volontaire et une personne qui pense que seuls les scientifiques sont compétents.

Pour exprimer sa désapprobation
- Pas du tout !
- Absolument pas !
- Tu as tort. / Tu te trompes.
- Je ne suis pas d'accord avec toi.

Pour réagir à la désapprobation
- Ça va, pas la peine de t'énerver !
- Calme-toi ! / Du calme.
- Tu exagères.
- Allez, ça va !

GRAMMAIRE > la succession dans le temps

Cahier d'activités unité 12

ÉCHAUFFEMENT

1 Quels mots indiquent une chronologie dans ces phrases ?

a | **Après avoir choisi un lieu d'étude**, préparez le matériel nécessaire.
b | Imprimez la fiche de terrain, **avant de commencer l'observation des plantes**.
c | **Avant d'envoyer vos données**, identifiez les plantes.

2 Dans chaque phrase, dans quel ordre ont lieu les deux actions ?

FONCTIONNEMENT

La succession dans le temps

3 Observez les verbes dans les phrases de l'échauffement et complétez la règle.

Avant de et **après** permettent d'indiquer une chronologie. Le sujet des deux actions est le même.
On utilise **l'infinitif passé** avec ..... et on utilise **l'infinitif** avec ..... .

Formation de l'infinitif passé
- On forme **l'infinitif passé** avec **être** ou **avoir** + **participe passé** :

aller → *être allé* étudier → *avoir étudié*
- On accorde le participe passé comme au passé composé :

*Elle a observé des plantes après **avoir étudié** la biologie.*
*Après **être restés** trois jours chez moi, ils sont rentrés chez eux.*

ENTRAÎNEMENT

4 Reformulez les phrases avec *après* et *avant de*.

a | Jeanne a étudié la botanique et elle est partie observer les plantes aquatiques. → ....
b | Vous observerez les plantes du quartier et puis vous préparerez une présentation. → ....
c | Elle a réfléchi puis elle a parlé. → ....
d | Nous irons chez le vétérinaire puis nous passerons chez toi. → ....
e | Je visiterai un parc naturel et j'écrirai un article pour le journal local. → ....
f | Élie a été membre de Greenpeace et il a créé une association. → ....

PHONÉTIQUE Les sons [ʀ], [l] et [g]

Cahier unité 12 d'activités

ÉCHAUFFEMENT

1 Écoutez les sons [ʀ], [l] et [g]. 67

2 a Écoutez et observez les phrases suivantes. 68

a | Respectons notre territoire.
b | Gardons nos chiens en laisse.
c | La jungle est belle.

b Réécoutez les phrases et complétez le tableau. Attention, des mots peuvent être classés dans deux colonnes.

Mots avec le son [ʀ]	Mots avec le son [l]	Mots avec le son [g]
respectons …..	…..	…..

FONCTIONNEMENT

3 Complétez.

En général, le son **[ʀ]** s'écrit : ***r*** ou ***rr*** ; le son **[l]** s'écrit : ***l*** ou ***ll*** et le son **[g]** s'écrit : ***g*** + ….., ***o***, ***u*** ou ***g*** + ***consonne***.

ENTRAÎNEMENT

4 Écoutez et répétez les phrases. 69

5 Faites une liste de mots d'une syllabe puis de deux syllabes qui contiennent les sons [ʀ] ou [l] ou [g]. Puis jouez avec votre partenaire : il/elle dit un mot d'une syllabe qui contient le son [ʀ] (ou [l] ou [g]), vous devez répondre par un autre mot d'une syllabe qui contient le son [ʀ]. Et ainsi de suite.

L'ESSENTIEL GRAMMAIRE/VOCABULAIRE

1 Le but. Reliez les phrases.

a | J'étudie la biologie
b | Ils ont adopté un chat
c | Je lis des guides de montagne
d | Nous devons défendre nos forêts

1 | pour préparer mon voyage en Suisse.
2 | pour que l'air soit plus pur.
3 | pour que leurs enfants aient un compagnon.
4 | pour devenir chercheur.

2 La succession dans le temps. Complétez les phrases avec *après, avant de* ou *avant d'*.

a | ….. avoir donné à manger aux poules, il a nettoyé les cages à lapins.
b | ….. partir, il a laissé son chien à la voisine.
c | ….. être revenu d'observation, il a analysé ses résultats.
d | ….. envoyer un courrier à cette association, il a téléphoné pour se renseigner.

3 La géographie et l'environnement. Complétez les phrases avec les mots qui conviennent.

a | Environ 71 % de la Terre est couverte par des ….. .
b | Dans une ….. , les animaux sont protégés des activités humaines.
c | Un animal qui n'est plus à l'état sauvage est un animal ….. .
d | Pour recycler les matériaux, il faut trier ses ….. .

4 Les animaux. Entourez l'intrus dans chaque liste.

a | lapin – poule – vache – chèvre
b | chameau – perroquet – mouette – pigeon
c | loup – lion – chien – rhinocéros
d | serpent – ours – lézard – crocodile
e | bec – poil – plume – aile

ATELIERS

1 CRÉER UNE ASSOCIATION DE DÉFENSE DE L'ENVIRONNEMENT

Vous allez créer une association pour défendre une cause environnementale.

Démarche
Formez des groupes de trois à quatre.

1 Préparation

- Mettez-vous d'accord sur la cause à défendre : *une espèce végétale ou animale en danger, une région naturelle à protéger, le nettoyage d'un lieu, la préservation d'un espace naturel…*
- Faites des recherches sur cette cause.

2 Réalisation

- Trouvez un nom et un slogan pour votre association.
- Réalisez un document (*un tract, un article, une affiche…*) qui informe le public sur la situation que vous voulez dénoncer, les responsables de cette situation, les solutions possibles… Vous pouvez ajouter des photos.

3 Présentation

- Présentez votre association à la classe et montrez votre brochure.

2 RÉALISER UN REPORTAGE VIDÉO SUR UN ANIMAL OU UNE PLANTE SAUVAGE DE VOTRE RÉGION

ATELIER TECH'

Vous allez enquêter sur un animal (un mammifère, un insecte) ou une plante de chez vous.

Démarche
Formez des groupes de deux à trois.

1 Préparation

- Informez-vous sur les animaux sauvages qui vivent dans votre région, votre pays et sur les plantes sauvages qui poussent près de chez vous, en ville ou dans des espaces naturels.
- Choisissez un animal ou une plante.

2 Réalisation

- Filmez l'animal ou la plante de votre choix avec un téléphone portable ou une caméra.
- Écrivez le texte qui accompagnera les images pour les commenter, comme dans un documentaire.
- Enregistrez votre texte avec un téléphone ou un dictaphone.
- Grâce à un logiciel de montage vidéo, réalisez votre reportage avec vos images et votre texte lu.

3 Présentation

- Montrez votre reportage à la classe.

Préparation au DELF A2 Production orale

Entraînez-vous à L'EXERCICE EN INTERACTION 6 points

Pour vous aider, consultez les stratégies présentées dans l'unité 10 page 152.

Vous faites un stage en Suisse dans une entreprise francophone. Votre travail : développer les comportements écologiques au bureau. Vous allez voir votre chef et vous lui proposez d'introduire quelques gestes écologiques simples au bureau. Vous discutez et vous vous mettez d'accord sur un règlement écologique de l'entreprise.

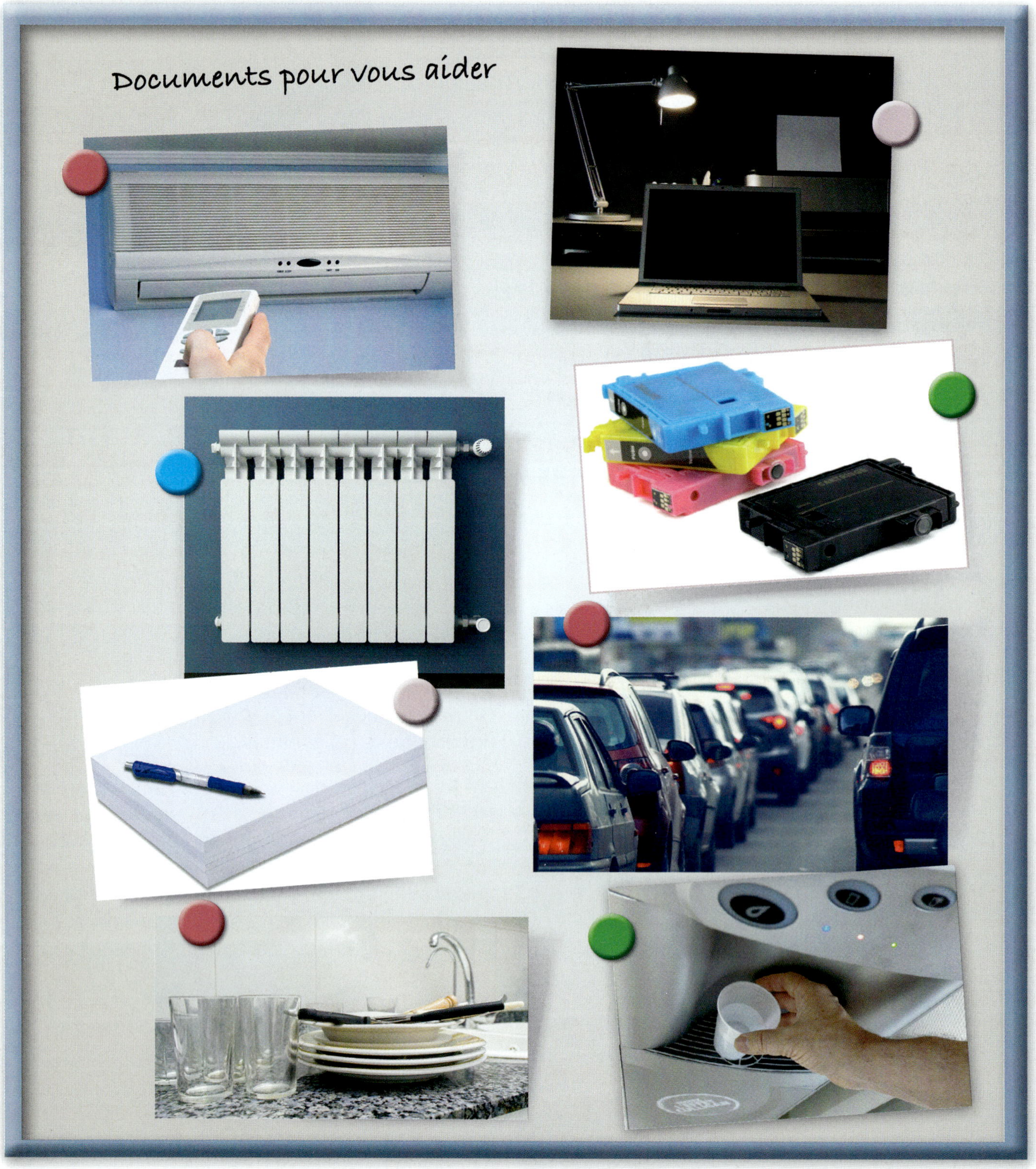

Diplôme d'études en langue française DELF A2

Niveau A2 du Cadre européen commun de référence pour les langues

ÉPREUVES COLLECTIVES	DURÉE	NOTE SUR
1. Compréhension de l'oral Réponse à des questionnaires de compréhension portant sur trois ou quatre courts documents enregistrés ayant trait à des situations de la vie quotidienne (deux écoutes). *Durée maximale des documents : 5 minutes*	**25 minutes environ**	**/25**
2. Compréhension des écrits Réponse à des questionnaires de compréhension portant sur trois ou quatre courts documents écrits ayant trait à des situations de la vie quotidienne.	**30 minutes**	**/25**
3. Production écrite Rédaction de deux brèves productions écrites (lettre amicale ou message) : • décrire un événement ou des expériences personnelles ; • écrire pour inviter, remercier, s'excuser, demander, informer, féliciter…	**45 minutes**	**/25**
ÉPREUVE INDIVIDUELLE	**DURÉE**	**NOTE SUR**
4. Production orale *Épreuve en trois parties :* • entretien dirigé ; • monologue suivi ; • exercice en interaction.	**6 à 8 minutes** *Préparation : 10 minutes*	**/25**
	Note totale :	**/100**

Seuil de réussite pour obtenir le diplôme : 50/100
Note minimale requise par épreuve : 5/25
Durée totale des épreuves collectives : 1 heure 40 minutes

1 Compréhension de l'oral (25 points)

Vous allez entendre 4 enregistrements, correspondant à 4 documents différents.
Pour chaque document, vous aurez :
– 30 secondes pour lire les questions ;
– une première écoute, puis 30 secondes de pause pour commencer à répondre aux questions ;
– une seconde écoute, puis 30 secondes de pause pour compléter vos réponses.

Répondez aux questions en cochant (❏) la bonne réponse ou en écrivant l'information demandée.

70 EXERCICE 1 *6 points*

Lisez les questions, écoutez le document sonore puis répondez. Vous êtes dans une gare en France. Répondez aux questions.

1 Quel est le numéro du train ? *(1 point)*

....

2 Le message annonce… *(1 point)*

❏ un problème en gare. ❏ le départ du train. ❏ l'arrivée du train.

3 Quel service est proposé dans ce train ? *(1 point)*

❏ A

❏ B

❏ C

4 Que faut-il faire pour la sécurité ? *(1 point)*

❏ A

❏ B

❏ C

5 Les personnes accompagnant les voyageurs… *(1 point)*

❏ doivent monter 2 minutes avant l'heure de départ.
❏ doivent descendre des voitures.
❏ ne peuvent pas monter dans le train.

6 Que fait la SNCF à la fin du message ? *(1 point)*

....

71 EXERCICE 2 *5 points*

Vous téléphonez en France. Vous entendez ce message. Répondez aux questions.

1 Actuellement, le magasin… *(1 point)*

❑ est fermé. ❑ est ouvert. ❑ on ne sait pas.

2 Les congés annuels ont lieu du .... **au** .... *(1 point)*

3 Pendant les congés… *(2 points)*

❑ les clients ne peuvent rien commander.
❑ quelqu'un prend les commandes par téléphone.
❑ quelqu'un s'occupe des commandes en ligne.

4 Quelle est l'adresse du site internet du magasin ? *(1 point)*

....

72 EXERCICE 3 *7 points*

Lisez les questions. Écoutez le document puis répondez.
Vous êtes en Belgique. Vous écoutez la radio…

1 Comment s'appelle l'événement culturel ? *(1 point)*

❑ Liège 2015. ❑ Mons 2015. ❑ Le Mans 2015.

....

2 La fête d'ouverture commencera samedi à .... **et se terminera à** .... *(2 points)*

3 Qu'est-ce qui aura lieu à 22 h 30 ? *(1 point)*

❑ A

❑ B

❑ C

4 Qu'est-ce qu'il faudra faire si on veut voir l'exposition Van Gogh dimanche ? *(2 points)*

....

5 Sur quel site internet peut-on avoir plus d'informations ? *(1 point)*

....

73 EXERCICE 4 *7 points*

Vous entendez cette conversation à la boulangerie. Répondez aux questions.

1 La cliente commande… *(1 point)*

❑ un sandwich. ❑ des chouquettes.
❑ une baguette. ❑ deux pains au chocolat.

2 La cliente ne demande pas d'informations à la boulangère sur… *(1 point)*

❑ les tartes. ❑ les gâteaux. ❑ les macarons.

3 **La cliente a du mal à choisir entre** .... **et** .... *(2 points)*

4 **Quelle est la tarte préférée de la boulangère ?** .... *(1 point)*

5 **La cliente ne prend pas de gâteau au chocolat parce que…** *(2 points)*

❏ ses enfants sont absents. ❏ elle a des invités ce midi. ❏ son mari n'aime pas ça.

2 Compréhension des écrits (25 points)

EXERCICE 1 *5 points*

Vous êtes en vacances en France avec des amis de votre pays. Vous voulez faire des activités avec des Français. Vous allez sur le site *www.loisirs-ensemble.fr* et vous lisez ces annonces. Trouvez l'annonce qui correspond à chaque situation.

Annonce n° 1

Bonjour ! J'aime beaucoup la nature. Je cherche quelqu'un entre 20 et 50 ans avec qui faire de la randonnée en montagne. Si cela vous intéresse, vous pouvez me contacter à l'adresse francis@gmail.com
À bientôt j'espère !

Annonce n° 2

Salut ! Je m'appelle Sophie, je joue du piano. Je cherche un(e) violoniste pour répéter ensemble une sonate de Schubert. La personne avec qui je répète d'habitude est partie en vacances alors si vous aimez Schubert, appelez-moi au 06 88 97 15 56. Merci !

Annonce n° 3

Bonjour ! J'ai 2 places pour aller à l'expo Monet. J'aimerais y aller avec quelqu'un qui aime la peinture impressionniste. Alors si vous êtes libre samedi prochain et que vous avez envie de voir l'exposition, téléphonez-moi au 06 72 54 98 66.

Annonce n° 4

Salut ! Avec mon club de foot, on cherche un gardien de but pour le match du 25 janvier, de préférence un bon gardien bien sûr ;-)
Pour jouer avec notre équipe, écrivez au club : ballon-rond@orange.fr

Annonce n° 5

Vous aimez danser ? Moi, j'adore le tango et j'aimerais participer à un stage d'été de 2 semaines mais je ne trouve pas de partenaire. Je cherche un homme entre 20 et 30 ans qui voudrait venir avec moi à l'école de danse le soir de 19 h à 21 h. Pour me contacter : juliet.paulet@wanadoo.fr

Situation	Annonce n°
A Fabbio aime les sports qu'on pratique en équipe.	......
B Francesca adore la marche à pied.	......
C Anna voudrait faire une activité culturelle.	......
D Lorenzo est musicien. Il aimerait accompagner quelqu'un au violon.	......
E Mario est un passionné de danse.	......

EXERCICE 2 *6 points*

Vous habitez en France. Vous trouvez ce message sur votre porte. Lisez le texte et répondez aux questions.

Bonjour !
Nous organisons une petite fête vendredi à 19 h pour discuter entre voisins dans la bonne humeur. Tout le monde apporte son plat préféré. Nous espérons que vous êtes libres, comme ça nous pourrons tous faire votre connaissance et vous souhaiter la bienvenue dans l'immeuble. La soirée se terminera à 21 h pour permettre aux enfants de se coucher tôt. À bientôt !

Robert et Colette, vos voisins du 2e étage.

1 Qui vous a écrit ce message ? *(1 point)*

2 C'est une invitation pour… *(1 point)*

❑ fêter un anniversaire. ❑ vous rencontrer. ❑ le nouvel an.

3 Il faut apporter… *(1 point)*

❑ à manger. ❑ à boire. ❑ de la musique.

4 Pourquoi la soirée va se terminer tôt ? *(2 points)*

5 Où faut-il aller pour faire la fête vendredi ? *(1 point)*

EXERCICE 3 *6 points*

Vous travaillez dans une entreprise française. Lisez ce document et répondez aux questions.

Vous bénéficiez de tickets-resto ? Passez à la carte à puce tickets-resto !

Qu'est-ce que c'est ?
La carte tickets-resto est une carte à puce nominative sécurisée par un code secret.

Pourquoi est-ce mieux que les tickets-resto en papier ?
La carte est plus pratique que les tickets en papier parce qu'elle permet de régler le montant exact de l'addition, au centime près.

Ce qui ne change pas…
C'est toujours votre employeur et vous qui financez les tickets-resto.

Concrètement, comment ça marche ?
Quand vous avez une carte tickets-resto, votre employeur la recharge. Par exemple, si vous avez travaillé 20 jours dans le mois, le montant sera de 20 x 7 euros (montant actuel de votre ticket-resto papier). Le montant chargé sur votre carte sera donc de 140 euros. Ensuite, vous pourrez utiliser votre carte pour payer vos repas au restaurant ou acheter quelques courses au supermarché.

Comment recevoir la carte ?
Vous êtes intéressé(e) ? Contactez le département des ressources humaines par courriel. Vous recevrez ensuite rapidement votre carte par la poste.

1 C'est un document… *(1 point)*

❑ personnel. ❑ administratif. ❑ professionnel.

2 Comment la carte tickets-resto est-elle sécurisée ? *(1,5 point)*

3 Qu'est-ce qu'on peut faire avec la carte à puce et qui est impossible avec les tickets en papier ? *(1 point)*

❑ Payer ses repas. ❑ Payer un montant exact. ❑ Faire des courses.

4 Où peut-on utiliser la carte tickets-resto ? *(1,5 point)*

5 Pour demander une carte tickets-resto, il faut… *(1 point)*

❑ téléphoner à son patron.
❑ écrire au département des ressources humaines.
❑ contacter la poste.

EXERCICE 4 ***8 points***

Vous lisez cet article dans un journal. Répondez aux questions.

SURPRISE *Une Américaine a trouvé une jolie somme d'argent à la place de son sandwich...*

États-Unis : Elle commande un menu chez Burger King et repart avec 2 600 dollars

Janelle Jones est une femme chanceuse, et surtout très honnête. Vendredi après-midi, cette Américaine s'est rendue au Burger King de Rochester, dans l'État du New Hampshire. Après avoir récupéré sa commande au drive du restaurant de fast-food, elle s'est rendu compte que le sac ne contenait ni le thé sucré ni le sandwich au poulet qu'elle avait demandés, mais une importante somme d'argent en liquide. 2 631 dollars, très précisément (environ 2 300 euros).

Garder l'argent... ou pas ?

Une fois chez elle, Janelle Jones a pris la décision de rendre l'argent à Burger King. « Nous ne sommes pas parfaits », a reconnu son époux, Matthew Jones, cité dans la presse locale. S'il admet que le couple a momentanément envisagé de garder le sac de billets, il affirme se sentir plus heureux maintenant qu'ils ont rendu l'argent.

Cette somme correspondait aux recettes de la mi-journée. Grâce à l'honnêteté du couple, l'employé étourdi qui a commis cette erreur échappera peut-être au licenciement. En tout cas, le manager du restaurant a promis cinq repas gratuits à Janelle et son mari.

L'enseigne de fast-food a confirmé les faits sans ajouter de commentaire.

Source : www.20minutes.fr

1 Vrai ou faux ? Cochez la case correspondante et recopiez la phrase ou la partie du texte qui justifie votre réponse. *(1,5 point)*

	Vrai	Faux
Janelle Jones est anglaise.	❑	❑

Justification : ....

2 Vrai ou faux ? Cochez la case correspondante et recopiez la phrase ou la partie du texte qui justifie votre réponse. *(1,5 point)*

	Vrai	Faux
Janelle Jones a reçu la commande d'une autre cliente.	❑	❑

Justification : ....

3 De retour chez elle, qu'est-ce que Janelle a décidé de faire ? *(1 point)*

....

4 Pendant un moment, Janelle et son mari ont imaginé... *(1 point)*

❑ prévenir la police. ❑ garder la somme. ❑ jeter le sac.

5 Vrai ou faux ? Cochez la case correspondante et recopiez la phrase ou la partie du texte qui justifie votre réponse. *(1,5 point)*

	Vrai	Faux
L'employé du fast-food qui a fait cette erreur a été licencié.	❑	❑

Justification : ....

6 Qu'est-ce que le manager du fast-food va offrir aux Jones ? *(1,5 point)*

....

3 Production écrite (25 points)

EXERCICE 1 ***13 points***

Vous êtes allé(e) voir votre groupe de musique préféré en concert. Vous écrivez à un ami francophone pour lui raconter le spectacle et donner vos impressions. (60 mots minimum)

Nouveau message
À : jonas@orange.net
Objet : Concert

EXERCICE 2 ***12 points***

Vous avez reçu ce message électronique.

De : Muriel
Objet : Soirée !
Bonjour !
Je fais une soirée « sushis » mercredi prochain à partir de 19 h. Tu peux venir avec qui tu veux bien sûr.
Est-ce que tu pourras apporter quelque chose pour le dessert stp ?
Merci.
À mercredi j'espère ! ☺

Bisous
Muriel

Vous répondez à votre amie. Vous la remerciez et vous acceptez son invitation. Vous lui dites ce que vous allez apporter et vous lui proposez votre aide pour préparer cette soirée. (60 mots minimum)

Nouveau message
À : muriel@gmail.com
Objet : RE : Soirée !

DELF A2

4 Production orale (25 points)

Cette épreuve de production orale comporte trois parties. Elle dure 6 à 8 minutes. La première partie se déroule sans préparation. Vous avez 10 minutes pour préparer les parties 2 et 3 (*monologue suivi* et *exercice en interaction*). Les trois parties s'enchaînent.

ENTRETIEN DIRIGÉ *1 minute 30 environ*

Après avoir salué votre examinateur, vous vous présentez (*vous parlez de vous, de votre famille, de vos amis, de vos études, de vos goûts, des animaux que vous aimez,* etc.).
L'examinateur vous posera des questions complémentaires.

MONOLOGUE SUIVI *2 minutes environ*

Vous tirez au sort deux sujets et vous en choisissez un. Vous vous exprimez sur ce sujet. L'examinateur peut ensuite vous poser des questions pour vous aider.

Sujet 1 ***Un souvenir d'enfance.***
Racontez un souvenir d'enfance *(amusant, triste, original...)*. Que s'est-il passé ? Où cela s'est-il passé ? Quand ? Quelles étaient vos impressions ? Pourquoi avez-vous choisi ce souvenir ?

Sujet 2 ***Votre film préféré.***
Quel est votre film préféré ? Quelle histoire raconte ce film ? Qui sont les acteurs principaux ? Pourquoi l'aimez-vous ?

ENTRETIEN EN INTERACTION *3 à 4 minutes environ*

Vous tirez au sort deux sujets et vous en choisissez un. Vous devez simuler un dialogue avec l'examinateur afin de résoudre une situation de la vie quotidienne. Vous montrez que vous êtes capable de saluer et d'utiliser des règles de politesse. Dans certains sujets, le genre masculin est utilisé pour alléger le texte. Vous pouvez naturellement adapter la situation en adoptant le genre féminin.

Sujet 1 ***Exposition***
Vous êtes à Paris et vous voulez visiter une exposition avec un ami parisien. Vous regardez les possibilités (*types d'expositions, prix, horaires*). Vous choisissez une exposition ensemble.

Festival de la photo
Infos pratiques :
Où ? 104 Rue d'Aubervilliers
75018 Paris 18 (métro Riquet)
Gratuit
Horaires : 13 h-19 h mardi-vendredi, 12 h-19 h week-end
– fermé le lundi

Le train du chocolat
Infos pratiques :
Samedi : gare de l'Est / Dimanche : gare du Nord / Lundi : gare Montparnasse / Mardi : gare Saint Lazare / Mercredi : gare de Lyon
Gratuit (+ distribution de chocolat)
Horaires : 10 h-19 h

David Bowie is
Infos pratiques :
Où ? 221, av. J. Jaurès,
75019 Paris
12 euros.
Du mardi au dimanche
de 10 h à 20 h

Sujet 2 ***Cours de peinture***
Vous êtes en France et vous voulez prendre des cours de peinture. Vous allez dans une école d'art et vous vous renseignez *(conditions d'inscription, jours, durée, tarifs)*. Vous vous inscrivez.

PHONÉTIQUE

L'INTONATION

En français, l'intonation peut être montante (↗) ou descendante (↘).

A L'intonation permet de distinguer par exemple une phrase déclarative, d'une phrase interrogative ou exclamative. Très souvent, c'est la ponctuation qui va vous aider.

1 Dans une phrase affirmative ou négative : la voix descend à la fin de la phrase.
Exemple : *Elle est là.* ↘

2 Dans une phrase interrogative (sans inversion) : la voix monte à la fin de la phrase.
Exemple : *Elle est là ?* ↗

3 Dans une phrase impérative : on commence par monter la voix, et ensuite on descend la voix.
Exemple : *Viens tout de suite !* ↗ ↘

4 Dans une phrase exclamative : la voix monte.
Exemple : *C'est ton anniversaire !* ↗

> **Attention !** En français, quand on parle, on ne sépare pas tous les mots : on fait des groupes. On les prononce comme si on prononçait un très long mot : c'est le groupe rythmique.
> On monte la voix à la fin de chaque groupe rythmique à l'intérieur de la phrase, puis on la descend à la fin.
>
> Exemple : *Je voudrais un café* (↗), *un jus d'orange* (↗) *et un croissant* (↗), *s'il vous plaît.* (↘).

B Souvent, la ponctuation ne suffit pas à donner l'intention de communication. En effet, l'intonation traduit aussi les émotions, les sentiments, les attitudes des personnes qui parlent. Une phrase peut donc exprimer des sens différents, en fonction de la situation dans laquelle se trouvent les personnes.

Exemple : « *Tu vas chez Jules demain soir* ? »
→ Cette interrogation peut être une simple question mais aussi une demande de confirmation, l'expression d'une inquiétude, d'une envie…

MÉMENTO GRAMMATICAL

LE NOM

1 Le genre

En français, les noms ont un genre : masculin ou féminin.
Dans certains cas, les terminaisons des noms permettent d'indiquer leur genre.
En général, les noms terminés par **-ment**, **-eil**, **-ier**, **-isme**, **-oir**, **-eau**, **-ail**, **-in**, **-al**, **-teur**, **-age** et **-on** sont masculins.
En général, les noms terminés par **-té**, **-tude**, **-ette**, **-aille**, **-ie**, **-ade**, **-esse**, **-ure**, **-ance**, **-ence**, **-tion**, **-son**, et **-eur** sont féminins.

Le genre des noms de personnes et d'animaux correspond presque toujours au sexe :

un homme, une femme / un père, une mère / un chien, une chienne…

2 Le nombre

Les noms comptables peuvent être au singulier et au pluriel.
Pour former le pluriel des noms, on ajoute généralement **-s** au nom singulier :
*un chat → des chat**s***

Cas particuliers

- noms terminés par **-eu** et **-eau**, on ajoute **-x** :
  *un cheveu → des cheveu**x***
- noms terminés par **-al**, on remplace par **-aux** :
  *un journal → des journ**aux***
- noms terminés par **-s** et **-x** : **même forme**.
  un pays → des pays / un prix → des prix

LES ADJECTIFS QUALIFICATIFS

L'adjectif est variable. Il s'accorde en genre et en nombre avec le nom qu'il qualifie.
En général, on ajoute un **-e** à l'adjectif masculin pour former le féminin de l'adjectif.

Attention ! Les adjectifs masculins **beau**, **nouveau** et **vieux** deviennent **bel**, **nouvel** et **vieil** quand ils sont suivis d'un nom qui commence par une voyelle ou un « h » muet.

*un **bel** appartement / un **nouvel** étudiant / un **vieil** homme*

La place de l'adjectif

- Quelques adjectifs courts et très fréquents se placent en général **devant le nom** : *petit, grand, beau, joli, bon, jeune, vieux, long, dernier, jeune, mauvais, nouveau.*
  *une **bonne** amie / un **long** voyage*
- Les adjectifs qui expriment la forme, la nationalité, la couleur, la spécificité, l'appréciation, le jugement se placent **derrière le nom** :
  *une table **ronde** / un ami **sénégalais** / une voiture **puissante.***
- Certains adjectifs changent de sens selon leur place : après le nom, ils s'emploient dans leur sens littéral ; devant le nom, ils expriment un sens affectif, figuré.
  *C'est un homme **pauvre**. (= Il n'a pas d'argent.)*
  *Mon **pauvre** ami ! (= Je vous plains, vous n'avez pas de chance.)*

LES ADJECTIFS ET LES PRONOMS DÉMONSTRATIFS

On utilise les adjectifs et les pronoms démonstratifs pour désigner une personne, une chose ou un objet.

- **L'adjectif démonstratif** s'accorde avec le nom qu'il **accompagne** :

__cette série__ / __ces__ grands __enfants__

Les adjectifs démonstratifs

Singulier		Pluriel
masculin	**féminin**	**masculin + féminin**
ce, cet ***ce*** *chat,* ***cet*** *homme,* ***cet*** *âge*	cette ***cette*** *maison*	ces ***ces*** *chaises,* ***ces*** *amies*

- **Le pronom démonstratif** prend le genre et le nombre du nom qu'il **remplace** :

Quelles __bandes dessinées__ veux-tu acheter ? __Celles__ de Marjane Satrapi ? /
__Celles__ qui sont juste devant toi ? / __Celles__-ci ou __celles__-là ?

Les pronoms démonstratifs

Singulier		Pluriel	
masculin	**féminin**	**masculin**	**féminin**
celui	celle	ceux	celles

LES ADJECTIFS ET LES PRONOMS POSSESSIFS

On utilise les adjectifs et les pronoms démonstratifs pour exprimer un rapport de possession.

- **L'adjectif possessif** s'accorde en genre et en nombre avec l'objet possédé.

C'est __ma__ maison (féminin) et __mon__ chat (masculin).

- **Le pronom possessif** prend le genre et le nombre du nom qu'il remplace.

Tu vois ce bateau ? C'est __le mien__.

Les pronoms possessifs

Un possesseur		Plusieurs possesseurs	
masculin	**féminin**	**masculin**	**féminin**
mon livre : **le mien** mes livres : **les miens**	ma sœur : **la mienne** mes sœurs : **les miennes**	notre cours : **le nôtre** nos cours : **les nôtres**	notre amie : **la nôtre** nos amies : **les nôtres**
ton fils : **le tien** tes fils : **les tiens**	ta fille : **la tienne** tes filles : **les tiennes**	votre ami : **le vôtre** vos amis : **les vôtres**	votre idée : **la vôtre** vos idées : **les vôtres**
son chat : **le sien** ses chats : **les siens**	sa clé : **la sienne** ses clés : **les siennes**	leur vélo : **le leur** leurs vélos : **les leurs**	leur cousine : **la leur** leurs cousines : **les leurs**

LES ADJECTIFS ET LES PRONOMS INDÉFINIS

- **Les adjectifs indéfinis** expriment **la quantité**. On peut exprimer la quantité avec des adjectifs comme **chaque** et **tout**.

Dans ma classe, je parle à __chaque__ étudiant. (= un étudiant en particulier)
Dans ma classe, je parle à __tous__ les étudiants. (= la totalité)
Je parle à __toute__ la classe. (= totalité des individus dans un ensemble)

Attention ! L'adjectif **chaque** est toujours **singulier** et l'adjectif **tout** **s'accorde en genre et en nombre** avec le nom qu'il accompagne.

Mémento grammatical

Tout, adjectif indéfini

Singulier		Pluriel	
Masculin	**Féminin**	**Masculin**	**Féminin**
tout ***tout*** *le monde*	toute ***toute*** *l'école*	tous ***tous*** *les enfants*	toutes ***toutes*** *les étudiantes.*

• **Les pronoms indéfinis** remplacent l'adjectif indéfini et le nom.
Chaque étudiant(e) a parlé → ***Chacun(e)*** *a parlé.*
Tous les étudiants ont parlé → ***Tous*** *ont parlé.*
Toutes les étudiantes ont parlé → ***Toutes*** *ont parlé.*

Attention ! Tout peut être aussi un pronom indéfini *nominal*. Dans ce cas, il est invariable et représente un ensemble de choses.
Tout *va bien. / Je sais* ***tout****. (= toutes les choses).*

LES PRONOMS COMPLÉMENTS

1 Les pronoms compléments d'objet

DIRECT / COD	INDIRECT / COI
me (m')	me (m')
te (t')	te (t')
le / la (l')	**lui**
nous	nous
vous	vous
les	**leur**

Attention ! Le, **la**, **les** remplacent des choses ou des personnes. **Lui**, **leur** remplacent des personnes.
Attention ! À la forme affirmative de l'impératif, on utilise les pronoms toniques **moi** ou **toi** :
*Écoute-**moi**.*

2 Les pronoms compléments *y* et *en*

On utilise le pronom **en** pour remplacer :
• **un complément qui indique le lieu d'où on vient**
*– Tu viens de l'école ? – Oui, j'**en** viens.*
• **une expression de quantité**
*– Il y a assez de lait ? – Oui, il y **en** a assez.*
*– Tu as des amis ici ? – Oui, j'**en** ai beaucoup.*
• **de, d', du, de la, des + nom de chose**
*– Tu as envie de cette montre ? – Oui, j'**en** ai envie.*

On utilise le pronom **y** pour remplacer :
• **un complément qui indique le lieu où on est et où on va**
*– Tu vas à l'école ? – Oui, j'**y** vais.*
• **à + nom de chose**
*– Tu as pensé à ma proposition ? – Oui, j'**y** ai pensé.*

3 La place des pronoms

Les pronoms se placent **devant...**
• un verbe conjugué à un temps simple : *Je **le** vois.*
• Un verbe conjugué au passé composé : *Je **l'**ai vu.*
• L'infinitif quand il y a deux verbes : *Je vais **le** voir.*
• Un verbe conjugué à l'impératif négatif : *Ne **lui** parle pas. N'**y** va pas.*

Les pronoms se placent **derrière**...
• un verbe conjugué à l'impératif affirmatif : *Donne-**moi** ce livre.*

LES PRONOMS RELATIFS

Le pronom relatif permet de réunir deux phrases simples et d'éviter une répétition :

*Je connais **des gens**. ~~Ils~~ habitent à Montréal.* → *Je connais des gens **qui** habitent à Montréal.*

Fonction sujet	Fonction objet	Lieu et moment
qui *Le livre **qui** est sur la table est à moi.*	**que / qu'** *Voici le travail **que** tu dois faire cette semaine.*	**où** *C'est l'entreprise **où** je travaille.* *Il a téléphoné le jour **où** je partais à Rome.*

LES PRONOMS INTERROGATIFS

Les pronoms interrogatifs permettent d'interroger sur l'identité de personnes ou de choses.
Ils peuvent remplacer **quel(le)(s)** + nom.

***Quels** prénoms préfères-tu ?* → ***Lesquels** je préfère ?*

Singulier		Pluriel	
Masculin	**Féminin**	**Masculin**	**Féminin**
lequel *De tous tes amis, **lequel** préfères-tu ?* *Avec **lequel** de tes enfants pars-tu en vacances ?*	**laquelle** *Il y a deux Mme Fontaine ici. **Laquelle** s'appelle Simone ?*	**lesquels**	**lesquelles**

Mémento grammatical

L'ADVERBE

L'adverbe est invariable, à la différence de l'adjectif qui, lui, est variable. L'adverbe peut modifier un verbe, un adjectif ou un autre adverbe.

Fonction	Exemples	Place
L'adverbe modifie le sens d' :		
– un verbe	*Il s'adapte **facilement** à sa nouvelle vie.*	derrière
	*J'ai **beaucoup** aimé ce film.*	intercalé
– un adjectif	*C'est un homme **absolument** charmant !*	devant
– un adverbe	*Ils s'entendent **très** bien.*	devant

1 Les catégories d'adverbes

- **Adverbes de manière :** *bien, mieux, mal, vite, plutôt, comme, ensemble…*
- **Adverbes de quantité et d'intensité :** *assez, autant, beaucoup, environ, plus, moins, peu, presque, seulement, si, tellement, très, trop…*
- **Adverbes de temps :** *bientôt, déjà, encore, enfin, ensuite, longtemps, maintenant, quelquefois, souvent, tôt, tard, toujours, de temps en temps, tout à coup, tout à l'heure, tout de suite…*
- **Adverbes de lieu :** *dehors, dessous, dessus, derrière, devant, ici, là, loin, partout…*

2 Formation de l'adverbe

- Beaucoup d'adverbes se forment en ajoutant **-ment** :
  - au féminin de l'adjectif : *heureux* → *heureuse**ment***
  - au masculin des adjectifs terminés par une autre voyelle que **-e** :
  absolu → *absolu**ment*** / *poli* → *poli**ment***

- On ajoute **-amment** ou **-emment** aux adjectifs terminés en **-ant** ou **-ent** :
  *méch**ant** → méch**amment** / réc**ent** → réc**emment***
- Certains adverbes se forment de façon irrégulière :
  bon → bien / mauvais → mal / gentil → gentiment / bref → brièvement
- Certains adverbes ne sont pas formés à partir d'adjectifs : *très*, *souvent*, *vite*.

LA COMPARAISON

Pour faire une comparaison, on utilise **le comparatif** ou **le superlatif**.

- **Le comparatif** s'emploie pour établir une comparaison entre *deux* personnes ou *deux* choses :
  *Elle est **aussi** intelligente **que** son frère.*
- **Le superlatif** s'emploie pour établir une comparaison entre *plusieurs* personnes ou *plusieurs* choses :
  *C'est la personne **la plus** discrète **de** tout le groupe.*

Attention ! Le complément du superlatif est introduit par **de.**

Le comparatif

• avec l'adjectif	
+ plus … que **= aussi … que** **– moins … que**	*Elle est **plus travailleuse que** lui.* *Elle est **aussi travailleuse que** lui.* *Elle est **moins travailleuse que** lui.*
• avec l'adverbe	
+ plus … que **= aussi …que** **– moins … que**	*Elle comprend **plus vite que** lui.* *Elle comprend **aussi vite que** lui.* *Elle comprend **moins vite que** lui.*
• avec le nom	
+ plus de … que **= autant de … que** **= le/la même …. que** **– moins de … que**	*J'ai **plus de travail que** toi.* *J'ai **autant de travail que** toi.* *J'ai **le même travail que** toi.* *J'ai **moins de travail que** toi.*
• avec le verbe	
+ plus que **= autant que** **– moins que**	*Elle **mange plus qu'**avant.* *Elle **mange autant qu'**avant.* *Elle **mange moins qu'**avant.*

Le superlatif

• avec l'adjectif	
le plus / le moins … de **la plus / la moins … de** **les plus / les moins … de**	*C'est le projet **le plus** intéressant **de** l'année.* *Voici **la plus** belle voiture **du** Salon de l'automobile.* *Vos remarques sont **les moins** pertinentes **de** toutes.*
• avec l'adverbe	
le plus / le moins … de	*Il gagnera la course, il court **le plus** vite **de** tous.*
• avec le nom	
le plus / le moins de … de	*C'est elle qui gagne **le plus d'**argent.*
• avec le verbe	
le plus / le moins … de	*C'est dans cette entreprise qu'on gagne **le moins**.*

Attention !

bon(ne)(s) → ***meilleur(e)(s)*** et **bien** → ***mieux***

LA NÉGATION

La négation simple comporte toujours deux parties : **ne** + **un autre mot négatif.**

- **ne … pas** :
  *Je **ne** comprends **pas.***
- **ne … plus** :
  *Je **n'**ai **plus** faim.*
- **ne … jamais** :
  *Je **n'**ai **jamais** rencontré Simon Plon.*
- **ne … rien** / **rien ne** :
  *Je **n'**ai **rien** oublié. / **Rien n'**a changé.*
- **ne … personne** / **personne ne** :
  *Je **n'**ai vu **personne**. / **Personne n'**est venu.*

Attention !
Au passé composé, les deux mots encadrent l'auxiliaire, sauf dans le cas de **ne … personne :**
*Il **n'a pas fini**. Il **n'a jamais pris** l'avion. Il **n'a vu personne.***

LES VERBES

1 Les différents modes et temps

Mode	Temps
Indicatif	Présent : *je lis* Passé composé : *j'ai lu* Imparfait : *je lisais* Futur : *je lirai*
Conditionnel	Présent : *je lirais*
Subjonctif	Présent : *que je lise*

2 Le passé composé

Formation
- Avec l'auxiliaire **avoir** : la majorité des verbes → *Il **a pris** le bus.*
- Avec l'auxiliaire **être** :

– **15 verbes** (et leur famille) : *aller, arriver, descendre, entrer, monter, mourir, naître, partir, passer, rentrer, rester, retourner, sortir, tomber, venir* → *Il **est parti**.*
– **les verbes pronominaux** → *Il **s'est levé** tard.*

Le participe passé
- Les verbes en **-er** ont un participe passé en **-é :**
  aimer → aimé / écouter → écouté
- En général, les verbes en **-ir** ont un participe passé en **-i** :
  finir → fini / choisir → choisi

- **Autres terminaisons**

-u	boire → ***bu*** / croire → ***cru*** / devoir → ***dû*** / lire → ***lu*** / plaire → ***plu*** / pleuvoir → ***plu*** / pouvoir → ***pu*** / recevoir → ***reçu*** / savoir → ***su*** / venir → ***venu***, tenir → ***tenu***
-i	poursuivre → ***poursuivi*** / rire → ***ri*** / suivre → ***suivi***
-is	apprendre → ***appris*** / comprendre → ***compris*** / prendre → ***pris*** / surprendre → ***surpris***
-it	construire → ***construit*** / dire → ***dit*** / écrire → ***écrit*** / faire → ***fait*** / produire → ***produit***
-ert	couvrir → ***couvert*** / découvrir → ***découvert*** / offrir → ***offert*** / ouvrir → ***ouvert*** / souffrir → ***souffert***
-eint	éteindre → ***éteint*** / peindre → ***peint***

Attention !

- **Le participe passé** employé avec **être** s'accorde avec **le sujet :**
  Les étudiantes sont parties *hier matin.*

- **Le participe passé** employé avec **avoir** s'accorde avec **le COD,** seulement si le COD est **placé avant le verbe** : *Je lis **la lettre** que j'ai **reçue**. Je **l'**ai **reçue** ce matin.*

Emplois

Le passé composé indique principalement…

- une **action achevée** au moment où on parle :
  *Hier soir, un incendie **a eu** lieu vers 23 h dans un immeuble du centre-ville.*
- une **succession d'actions achevées** :
  *Hier, il **a lu**, il **a analysé** et il **a évalué** ce rapport.*

3 L'imparfait

Formation

Le radical de l'imparfait est le même que celui de la première personne du pluriel (*nous*) au présent.

*Nous **fais**ons (présent) → Je **fais**ais (imparfait)*

Les terminaisons sont : **-ais, -ais, -ait, -ions, -iez, -aient**

*il y av**ait** / ils ven**aient***

Emplois

- L'imparfait indique une action qui s'est **répétée régulièrement** dans le passé, qui représente une habitude du passé, **sans limite de durée** :
  *Avant, j'**allais** souvent dans ce café du centre-ville.*
- On utilise aussi l'imparfait pour décrire des circonstances, poser le décor d'une action, d'un événement :
  *Il **faisait** frais ce matin, mais heureusement, il ne **pleuvait** pas.*

4 Le futur simple

Formation

- En général, le radical est l'infinitif. (On supprime le **-e** final des verbes en **-re**) :
  *parler → je **parlerai** / finir → tu **finiras** / prendre → il **prendra***
- Les terminaisons sont : **-ai, -as, -a, -ons, -ez, -ont**
- Il existe quelques verbes irréguliers :

*être → **je serai** / avoir → **j'aurai** / aller → **j'irai** / venir → **je viendrai** / voir → **je verrai** / pouvoir → **je pourrai** / devoir → **je devrai** / vouloir → **je voudrai** / recevoir → **je recevrai** / envoyer → **j'enverrai** / savoir → **je saurai** / faire → **je ferai** / valoir → **je vaudrai** / tenir → **je tiendrai** / falloir → **il faudra** / pleuvoir → **il pleuvra***

Emplois

On utilise le futur simple pour…

- faire une prévision : *Il **fera** mauvais demain.*
- indiquer un programme : *D'abord, je **visiterai** la maison de Monet puis je **ferai** une promenade.*

5 Le conditionnel présent

Formation

Pour tous les verbes : **base du futur** + **terminaisons de l'imparfait**.

*être → je **serais** / pouvoir → tu **pourrais***

Emplois

On utilise le conditionnel pour…

- demander poliment : ***Pourriez**-vous m'apporter ces documents ?*
- exprimer un souhait : *J'**aimerais** être en vacances.*
- exprimer une éventualité : *Marc Filou **se présenterait** aux élections.*
- parler de faits irréels : *Avec 500 000 €, je **serais** riche et heureux.*

6 Le subjonctif présent

Formation

- Pour ***je, tu, il*** et ***ils***, on prend le radical de la 3e personne du pluriel (*ils*) du présent de l'indicatif :

  *Ils **prennent** → Il faut que je **prenne***

  *Ils **choisissent** → Il faut que tu **choisisses***

- Pour ***nous*** et ***vous***, on prend le radical de la 1re personne du pluriel (*nous*) du présent de l'indicatif :

  *Nous **partons** → Il faut que nous **partions***

  *Nous **lisons** → Il faut que vous **lisiez***

- Les terminaisons sont : **-e, -es, -e, -ions, -iez, -ent**

Verbes irréguliers

Avoir	**Être**	**Aller**	**Faire**
que j'aie que tu aies qu'il ait que nous ayons que vous ayez qu'ils aient	que je sois que tu sois qu'il soit que nous soyons que vous soyez qu'ils soient	que j'aille que tu ailles qu'il aille que nous allions que vous alliez qu'ils aillent	que je fasse que tu fasses qu'il fasse que nous fassions que vous fassiez qu'ils fassent
Savoir	**Vouloir**	**Pouvoir**	**Valoir**
que je sache que tu saches qu'il sache que nous sachions que vous sachiez qu'ils sachent	que je veuille que tu veuilles qu'il veuille que nous voulions que vous vouliez qu'ils veuillent	que je puisse que tu puisses qu'il puisse que nous puissions que vous puissiez qu'ils puissent	que je vaille que tu vailles qu'il vaille que nous valions que vous valiez qu'ils vaillent
Falloir qu'il faille		**Pleuvoir** qu'il pleuve	

Emplois

Le subjonctif est souvent introduit par des verbes ou des expressions qui expriment…

- l'obligation, la nécessité :

  ***Il faut que tu apprennes** des langues étrangères.*

  ***Il est indispensable que tu connaisses** au moins trois langues.*

- les sentiments, les émotions :

  ***Ce serait agréable que nous passions** quelques jours ensemble.*

Attention ! Quand le sujet est le même dans une phrase, on emploie l'**infinitif**.

Julie aimerait ***aller*** à Zanzibar. → **même sujet = infinitif**.
sujet

Julie aimerait que ***son ami aille*** à Zanzibar. → **2 sujets = subjonctif**.
sujet 1 — sujet 2

7 Le passif

Voix active = Le chat mange la souris.
Voix passive = La souris est mangée par le chat.

La transformation d'une phrase active en phrase passive entraîne les modifications suivantes :

- le complément d'objet direct (COD) devient le sujet du verbe passif.
- Le sujet du verbe actif devient le complément d'agent, et il est généralement introduit par la préposition **par**.
- C'est l'auxiliaire **être** qui exprime le temps du verbe à la forme passive. Il est conjugué au même temps que le verbe actif, suivi du participe passé (toujours accordé avec le sujet).

8 Le gérondif

Formation
On forme le gérondif avec **en + le participe présent** :
*faire (nous **fais**ons) → **en faisant***
*écrire (nous **écriv**ons) → **en écrivant***

Exceptions : être → ***en étant*** / *avoir* → ***en ayant*** / *savoir* → ***en sachant***

Emploi
Le gérondif indique la simultanéité d'une action par rapport à une autre action. Les deux verbes doivent avoir le même sujet. Le gérondif indique souvent la manière de faire quelque chose.
*D'habitude, je travaille **en écoutant** la radio.*
*Il a appris le portugais **en travaillant** avec des Brésiliens.*

LA MISE EN RELIEF

On l'utilise pour...
- mettre en valeur le sujet :
  ***C'est** un plat **qui** est délicieux.*
- mettre en valeur le complément :
  ***C'est** un restaurant **que** je recommande.*

La mise en valeur avec **Ce que** / **Ce qui** ... , **c'est** est très fréquente aussi :
***Ce que** je préfère, **c'est** le gâteau au chocolat.*
***Ce qui** me plaît, **ce sont** les desserts au chocolat.*

LE DISCOURS RAPPORTÉ AU PRÉSENT

- Quand on rapporte les paroles de quelqu'un au présent, les temps utilisés ne changent pas mais attention aux changements de **pronoms personnels** et d'**adjectifs possessifs**.

Style direct	Style indirect
*Il dit : « **J'**ai perdu **ma** montre. »*	*Il dit qu'**il** a perdu **sa** montre.*

- La phrase au style direct est-elle déclarative ou interrogative ? Il faut faire quelques transformations selon la différence de forme.

Style direct	Style indirect
Le président déclare : « Nous avons gagné. »	*Le président déclare **qu'**ils ont gagné.*
Il me demande : « Es-tu triste ? »	*Il me demande **si** je suis triste.*
Elle me demande : « Qu'est-ce que tu veux ? »	*Elle me demande **ce que** je veux.*
Tu veux savoir : « Qu'est-ce qui te plaît ici ? »	*Tu veux savoir **ce qui** me plaît ici.*

LES INDICATEURS DE TEMPS

Pour indiquer l'heure	à	*On se voit **à** onze heures.*
Pour indiquer une année, un mois	en	*C'est **en** 2014, **en** juillet*
Pour indiquer le point de départ d'une action qui dure encore	depuis	*J'habite à Montréal **depuis** dix ans.*
Pour situer un événement dans le passé	il y a	*Je suis arrivée ici **il y a** une heure.*
Pour indiquer une durée limitée	pendant	*Je t'ai attendu **pendant** dix minutes.*
Pour indiquer une durée prévue	pour	*Je pars en vacances **pour** deux semaines.*
Pour indiquer un point de départ	à partir de	*Je serai en vacances **à partir de** lundi prochain.*
Pour indiquer la limite temporelle d'une action	jusqu'à	*Le magasin est ouvert **jusqu'à** 19 h.*
Pour indiquer la succession d'actions	d'abord puis ensuite enfin	***D'abord**, j'ai fait une licence d'anglais, **puis** j'ai fait un master 2 en linguistique, **ensuite** j'ai fait un stage de 6 mois, **enfin** j'ai trouvé un travail à l'école Louise Michel.*

LES RELATIONS LOGIQUES

1 L'expression de la cause

Exprimer la cause, c'est donner la raison d'un événement ou d'un comportement mais aussi justifier ses actes.

- **Parce que** donne une explication sans nuance particulière :
  *Je suis heureuse **parce que** j'ai réussi mon examen.*
- **Comme** est toujours placé en début de phrase :
  ***Comme** il fait chaud, je vais à la piscine.*
- **À cause de** + **nom** indique une cause négative :
  *La route est bloquée **à cause de** la neige.*
- **Grâce à** + **nom** indique une cause positive :
  ***Grâce à** tes explications, j'ai compris l'exercice.*

2 L'expression de la conséquence

Exprimer la conséquence, c'est montrer le résultat, les suites ou les effets d'une action ou d'un événement.

- **Donc** indique une conséquence logique : *Il pleut **donc** je prends mon parapluie.*
- **Alors** indique la conséquence d'un événement précédent (succession d'événements) :
  *Elle l'a vu, **alors** elle lui a parlé.*
- **C'est pour ça que / C'est pourquoi / C'est pour cette raison** s'utilisent souvent dans un discours structuré :
  *J'ai raté le bus, **c'est pour ça que / c'est pourquoi / c'est pour cette raison** que je suis en retard.*

3 L'expression du but

Exprimer le but, c'est expliquer la raison pour laquelle on réalise quelque chose.

- **pour** + **infinitif** : *Je vais me coucher **pour** me **reposer**.*
- **pour que** + **phrase au subjonctif** : *J'économise **pour que** nous **puissions** acheter une maison.*

4 L'expression de la condition

En général, les phrases de condition sont introduites par **si** et expriment une probabilité.

Si + présent,	**présent, impératif** ou **futur**
Si tu aimes *le poisson,*	*je te* ***conseille*** *ce restaurant.*
Si tu as *le temps demain,*	***passe*** *me voir.*
Si je suis *libre samedi,*	*nous* ***irons*** à la campagne.

Attention ! Pour exprimer une certitude, on utilise **quand.**

Quand *tu seras en vacances, n'oublie pas de passer me voir.*

CONJUGAISONS

	Grandir *(finir, choisir, réussir, réfléchir)*	**S'installer**	**Voir**	**Se souvenir**	**Dire**
Présent	je grandis tu grandis il/elle/on grandit nous grandissons vous grandissez ils/elles grandissent	je m'installe tu t'installes il/elle/on s'installe nous nous installons vous vous installez ils/elles s'installent	je vois tu vois il/elle/on voit nous voyons vous voyez ils/elles voient	je me souviens tu te souviens il/elle/on se souvient nous nous souvenons vous vous souvenez ils/elles se souviennent	je dis tu dis il/elle/on dit nous disons vous dites ils/elles disent
Impératif	grandis grandissons grandissez	installe-toi installons-nous installez-vous	vois voyons voyez	souviens-toi souvenons-nous souvenez-vous	dis disons dites
Passé composé	j'ai grandi tu as grandi il/elle/on a grandi nous avons grandi vous avez grandi ils/elles ont grandi	je me suis installé(e) tu t'es installé(e) il/elle/on s'est installé(e) nous nous sommes installé(e)s vous vous êtes installé(e)(s) ils/elles se sont installé(e)s	j'ai vu tu as vu il/elle/on a vu nous avons vu vous avez vu ils/elles ont vu	je me suis souvenu(e) tu t'es souvenu(e) il/elle/on s'est souvenu(e) nous nous sommes souvenu(e)s vous vous êtes souvenu(e)(s) ils/elles se sont souvenu(e)s	j'ai dit tu as dit il/elle/on a dit nous avons dit vous avez dit ils/elles ont dit
Imparfait	je grandissais tu grandissais il/elle/on grandissait nous grandissions vous grandissiez ils/elles grandissaient	je m'installais tu t'installais il/elle/on s'installait nous nous installions vous vous installiez ils/elles s'installaient	je voyais tu voyais il/elle/on voyait nous voyions vous voyiez ils/elles voyaient	je me souvenais tu te souvenais il/elle/on se souvenait nous nous souvenions vous vous souveniez ils/elles se souvenaient	je disais tu disais il/elle/on disait nous disions vous disiez ils/elles disaient
Futur simple	je grandirai tu grandiras il/elle/on grandira nous grandirons vous grandirez ils/elles grandiront	je m'installerai tu t'installeras il/elle/on s'installera nous nous installerons vous vous installerez ils/elles s'installeront	je verrai tu verras il/elle/on verra nous verrons vous verrez ils/elles verront	je me souviendrai tu te souviendras il/elle/on se souviendra nous nous souviendrons vous vous souviendrez ils/elles se souviendront	je dirai tu diras il/elle/on dira nous dirons vous direz ils/elles diront
Conditionnel présent	je grandirais tu grandirais il/elle/on grandirait nous grandirions vous grandiriez ils/elles grandiraient	je m'installerais tu t'installerais il/elle/on s'installerait nous nous installerions vous vous installeriez ils/elles s'installeraient	je verrais tu verrais il/elle/on verrait nous verrions vous verriez ils/elles verraient	je me souviendrais tu te souviendrais il/elle/on se souviendrait nous nous souviendrions vous vous souviendriez ils/elles se souviendraient	je dirais tu dirais il/elle/on dirait nous dirions vous diriez ils/elles diraient
Subjonctif présent	que je grandisse que tu grandisses qu'il/elle/on grandisse que nous grandissions que vous grandissiez qu'ils/elles grandissent	que je m'installe que tu t'installes qu'il/elle/on s'installe que nous nous installions que vous vous installiez qu'ils/elles s'installent	que je voie que tu voies qu'il/elle/on voie que nous voyions que vous voyiez qu'ils/elles voient	que je me souvienne que tu te souviennes qu'il/elle/on se souvienne que nous nous souvenions que vous vous souveniez qu'ils/elles se souviennent	que je dise que tu dises qu'il/elle/on dise que nous disions que vous disiez qu'ils/elles disent

	Mettre	**Ouvrir** *(découvrir, offrir, accueillir)*	**Conduire** *(produire, construire)*	**Suivre**	**Peindre** *(éteindre)*
Présent	je mets tu mets il/elle/on met nous mettons vous mettez ils/elles mettent	j'ouvre tu ouvres il/elle/on ouvre nous ouvrons vous ouvrez ils/elles ouvrent	je conduis tu conduis il/elle/on conduit nous conduisons vous conduisez ils/elles conduisent	je suis tu suis il/elle/on suit nous suivons vous suivez ils/elles suivent	je peins tu peins il/elle/on peint nous peignons vous peignez ils/elles peignent
Impératif	mets mettons mettez	ouvre ouvrons ouvrez	conduis conduisons conduisez	suis suivons suivez	peins peignons peignez
Passé composé	j'ai mis tu as mis il/elle/on a mis nous avons mis vous avez mis ils/elles ont mis	j'ai ouvert tu as ouvert il/elle/on a ouvert nous avons ouvert vous avez ouvert ils/elles ont ouvert	j'ai conduit tu as conduit il/elle/on a conduit nous avons conduit vous avez conduit ils/elles ont conduit	j'ai suivi tu as suivi il/elle/on a suivi nous avons suivi vous avez suivi ils/elles ont suivi	j'ai peint tu as peint il/elle/on a peint nous avons peint vous avez peint ils/elles ont peint
Imparfait	je mettais tu mettais il/elle/on mettait nous mettions vous mettiez ils/elles mettaient	j'ouvrais tu ouvrais il/elle/on ouvrait nous ouvrions vous ouvriez ils/elles ouvraient	je conduisais tu conduisais il/elle/on conduisait nous conduisions vous conduisiez ils/elles conduisaient	je suivais tu suivais il/elle/on suivait nous suivions vous suiviez ils/elles suivaient	je peignais tu peignais il/elle/on peignait nous peignions vous peigniez ils/elles peignaient
Futur simple	je mettrai tu mettras il/elle/on mettra nous mettrons vous mettrez ils/elles mettront	j'ouvrirai tu ouvriras il/elle/on ouvrira nous ouvrirons vous ouvrirez ils/elles ouvriront	je conduirai tu conduiras il/elle/on conduira nous conduirons vous conduirez ils/elles conduiront	je suivrai tu suivras il/elle/on suivra nous suivrons vous suivrez ils/elles suivront	je peindrai tu peindras il/elle/on peindra nous peindrons vous peindrez ils/elles peindront
Conditionnel présent	je mettrais tu mettrais il/elle/on mettrait nous mettrions vous mettriez ils/elles mettraient	j'ouvrirais tu ouvrirais il/elle/on ouvrirait nous ouvririons vous ouvririez ils/elles ouvriraient	je conduirais tu conduirais il/elle/on conduirait nous conduirions vous conduiriez ils/elles conduiraient	je suivrais tu suivrais il/elle/on suivrait nous suivrions vous suivriez ils/elles suivraient	je peindrais tu peindrais il/elle/on peindrait nous peindrions vous peindriez ils/elles peindraient
Subjonctif présent	que je mette que tu mettes qu'il/elle/on mette que nous mettions que vous mettiez qu'ils/elles mettent	que j'ouvre que tu ouvres qu'il/elle/on ouvre que nous ouvrions que vous ouvriez qu'ils/elles ouvrent	que je conduise que tu conduises qu'il/elle/on conduise que nous conduisions que vous conduisiez qu'ils/elles conduisent	que je suive que tu suives qu'il/elle/on suive que nous suivions que vous suiviez qu'ils/elles suivent	que je peigne que tu peignes qu'il/elle/on peigne que nous peignions que vous peigniez qu'ils/elles peignent

TRANSCRIPTIONS > documents des audios

UNITÉ 1 C'est la vie !

2 Page 14, A : Des artistes se présentent

1 Manu
Je viens de la banlieue parisienne. Je suis né en banlieue parisienne à Châtenay-Malabry, pas très loin de Paris et j'ai grandi entre Paris et la banlieue.

2 Guizmo
Alors, je suis né à Paris dans le 14e arrondissement et j'ai vécu en banlieue parisienne à Cachan dans le Val-de-Marne. Voilà, jusqu'à, jusqu'à la fuite vers la campagne euh quand j'avais 25 ans à peu près. Donc voilà, j'ai fait toute ma jeunesse en banlieue.

3 Mali
D'où est-ce que je viens ? Alors pour ma part, je suis né à Paris en banlieue sud. Je suis né à Antony. Voilà, pour tous ceux qui connaissent Antony à côté de Fresnes, à quelques pas de la MJC[1] de Fresnes, là où justement a commencé Tryo. J'ai vécu à Nantes et puis finalement l'appel de la capitale est revenu donc, voilà, aujourd'hui, je suis à Paris... Donc je crois que je suis finalement un véritable citadin. Je viens de la ville et plus précisément de la banlieue, pas d'une banlieue difficile entre... ouais, vraiment, d'une banlieue paisible, Antony, à la limite de Fresnes.

4 Danielito
Alors où je suis né ? Moi, je suis né très loin d'ici, je suis né, où est-ce que je suis né ? Physiquement, physiquement on va dire que je suis né au Chili. Ma première naissance, on va dire en 73, voilà... Il y a bien longtemps, au Chili, à Santiago du Chili et on va dire que j'ai peut-être une deuxième naissance quand je suis arrivé en France en 1982. Voilà, j'ai recommencé ma vie à zéro.

Né quelque part, ép. 1, 2, 3 et 4, François Lecomte, novembre 2014

1 Maison des Jeunes et de la Culture.

3 Page 18, D : À chacun son salon

Mariette : Bonsoir chéri, tu n'as pas fait les courses ?
Manu : Si si et j'ai rapporté ton « Expo in the city ». On sort ce week-end ?
Mariette : Oui, bonne idée ! Tu veux aller au cinéma ou visiter une exposition ?
Manu : Oh non Mariette, il n'y a rien en ce moment, mais j'ai lu ce magazine et j'ai trouvé des idées de salons, tu veux regarder ?
Mariette : Hum, hum, pas mal ! T'as envie de te faire tatouer ? Il y a le Salon du Tatouage en ce moment.
Manu : Moi, un tatouage ! Ben non, t'es folle ! Je déteste ça.
Mariette : Pourquoi pas le Salon des Antiquaires ? On n'a plus de bols et on a besoin de tasses aussi.
Manu : Mais non, j'ai acheté des tasses il y a un mois. T'as oublié, ou quoi ?
Manu : Oh regarde, il y a le Salon des Sports et de l'Extrême. Toi qui veux essayer le judo, c'est l'occasion ! Il y a des cours d'essais gratuits. Oh, et il y a aussi du canoë-kayak dans une piscine ! Et du tir à l'arc, de l'escrime, de la boxe, de la gym... Oh, il y a le choix.
Mariette : Allez, d'accord pour le Salon du Sport. Bonne idée !
Manu : Bon, très bien. On y va plutôt samedi ou dimanche ? Tu choisis !
Mariette : Eh bien, plutôt dimanche. On ne sort jamais le dimanche.

4 Page 23, H : Tu es libre ?

Voix du répondeur : Vous pouvez laisser un message après le bip.
Mayana : Salut Annick, c'est Mayana. Comme tu le sais, je fais partie de l'association Sol'Africa depuis mai 2015. Je suis très contente parce que les activités proposées sont vraiment sympas. Il y a quinze jours, nous avons participé au festival du cinéma afro-caribéen qui a lieu tous les ans en octobre pendant cinq jours. Il existe depuis 2007. Le 15 novembre prochain, on organise la 5e édition de notre soirée africaine. Ça t'intéresse ? Est-ce que tu es libre le 15 ? Dis-moi ! Bises

5 Page 24, Phonétique > Les sons [s] et [z]

Exercice 1
a Jean est passionné par les jeux de hasard.
b Il a commencé à l'âge de six ans.
c J'aime la danse et les activités artistiques.
d Elle fait quinze heures de sport par semaine.
e Mes garçons aiment la compétition.

6 Page 24, Exercice 3

a Zoé a quel âge ? Six ans, dix ans ou douze ans ?
b Elle est amatrice de concerts et de séries télévisées.
c C'est le Salon international de la course automobile.
d Les enfants de François assistent à un festival.

UNITÉ 2 Souvenirs, souvenirs

7 Page 29, C : Les auditeurs ont la parole

Présentateur : Aujourd'hui, nous donnons la parole aux auditeurs ! Nous avons Judith en ligne. Alors, Judith, pouvez-vous nous raconter un beau souvenir d'enfance ?

Témoignage 1
Judith : Je me souviens, quand j'étais petite, chaque hiver, j'allais chez mes cousins au Québec. J'adorais retrouver ma cousine Florence, nous faisions du ski tous les jours ensemble. Ce sont des souvenirs inoubliables. C'était fantastique !
Présentateur : Merci Judith. Passons à notre auditeur suivant. C'est un très jeune homme qui s'appelle Hippolyte. Hippolyte, tu es encore très jeune mais peux-tu nous raconter un joli souvenir ?

Témoignage 2
Hippolyte : Alors, voilà : tous les étés, j'allais avec mon copain Augustin et ma sœur Marguerite à la plage en Normandie. Nous vendions euh des co... des coquillages et des colliers. C'étaient vraiment de supers moments. On s'amusait bien et euh je me souviens qu'on avait chacun un peu notre rôle. Moi, j'étais le directeur des opérations et, Marguerite, fabricante et vendeuse. Augustin euh amenait les clients.
Présentateur : Merci Hippolyte ! Et maintenant Éric, je crois. Vous êtes là Éric ?

Témoignage 3
Éric : Oui, oui, bonjour à tous !
Présentateur : Et vous, qu'est-ce que vous pouvez nous raconter ?
Éric : Mes souvenirs d'enfance sont liés à l'Angleterre. J'y allais systématiquement en vacances dans un camp d'équitation jusqu'à l'âge de 20 ans. C'était à une heure de Londres, en pleine campagne. Imaginez une très grande maison qui accueillait des jeunes du monde entier pour une passion commune qui était le cheval. J'ai des souvenirs d'amitiés incroyables. J'avais des amis de toutes nationalités : il y avait des Anglais, des Italiens, des Espagnols, des Allemands et d'autres venaient d'un peu plus loin, du Japon, d'Amérique du Sud. Et j'ai de très bons amis indiens que je vois toujours aujourd'hui 25 ans après, qui étaient témoins à mon mariage, qui ont des enfants et qu'on voit très régulièrement. Voilà, c'étaient des moments inoubliables.

8 Page 32, E : C'était bien les vacances ?

Pénélope : Allô Amélie ? C'est Pénélope.
Amélie : Oui, bonjour Pénélope. Alors, bien rentrée à Bordeaux ? C'était comment ton voyage en Guadeloupe ?
Pénélope : Ah écoute, une catastrophe ! J'en reviens tout juste. Les piqûres de moustiques, les coups de soleil. Il faisait beaucoup trop chaud là-bas pour moi. Et je ne parle pas du décalage horaire.
Amélie : Tu y es allée seule finalement ?
Pénélope : Non. Tiffanie, à la dernière minute, a décidé de m'accompagner. Tiens-toi bien, elle est toujours là-bas ! Elle ne veut plus en repartir. Elle cherche du travail à Grande-Terre.
Amélie : Waou, c'est bien elle, ça. Si je comprends bien, c'était génial pour elle.
Pénélope : Oui, mais pas pour moi. Je me suis ennuyée. Je n'ai rien fait de spécial. La plage, la plage, quoi. Ah, je te laisse, j'ai un appel sur mon téléphone fixe. C'est sans doute Tiffanie ! À bientôt !

9 Page 38, Phonétique > La liaison obligatoire avec le pronom *en*

Exercices 1 et 2

a J'en arrive à l'instant.
b Il en est sorti à 16 heures.
c Tu n'en es pas descendu tout de suite.
d Vous n'en êtes pas reparti à l'heure.
e Vous n'en venez pas ?

10 Page 38, Exercice 4

a Elles n'en ont pas décollé à l'heure.
b Il n'en est pas revenu avant 18 heures.
c Tu en arrives tout juste.
d Il en est sorti avant la fin.

11 Page 38, Exercice 5

a Mon frère est allé voir un ami et il n'en est pas encore revenu.
b Mon oncle est allé au cinéma. Il en est sorti très mécontent.
c Mon ami avait un rendez-vous important dans l'après-midi. Il en est parti tard.
d Ma sœur est arrivée en avion mais elle n'en est pas encore descendue.

UNITÉ 3 À la recherche d'un toit

12 Page 43, C : Vivre ensemble

Adèle : Rémi, mon chéri, tu as deux minutes ? Je voudrais te parler d'une annonce que je viens de lire dans le journal : à louer, studio…
Rémi : Tu veux vraiment vivre dans un studio ?
Adèle : Attends, je n'ai pas fini, c'est un grand studio de 45 m^2.
Rémi : Ah non Adèle, on a besoin d'avoir une chambre et…
Adèle : Tais-toi, écoute-moi ! C'est un studio de 45 m^2 avec une terrasse de 15 m^2, 720 euros par mois, charges comprises, c'est une affaire tu ne crois pas ?
Rémi : Adèle, tu es sérieuse ? Pour le même prix, nous pouvons trouver un deux-pièces. Je vais regarder sur internet.
Adèle : Oui mais il y a une cave et un parking.
Rémi : Laisse-moi parler ! Je viens de trouver ça sur le site seloger.fr : appartement de 50 m^2, clair, situé dans une rue calme mais dans un quartier animé où il y a de nombreux commerces. Un séjour, une chambre, une salle de bains et une belle cuisine. 750 euros. Moi, ça me plaît ! Je vais appeler le propriétaire pour avoir plus d'informations.

13 Page 46, E : Logement à la ferme

Journaliste : Les étudiants sont de plus en plus nombreux à choisir la campagne pour se loger.
Journaliste 2 : Oui, grâce au réseau *Campus vert*. Il existe depuis quatorze ans maintenant en Nord-Pas-de-Calais, aujourd'hui il regroupe cent-vingt agriculteurs qui proposent des studios, des T1 ou même des T2 à la ferme pour des étudiants qui cherchent le calme et surtout des loyers raisonnables. Rafaela Biry-Vicente s'est rendue à Havrincourt dans le Pas-de-Calais.
Rafaela Biry-Vicente : Perdu au fin fond du village de seulement quatre-cent habitants avec vue sur les champs, le mini-campus du Cambrésis : cinq studios meublés, aménagés il y a quatre ans dans l'ancienne étable de Philippe et Geneviève, des logements 30 % moins chers qu'en ville et aussi un havre de paix pour les étudiants studieux comme Camille, 24 ans.
Camille : J'aime bien le calme aussi, pour travailler, pour se reposer aussi c'est plus simple euh ici euh, à la campagne quoi, ça fait du bien ouais.
Rafaela Biry-Vicente : Une formule qui séduit aussi beaucoup les parents, assure Geneviève.
Geneviève : Les parents sont très rassurés parce qu'on est là pour les aider s'il y a un problème.
Rafaela Biry-Vicente : Car ici on est bien loin de l'anonymat de certains campus ; même si les agriculteurs ne sont pas trop intrusifs, il existe un lien très fort avec les jeunes.

France Bleu Nord

14 Page 52, Phonétique > Prononcer *plus*

Exercices 1 et 2

a Virginie habite plus loin que Juliette et son appartement est plus ancien.
b Il y a plus de parcs à Paris qu'à Montréal mais les loyers sont plus élevés.
c Les étudiants déménagent plus que les retraités et choisissent des métropoles plus vertes.

15 Page 52, Exercice 4

a Ce quartier est plus animé.
b À Paris, il y a plus de théâtres qu'à Marseille.
c À Lausanne, on construit plus qu'à Nice.
d Mon jardin est plus petit que le tien.

UNITÉ 4 On n'arrête pas le progrès

16 Page 57, C : Chronique *Innovations*

Présentateur : C'est l'heure de notre chronique *Innovations*, avec Ève Perron qui est allée visiter pour nous le salon du concours Lépine International à Paris. Alors ce concours est pour tous les inventeurs, innovateurs et autres ingénieurs qui ont créé une nouvelle machine pour nous faciliter la vie.
Ève Perron : Oui Marc, alors le concours Lépine existe depuis 1901. Des objets ou des outils de tous les jours comme le mouchoir en papier, l'aspirateur ou le stylo à bille, par exemple, ont gagné le Prix du Président de la République au concours Lépine. Cette année, j'ai sélectionné pour nos auditeurs trois inventions qui vont peut-être gagner le concours.
D'abord, un premier objet qui sert à sauver des vies : avec ce casque, les pompiers peuvent voir à travers la fumée. Les pompiers auront une meilleure vision dans des situations de danger.
Ensuite, dans un genre plus récréatif et très pratique pour les petits espaces, il y a cette table de salon très originale. Elle bascule et se transforme en table de baby-foot. Après un bon repas, quoi de mieux qu'un petit match entre amis ?

Bon, et pour terminer, un petit appareil qui a beaucoup de succès au salon : le réveil olfactif, très utile pour se réveiller en douceur. Eh oui Marc, ce réveil-matin ne sonne pas, il envoie une odeur. Il fonctionne avec des recharges parfumées : croissant, café, menthe… Ça vous intéresse ?
Le présentateur : Oui, c'est pas mal, c'est moins violent que le bip bip ! Mais je préfère quand même la table de baby-foot.
Ève Perron : Eh bien, samedi, le président du concours Lépine remettra le Prix du Président de la République à la meilleure invention de l'année.
Le présentateur : Merci Ève et à la semaine prochaine pour une nouvelle chronique *Innovations*.

17 Page 62, E : La francisation du langage internet

Présentateur : Bonjour à tous et bienvenue dans notre journal de la francophonie. Ce soir, nous allons parler d'internet : *le chat, le smiley, le buzz*…. Faut-il parler anglais pour survivre devant l'écran de son ordinateur ? Pourtant, il y a bien des traductions françaises pour toutes ces nouvelles fonctions du monde numérique. J'ai donc le plaisir de recevoir Jérôme Belin, professeur de français et spécialiste de la francisation du langage informatique. Il va pouvoir nous en dire plus sur le vocabulaire français du net. Bonjour monsieur Belin.
Jérôme Belin : Bonjour et merci de m'accueillir.
Présentateur : Alors dites-nous tout, comment parler français sur internet ?
Jérôme Belin : Eh bien la France et le Québec ont créé des organismes qui inventent et recommandent des mots nouveaux dans le domaine des nouvelles technologies.
Alors ce n'est pas avec une série de recommandations qu'on va changer nos habitudes, mais parfois ça marche. Par exemple, on utilise beaucoup le mot *courriel* au lieu de *mail*.
Présentateur : Donnez-nous d'autres exemples de recommandations de ces organismes.
Jérôme Belin : Tout d'abord, vous ne *surfez pas sur le web*, mais vous *naviguez sur la toile*. Ensuite, pour *smiley*, on peut dire *frimousse*. C'est plus joli je trouve, pas vous ?
Présentateur : C'est plus clair en tout cas !
Jérôme Belin : Alors au lieu de faire le *buzz* on peut dire *faire du bruit* ou *du ramdam*. Le *blog* devient *un bloc-notes*, et la *newsletter, une infolettre*. Et puis, il y a des différences entre le français de France et celui du Québec comme vous le savez, et dans le domaine informatique aussi. Par exemple, en France on a choisi de dire *mot-dièse* au lieu de *hashtag*, mais au Québec on dit plutôt *mot-clic*. Pour remplacer le mot *chat*, les Québécois ont créé le mot *clavardage* à partir des mots *clavier* et *bavardage*, mais en France, on a choisi *dialogue en ligne*.
Présentateur : Merci pour ces précisions. Chers auditeurs, pour en savoir plus, allez sur les sites de l'Organisme québécois de la langue française et du gouvernement français. Vous trouverez les *links*, ou plutôt les *liens* vers ces sites, à la page de notre émission.

18 Page 66, Phonétique > Les nasales [ɑ̃], [ɔ̃] et [ɛ̃]

Exercices 1 et 2
a On installe un logiciel simple et performant.
b Martin comprend votre conversation.
c Mon téléphone intelligent écrit dans des langues différentes.

19 Page 66, Exercice 4

a On n'est jamais trop prudent sur Internet.
b Quelle invention a gagné la médaille d'argent ?
c Notre génération a connu beaucoup de changements et d'innovations.
d Ouvre ce lien internet avant d'éteindre l'ordinateur.

UNITÉ 5 En forme ?

20 Page 71, C : Chez le médecin

Médecin (femme) : Monsieur Lemaire ?
Patient (homme) : Oui, bonjour Docteur.
Médecin : Bonjour monsieur Lemaire, comment allez-vous ? Asseyez-vous. Qu'est-ce qui ne va pas ?
Patient : Eh bien voilà, je veux participer à l'Ultra-Trail du Mont-Blanc du 24 au 30 août et j'ai besoin d'un certificat médical pour valider mon inscription, mais depuis un mois j'ai mal à l'estomac. J'ai très mal et je suis inquiet.
Médecin : Ah bon. Vous avez mal quand vous mangez ?
Patient : Non, ça va quand je mange. C'est plutôt entre les repas.
Médecin : Je vois. Et vous dormez bien ?
Patient : Non, pas vraiment. Et la nuit, je fais des cauchemars.
Médecin : C'est vrai que vous avez mauvaise mine. Allez, laissez-moi vous ausculter.
Patient : D'accord.
Médecin : Attention, mon stéthoscope est froid. Bon, côté cœur, ça va… Voyons la tension maintenant. Un peu élevée : 16/8 !
Bon, vous pouvez vous rhabiller.
Patient : Alors, docteur, c'est grave ?
Médecin : Non, je ne crois pas. C'est peut-être le stress ? Vous devez manger plus calmement et enfin ralentir le rythme.
Patient : D'accord docteur.
Médecin : Je vous donne un médicament pour votre estomac, un comprimé à prendre matin et soir et revenez me voir dans dix jours. Si vous allez mieux, je vous donnerai votre certificat médical.

21 Page 76, G : La minute radiophonique de M. Poulain

Bonjour chers auditeurs, je vais aujourd'hui vous parler d'un médicament un peu spécial : le chocolat. Eh oui, manger du chocolat, c'est un peu comme manger des vitamines : c'est vraiment très très bon pour la santé. Mais connaissez-vous tous les bienfaits du chocolat ?
Premier bienfait : le chocolat vous donne une belle peau, une peau saine. Toutes les études montrent que c'est vrai.
Deuxièmement : c'est un très bon élément pour le cœur.
Troisièmement : il stimule votre mémoire et votre concentration.
Quatrièmement : il réduit l'anxiété et le stress à partir d'au moins un carré par jour pendant deux mois.
Et pour finir, il augmente votre résistance à l'effort.
Pour profiter des effets positifs du chocolat, il faut consommer tous les jours un carré grand comme le pouce. Et surtout du chocolat noir.
Elle est pas belle la vie avec le chocolat ?

22 Page 79, J : Allergique ou pas ?

Florence : Allô Phil, c'est Florence, comment tu vas ?
Phil : Moi ça va, et toi ? Mais tu as le nez bouché ou quoi ?
Florence : Ben c'est bizarre. Depuis que je suis arrivée au Québec, j'éternue, j'ai les yeux qui piquent et j'ai mal à la tête… Le pharmacien m'a conseillé un médicament contre le rhume, mais pour moi, c'est une allergie. Si ça continue, il faudra que je fasse des tests pour découvrir la cause de cette allergie. Qu'est-ce que t'en penses, toi ?
Phil : Écoute, à mon avis, tu es allergique au pollen, comme ma sœur. Il est indispensable que tu aies toujours avec toi des gouttes pour les yeux. Moi, je trouve que les gouttes c'est très efficace. Et tu sais, moi, il faut que j'aille chez le médecin. J'ai développé des allergies alimentaires quand je suis arrivé en France.

23 Page 80, Phonétique > Le son [j]

Exercice 1
a Essayez de vous reposer quand la fatigue s'installe.
b Il faut que vous alliez chez un médecin.

c J'ai besoin d'un conseil pour mon entraînement.
d Il est interdit de courir en maillot de bain pendant un marathon.

24 Page 80, Exercice 3

a Pour éviter l'anxiété, il est conseillé de dormir pendant de longues périodes.
b Il faut que j'aille chez le pharmacien parce que j'ai besoin d'antibiotiques.
c Je suis inquiet : mon travail me stresse et j'ai des sensations bizarres !
d Il est utile que vous fassiez de la relaxation et que vous soyez à l'écoute de votre corps.

25 Page 80, Exercice 4

que tu veuilles – illicite – nécessaire – qu'ils aient – pollen – fièvre – mémoire – que vous ayez – tension – qu'ils aillent – professionnel – qu'ils soient – s'habiller – allergique – voyons – inspiration – que nous allions – sérieux – médical – prévention – hôpital – salle – nuit – s'installer – premier

UNITÉ 6 Côté cuisine

26 Page 85, B : Réactions de clients

Présentateur : C'est l'heure maintenant de notre zoom sur les actualités locales. Aujourd'hui, nous allons parler de la campagne *Légumes moches* dans une chaîne de supermarchés très présente dans notre région. Sur les affiches de la campagne publicitaire, il n'y a que des fruits et légumes moches. On voit un citron, une aubergine, une pomme de terre ou encore une orange qui ont une forme peu habituelle. Ils sont déformés, un peu bizarres. Notre reporter de choc Magali Cordier est donc allée dans un magasin de cette chaîne pour faire un reportage sur cette campagne anti-gaspillage.
Magali Cordier : Bonjour Marine, vous êtes caissière dans ce supermarché, que pensez-vous de cette opération *Fruits et légumes moches* ?
Une caissière : Ben, oui, c'est bien ! C'est moins cher et c'est un gros avantage. C'est juste l'aspect qui change. Et puis, si les produits sont frais, c'est le même résultat quand ils sont cuits. Enfin en tout cas, les clients en achètent et sont contents de payer moins cher !
Magali Cordier : Oui, cette opération a du succès. Merci Marine. Je me dirige maintenant vers le rayon des fruits et légumes, et je vais demander à des clients ce qu'ils pensent de tout ça. Alors monsieur, que pensez-vous de ces fruits et légumes ?
Un client : Euh… En fait, on est habitué à des produits qui ont toujours la même apparence. Là c'est sûr que c'est moins beau. Regardez cette botte de carottes ! Les carottes sont complètement déformées. Et là, les pommes ont des tâches, on a envie d'en prendre d'autres, même si les moches sont sûrement aussi sucrées. Mais il faut changer de mentalité et je suis complètement d'accord avec ça !
Magali Cordier : Et vous madame, est-ce que ces fruits et légumes vous plaisent ?
Une cliente : Moi, je les trouve très poétiques ces légumes moches. Regardez ces citrons, ou même ces poires, chacune a sa propre forme. C'est presque de l'art ! Ça devient rigolo de faire ses courses !
Présentateur : Merci Magali pour ce reportage. Pour une fois, tout le monde est d'accord : vive les fruits et les légumes moches ! À demain sur notre antenne.

27 Page 88, D : Tu prends quoi ?

Serveur : Bonjour, vous désirez ?
Client : Bonjour, c'est quoi le hamburger de la semaine ?
Serveur : Alors, nous avons un burger de filet de poulet mariné à l'huile d'olive et au citron, avec oignons, tomates, cheddar et une sauce tartare « maison ».
Client : Elle n'est pas trop grasse votre sauce tartare ?
Serveur : Ben ça, c'est pas un produit diététique ! Si vous voulez, je ne vous en mets pas beaucoup.
Client : D'accord, allons-y pour le burger filet de poulet. Et est-ce que vous faites des hamburgers végétariens ?
Serveur : Oui, le hamburger chèvre et aubergine ou celui aux falafels.
Client : Un chèvre-aubergine, c'est bien. Et puis, mettez-moi deux petites frites et une grande bouteille d'eau s'il vous plaît.
Serveur : Avec plaisir. Vous voulez un dessert ? On a un super brownie ou une salade de fruits exotiques toute fraîche.
Client : Bon, je me laisse tenter par le brownie pour une fois. Mettez en deux.
Serveur : Vous n'allez pas être déçu. C'est le meilleur de la ville ! Je vais vous demander de patienter dix minutes le temps de préparer tout ça.
Client : Très bien, merci.

28 Page 94, Phonétique > Les prononciations de *six* et *dix*

Exercices 1 et 2

a Je prends six ananas.
b Tu n'en veux que dix ?
c Je prends dix poires.
d J'achète six patates.
e Je prends dix abricots.
f Des fraises ? J'en voulais six.

29 Page 94, Exercice 3

a Chef ! Six entrées du jour pour la table 8 ! Six !
b Tu en veux six ou dix ?
c J'ai besoin de six kiwis, dix oranges et six pêches.
d Il peut manger six courgettes et dix omelettes en dix minutes.

UNITÉ 7 Qui se ressemble s'assemble

30 Page 99, B : Quel prénom lui donner ?

Le journaliste : Stéphanie Rapoport, vous qui suivez pratiquement au quotidien justement les, les choix que les Français donnent en matière de prénom à leur progéniture, avez-vous l'impression que le sexe attaché au prénom est quelque chose d'essentiel ? On a l'impression que des prénoms comme *Claude*… euh, sont des prénoms qui sont de moins en moins donnés ?
Stéphanie Rapoport : Oui, tout à fait, les mixtes comme *Claude*, *Dominique* ou *Frédéric* ne sont plus… ne sont guère plus attribués aujourd'hui. Il y a un prénom mixte qui est tout de même très donné, c'est *Camille*. *Camille* est à 75 %, dans 75 % des naissances attribué à des filles mais aujourd'hui *Camille* est en train de regagner du terrain au masculin et, en 2015, on aura plus d'un quart des naissances qui seront attribuées à des *Camille* garçons.
Le journaliste : Donc, on a cette tendance-là ; l'autre tendance que vous soulignez Baptiste Coulmont est une tendance, non pas de prénom, mais de terminaison de prénom avec la terminaison en -a.
Baptiste Coulmont : Oui, alors pour les garçons on arrive moins à trouver une terminaison majoritaire ou très fréquente, mais pour les filles, si on regarde au 20e siècle, on voit la terminaison en -ette dans les années 30, *Claudette*, *Josette*, *Mauricette*, les terminaisons en -ine et en -ie, *Corinne*, *Stéphanie*, après on va dire autour des années 60, et depuis les années 90 la terminaison en -a et plus d'un tiers des filles aujourd'hui qui naissent, des bébés filles, vont recevoir un prénom qui se termine en -a.

France Inter, 25 décembre 2014

31 Page 102, E : Au commissariat

Policier : M. Zadem, Mme Trouche, je vous remercie d'être là aujourd'hui. Asseyez-vous. Vous êtes ici comme témoins, vous comprenez pourquoi ?
Mme Trouche : Oui, oui.
M. Zadem : Mmh.
Policier : Pouvez-vous me décrire la situation de ce matin, vers 10 h, rue Parodi ? Mme Trouche.
Mme Trouche : Vers 10 h 30, je suis allée promener mon chien, comme d'habitude. Près de la pharmacie, j'ai vu un homme courir. Il a traversé la rue sans regarder et la voiture de M. Zadem l'a renversé.
M. Zadem : Je suis immédiatement sorti de la voiture, je me suis approché de lui, je me suis penché et à ce moment-là, il s'est relevé et il est reparti en courant !
Policier : Cet homme est suspecté d'avoir cambriolé la pharmacie. Est-ce que vous vous souvenez de son physique ? Vous pouvez me le décrire ?
Mme Trouche : Il est grand, il mesure plus ou moins 1 m 80.
M. Zadem : Blond, les cheveux frisés.
Mme Trouche : Et puis il est costaud, il pèse environ 100 kg.
M. Zadem : Il porte aussi des lunettes de soleil. Je crois qu'il a une petite moustache.
Policier : Très bien, nous allons maintenant vous montrer quelques photos, suivez-moi s'il vous plaît.

32 Page 106, G : question 9

Journaliste : Et vous, qu'est-ce que vous pensez de ce concert ?
Le fan : J'adore ! Je vais à tous ses concerts. Il est incroyable. C'est un vrai artiste sur scène : il est joyeux et j'aime bien son style. Je suis trop content d'être là. Continue à chanter Mika ! J'ai hâte que tu sortes ton nouvel album !

33 Page 108, Phonétique > Prononcer *tout, toute, tous, toutes*

Exercice 1

a tout le monde
b tous les jours
c toute la nuit
d toutes les personnes

34 Page 108, Exercice 3

a J'ai tout le temps faim.
b Je suis fatigué, j'ai travaillé toute la journée.
c Tout a changé.
d Il part en vacances à Ibiza tous les ans.
e Julie et Theresa ? Oui, je les connais bien toutes les deux.
f Tout est super ici !

35 Page 108, Exercice 4

Je travaille beaucoup toute l'année. Mon chef et son assistant sont autoritaires tous les deux. Ce n'est pas facile tous les jours mais toute l'équipe est efficace. Toutes les entreprises n'ont pas une équipe aussi motivée !

UNITÉ 8 L'actu en direct

36 Page 112, B : Le journal *La Presse* passe au numérique

Voix off : RTL Grand Soir, l'éco 2.0. Bénédicte Tassard.
Présentatrice : Bonsoir Bénédicte Tassard.
Bénédicte Tassard : Bonsoir.
Présentatrice : De plus en plus de gens lisent la presse sur leur tablette, leur ordinateur. Alors les journaux papier sont encore là bien sûr, mais doivent s'adapter. La preuve hein ce soir, puisqu'on est en direct de *L'Équipe* pour vous faire vivre la sortie du nouveau format demain matin. C'est l'occasion de parler de la presse numérique. Bénédicte, où est-ce qu'on en est ?
Bénédicte Tassard : Alors dernier exemple en date, pour vous prouver que ça bouge dans la presse : hier, c'est *La Presse*, l'un des principaux quotidiens canadiens qui annonce abandonner le papier pour le numérique, sauf pour son édition du samedi. *La Presse*, c'est son nom, devient ainsi le premier quotidien au monde à être 100 % numérique en semaine.

RTL, 17 septembre 2015

37 Page 118, F : Les goûts télévisés des Français

Présentateur : Il est 7 h 32, et c'est l'heure de notre rubrique « Le sondage du web ». Bonjour Jasmine Saavedra, alors de quoi allez-vous nous parler aujourd'hui ?
Jasmine Saavedra : Bonjour Jean-Jacques. Ce matin, je vais vous parler du dernier sondage de l'institut *Harris Interactive* : « Quali TV » qui mesure la satisfaction des téléspectateurs sur les émissions télé diffusées en première partie de soirée. On a demandé à des téléspectateurs de regarder des programmes de plusieurs chaînes et de noter ces programmes de 1 à 10. Les résultats portent donc sur la qualité des émissions, et montrent les émissions les plus appréciées des Français.
Alors voyons ces résultats. Les sites de Ozap.com et de Téléloisir annoncent le grand succès de France 5 qui obtient les meilleures notes. C'est un peu étonnant car France 5 est une chaîne de savoir et n'est pas aussi regardée que TF1 ou M6 et W9.
On apprend aussi que dans la catégorie « magazines d'informations », ce sont les émissions *Aventures de médecine* et *Secrets d'histoire*, qui arrivent en premier. Deux émissions qui parlent de thématiques de culture générale et pas vraiment de sujets choc ou à scandale.
Côté « divertissements », encore une surprise : la première place revient à l'émission de France 3 *Musique en fête* sur le festival d'opéra à Orange. On est loin de *The Voice* !
Voilà donc une étude surprenante sur les goûts télévisés des Français !
Présentateur : Effectivement, c'est assez surprenant. Merci Jasmine et à demain matin.

38 Page 122, Phonétique > L'impératif : prononcer le s ajouté avec *en* et *y*

Exercices 1 et 2

a Va au kiosque acheter *L'Équipe*, s'il te plaît.
b Vas-y vite ! Le kiosque va fermer.
c Regarde trois minutes de cette série.
d Regardes-en juste trois minutes, tu vas adorer.

39 Page 122, Exercice 4

a Profites-en !
b Penses-y !
c Résume-le !
d Montre-lui un film.
e Offre un DVD à ton amie.
f Va éteindre la télé !

40 Page 122, Exercice 5

a Tu as vu ce nouveau magazine ? Lis-en un article et donne-moi ton opinion.
b On regarde quel film, ce soir ? Choisis-en un.
c Tu écris des emails d'invitation à ta fête ? Envoies-en aux collègues aussi.
d Il y a de super jeux sur mobile, télécharges-en deux ou trois ; penses-y !

41 Page 124, DELF : Compréhension de l'oral

Voix off féminine : La Maîtrise chœur d'enfants de Radio France recrute !
Voix d'enfant : Ma passion, c'est le chant. Je vais à la Maîtrise tous les après-midi et j'ai énormément progressé. Je découvre de nouveaux répertoires et on se produit dans des salles magnifiques.
Voix off féminine : Vous avez entre 9 et 15 ans, vous aimez chanter ?
Voix off masculine : Rejoignez la Maîtrise de Radio France et inscrivez-vous avant le 6 février 2015 !
Voix off féminine : Renseignements 01 40 71 29 00.
Voix off masculine : Et sur maisondelaradio.fr/concerts-classiques
Voix d'enfants : Rejoignez-nous, c'est gratuit !

Radio France

UNITÉ 9 Consommer autrement

42 Page 127, C : En ligne, tout est possible

Homme 1 : Allô bonjour, je vous appelle au sujet de l'annonce. Je suis très intéressé par votre deltaplane.
Julien : Ah oui, la location. Vous allez adorer. Vous souhaiteriez l'avoir à quelle date ?
Homme 1 : Ce serait pour le 18 août, l'après-midi. Je voudrais le louer pendant cinq heures, à partir de 14 h. Ce serait possible ?
Julien : Attendez, je regarde mon agenda. Oui, oui, c'est bon.
Homme 1 : Et… vous me feriez un petit prix ?
Julien : Oh, bon d'accord, je vous le fais à 20 euros l'heure.
Homme 1 : Ok marché conclu !
Julien : On pourrait se rappeler dans quelques jours pour fixer le lieu du rendez-vous, en fonction de la météo.
Homme 1 : Oui, c'est d'accord. Et vous pourriez me dire comment l'utiliser ?
Julien : Mais vous n'avez jamais utilisé un deltaplane ?
Homme 1 : Si si, mais tous les modèles sont différents.
Julien : Ah, aucun problème, je vous ferai une démonstration !
Homme 1 : Merci beaucoup. À bientôt.
Julien : À bientôt, au revoir.

43 Page 130, E : Micro-trottoir

Journaliste : Bonjour madame, vous êtes du quartier ?
Femme 1 : Oui, oui, je vis dans ce quartier de Lausanne depuis 10 ans.
Journaliste : Que pensez-vous de ces boîtes d'échanges ?
Femme 1 : C'est vraiment super, quelle bonne initiative ! J'espère qu'ils vont en mettre plus dans le quartier. En prenant un livre dans la boîte hier, j'ai rencontré Sophie, une petite fille qui habite dans mon immeuble… Nous avons regardé les objets qu'il y avait puis nous sommes rentrées ensemble en discutant. Elle, elle a pris un DVD et elle voudrait bien déposer un jouet en plastique demain.
Femme 2 : Oh oui, c'est extra ! Quelle belle façon d'être solidaire ! Je viens juste de prendre une belle tasse. Vous voyez comme c'est pratique.
Journaliste : Et vous monsieur ?
Homme : Ça ne va pas du tout ! Moi, je n'aime pas. C'est trop anonyme et quel horrible design ces boîtes ! J'ai envie d'écrire au maire pour me plaindre.
Femme 2 : Je ne suis pas du tout d'accord avec ce monsieur ! Je souhaite qu'on mette des boîtes partout : dans les cafés, les bibliothèques, les écoles, dans tous les lieux publics !

44 Page 132, G : La passion de Jacques

Journaliste : Bonjour, alors aujourd'hui je reçois Jacques. Jacques, vous êtes bénévole dans un Repair Café à Lyon, un endroit où on peut faire réparer ses objets, recoudre ses vêtements en prenant un café ou un thé. Pourquoi est-ce que vous vous êtes lancé dans ce projet ?
Jacques : C'est important de donner une seconde vie aux objets, aux vêtements, de ne pas jeter à la poubelle juste parce que c'est abîmé. Dans les Repair Cafés, vos objets peuvent avoir une seconde vie. C'est un concept né en Hollande en 2009. Aujourd'hui, il en existe un peu partout en Europe. C'est aussi un moyen de lutter contre la société de consommation. Et puis, j'y passe un bon moment, c'est un lieu d'échanges.
Journaliste : Comment est organisé le Repair Café ?
Jacques : Il y a un département électroménager, informatique et couture. Chaque bénévole apporte le matériel nécessaire à la réparation. Toutes les réparations sont gratuites. Téléphone, meuble, cafetière, vélo, jouet en bois ou en plastique, ordinateur, tout est possible à condition de trouver votre réparateur d'un jour.
Journaliste : Si vous avez des compétences en couture, en informatique ou en électronique, contactez le Repair Café de Lyon par mail à repaircafelyon@gmail.com ou appeler le 04 98 40 57 00. Merci Jacques !

45 Page 135, J : Costockage

Voix off : Pourquoi dépenser plus quand vous pouvez économiser ? Vous déménagez ? Vous avez besoin d'un espace de stockage ? Le site StockTout.fr permet aux particuliers de louer à des propriétaires proches de chez eux : leur cave, leur grenier ou encore leur garage. Inscrit depuis mars dernier, Jacques loue son garage à Sophie qui stocke ses meubles. Il lui demande 6 euros au mètre carré. En mettant à disposition la totalité de son espace de 50 m^2, Jacques gagne environ 300 euros par mois. Et Sophie est gagnante car elle paierait le double auprès d'un professionnel.
StockTout.fr, c'est un bon moyen d'augmenter son salaire ou d'économiser ! Pour retrouver toutes les informations et vous inscrire, rendez-vous sur notre site StockTout.fr

46 Page 136, Phonétique > L'accent d'insistance

Exercice 1

L'accent d'insistance comme dans : *C'est vraiment extra !*

47 Page 136, Exercice 2

a C'est formidable !
b C'est trop cher !
c Quelle bonne initiative !
d C'est horrible !

48 Page 136, Exercice 4

a BlaBlaCar, c'est très pratique !
b J'ai loué un deltaplane sur internet. C'était super !
c J'ai vu une annonce intéressante sur ce site.
d Ces boîtes d'échange sont magnifiques !
e Je voudrais échanger mon appartement cet été.

UNITÉ 10 On part en voyage ?

49 Page 140, B : Réservation

Homme : *Hôtel de la Paix*, bonjour.
Femme : Allô, bonjour monsieur. Je voudrais réserver une chambre.
Homme : Oui, pour combien de personnes ?
Femme : Pour deux personnes.
Homme : C'est pour quelles dates ?
Femme : Du 16 au 24 juin.
Homme : D'accord. Une chambre pour deux personnes du 16 au 24 juin pour 5 nuits. Nous avons une chambre avec une salle de bains pour 76 euros la nuit.
Femme : Est-ce qu'il y a un balcon ?
Homme : Non. Si vous voulez une chambre avec un balcon et vue sur la mer, il y a un supplément de 22 euros par nuit.

Femme : C'est d'accord.
Homme : Vous préférez un lit double ou des lits jumeaux ?
Femme : Un lit double. Est-ce qu'il y a la climatisation dans la chambre ?
Homme : Oui madame. Vous trouverez aussi un coffre-fort, un sèche-cheveux, une télévision et le téléphone.
Femme : Vous avez un parking ?
Homme : Oui, nous avons un parking fermé gratuit accessible 24 h/24.
Femme : Bien. Est-ce que le petit déjeuner est inclus ?
Homme : Non, il n'est pas inclus. Le petit déjeuner est servi sous forme de buffet. Il est à 10 euros.
Femme : On verra. Je vais faire une réservation pour la chambre.
Homme : J'ai besoin de votre nom et de votre numéro de carte bancaire.
Femme : C'est au nom de Patricia Martin. Attendez, je cherche ma carte. Voilà. C'est le numéro 3436 9232 7891 6084.
Homme : C'est noté.
Femme : Merci monsieur.
Homme : Je vous en prie.

50 Page 143, Vocabulaire > Le voyage, Exercice 4

Votre attention s'il vous plaît. Dernier appel pour M. Pierre Hascoët, passager du vol AirAfrica 392 à destination de Libreville. Vous êtes prié de vous présenter au plus vite porte 32, embarquement immédiat.

51 Page 144, E : En route !

Employée : Maison du Tourisme de Giverny, bonjour.
Touriste : Bonjour madame. Je voudrais visiter la maison et les jardins de Claude Monet.
Employée : Vous souhaiteriez faire une visite guidée ?
Touriste : Oui, si c'est possible demain dans la matinée. Combien de temps dure la visite ?
Employée : 1 heure 15 pour la maison et les jardins. Vous pouvez visiter aussi le musée des Impressionnismes.
Touriste : Oui, pourquoi pas. Et pour se rendre à Giverny de Paris, c'est compliqué ?
Employée : Non, vous prenez le train à la gare Saint-Lazare et vous descendez à Vernon. Il y a une navette toutes les 30 minutes. Elle vous mènera directement à l'entrée.
Touriste : La navette est gratuite ?
Employée : C'est 8 euros l'aller-retour. Les tickets sont en vente à bord du bus.
Touriste : Et la visite guidée coûte combien ?
Employée : 20 euros par personne. Je vous inscris pour demain matin ? 11 h 30, ça vous convient ?
Touriste : Oui, c'est parfait. Nous serons deux.
Employée : Une dernière chose : le lieu de rendez-vous est dans la ruelle Leroy en bas des jardins près de la route départementale. Vous y retrouverez Jean-Claude Septier, votre guide-conférencier. Il vous remettra un plan, des brochures ainsi qu'un audio-guide pour la suite de votre visite.
Touriste : Très bien, merci. Au revoir.

52 Page 149, Document I : Rando dans le Périgord

Femme 1 : Alors, on la fait où cette petite randonnée le week-end prochain ? Je vous propose une rando d'une dizaine de kilomètres à Montignac dans le Périgord.
Femme 2 : Bof, on pourrait aussi marcher dans la forêt. Et toi Julien, tu veux aller où ?
Homme 1 : Moi, ça m'est égal.
Femme 2 : Vraiment ?
Homme 1 : Si je dois choisir, je préfère la campagne et découvrir le village de Montignac.
Femme 1 : Qu'est-ce qu'on fait alors ? La forêt est à quelques minutes en voiture de chez nous mais la balade sera assez difficile car il a plu ces derniers jours et le chemin sera humide. Le village de Montignac est plus loin mais la randonnée sera plus facile. Alors, on fait celle-ci ou celle-là ?
Homme 1 : Allez, je vote pour Montignac !
Femme 2 : Bon, comme vous voulez…

53 Page 150, Phonétique > Prononcer e, é, è

Exercice 1

a [ə] comme dans *largement.*
b [E] comme dans *hélicoptère.*

54 Page 150, Exercice 2

a Je pars une semaine avec mon père et ma mère.
b Le tourisme vert se caractérise par une durée de séjour courte, par le repos.
c De la fenêtre, on apercevait la montagne.
d Le tourisme blanc est pour celui qui cherche des neiges éternelles en été.

55 Page 150, Exercice 4

a Je reconnais que cette belle croisière à Montréal était géniale.
b J'ai fait de la randonnée, j'ai marché tout l'été.
c Je marchais dans le musée quand j'ai croisé René.
d Je croisais souvent des Bretons quand j'habitais en Bretagne.

56 Page 150, Exercice 5

a La région recommande la visite de ses sites archéologiques prestigieux.
b J'ai réservé un lit pour mercredi dans une auberge de jeunesse sur ma tablette. Avant, je réservais par téléphone.

UNITÉ 11 On recrute

57 Page 154, B : Les études de Mélie

Journaliste : Bonjour Mélie, merci d'accepter de témoigner pour le journal des anciens élèves du collège Paul Valéry.
Mélie : C'est un plaisir pour moi.
Journaliste : Alors, qu'est-ce que tu es devenue ? Qu'est-ce que tu as fait comme études ?
Mélie : Après mon Bac S, j'ai fait une licence d'économie puis je me suis inscrite à Sciences Po Lille pour intégrer un master 1 dans le domaine de l'humanitaire. Mais avant de commencer mon master 2, j'ai fait une année de césure.
Journaliste : Pourquoi est-ce que tu as fait une année de césure ?
Mélie : J'avais besoin de faire une pause dans mes études et je voulais découvrir le milieu professionnel.
Journaliste : Peux-tu me raconter ce que tu as fait pendant ces quelques mois ?
Mélie : J'hésitais entre la solidarité internationale et le marketing et c'est finalement la solidarité internationale que j'ai choisie. Alors j'ai décidé de partir 9 mois au Chili, dans une organisation humanitaire pour faire du volontariat.
Journaliste : Est-ce que tu as l'impression que cela t'a apporté quelque chose ?
Mélie : Oui, c'est une expérience que je n'oublierai jamais. J'ai eu l'occasion de rencontrer des gens formidables, j'ai pu découvrir un nouveau pays, une nouvelle culture et j'ai pu voyager dans plusieurs pays d'Amérique latine pendant cette période. Je me sentais libre, je faisais ce qui me plaisait. Et surtout, cela m'a permis de devenir bilingue. À mon retour à l'école, j'ai senti que mon expérience était valorisée. Et actuellement, je continue à travailler comme bénévole dans un magasin de commerce équitable en préparant mon master 2. Cette année de césure a été vraiment bénéfique.
Journaliste : Merci pour ton témoignage Mélie, et bonne continuation dans tes études.

58 Page 158, E : Je veux changer de métier

Journaliste : Euh, pardon monsieur, mesdames. Bonjour. C'est pour le mensuel *Futur et emplois*. Le thème de ce salon étant la reconversion professionnelle, accepteriez-vous de témoigner pour nos lecteurs ?
La dame : Oui, pas de problème, bien sûr.
Journaliste : Alors, pourquoi avez-vous décidé un jour de faire une reconversion professionnelle ? Vous madame ?
La dame : Eh bien moi, j'ai décidé de me lancer dans l'aventure pour des raisons médicales. J'ai travaillé pendant 20 ans dans la restauration et j'ai dû arrêter mon métier car j'avais très mal au dos. J'ai pensé à une formation dans la téléphonie et voilà, je ne regrette pas mon choix !
Journaliste : Et pour vous, monsieur, ça a été facile ?
L'homme : Pas facile du tout, une grande remise en question. J'ai rencontré un coach qui m'aide à changer d'orientation. Il me motive. Il dit que je peux le faire, que je suis prêt à prendre une nouvelle direction. C'est vrai, je suis prêt à changer ma vie professionnelle et personnelle, mais c'est beaucoup de sacrifices. Je suis assureur et je veux devenir électricien.
Journaliste : Et vous mademoiselle, comment vivez-vous cette reconversion ?
La jeune femme : Moi, je ne trouvais pas ma voie dans mon parcours universitaire. À la fin de ma licence d'histoire, je n'étais pas satisfaite. Cela faisait un moment que j'avais le projet de faire autre chose, quelque chose de plus créatif et finalement j'ai trouvé une formation de graphiste multimédia qui me correspond vraiment, et maintenant, je m'éclate !
Journaliste : Un conseil pour tous ceux qui sont en difficultés : il faut être motivé ou être poussé par quelqu'un ! En tout cas, il faut sauter le pas, ne pas hésiter. C'est ce que je comprends.
Les 3 : Oui, c'est exactement ça !

59 Page 160, G : Particularités suisses

Bonjour. Et si j'allais travailler en Suisse ?
Je suis Yves Gautier, coach emploi. Si vous ne l'avez pas encore fait, abonnez-vous maintenant à ma chaîne Youtube.
Premier point clé : le CV. Alors, il est de tradition en Suisse d'avoir un CV plutôt sur deux pages. C'est la norme. Souvent, les Français qui rédigent sur une page se signalent. Donc privilégiez un CV sur deux pages. Un point : faites des passerelles entre les intitulés français et les intitulés suisses. Par exemple en Suisse, on ne parle pas de *baccalauréat*. Les diplômes ont d'autres appellations donc faites des passerelles. Autre point clé : sur votre CV, indiquez si vous êtes titulaire d'un permis de travail. Il existe différents permis : L, B, C, G. Mentionnez-les. Alors, une parenthèse pour les Français. Beaucoup de Français écrivent permis B, hein, ils parlent de leur permis de conduire. Mais attention, permis B en Suisse, ça correspond à permis de travail. Donc mettez permis de travail, par exemple, permis B et, en dessous, permis de conduire. C'est une confusion qui souvent se produit pour les candidats français. Autre point, il est habituel sur un CV suisse de marquer des références. Par exemple, dans telle société, référence M. Maréchal, directeur des ventes. On marque les références mais pas forcément les coordonnées directes pour contacter ces personnes.

Yves Gautier, www.entretienembauche.tv

60 Page 163, J : Jobs d'été, ce que dit la loi

Journaliste : Il est possible de trouver des jobs d'été dans de très nombreux secteurs : vendeur de glaces, nageur-sauveteur, commis de cuisine ou serveur, réceptionniste, veilleur de nuit, animateur, guide touristique, chargé de billetterie ou encore receveur de péage... Bref, il y en a pour tous les goûts et dans toutes les régions.
Mais à partir de quel âge un jeune peut-il commencer à travailler ? La réponse d'Alexandre Duba, rédacteur en chef des actualités à service-public.fr, le site officiel de l'administration française.
Alexandre Duba : Tout mineur, de 16 ans au moins peut être salarié quelque soit le type de contrat, sachant même qu'un mineur peut travailler dès 14 ans durant ses vacances scolaires.
Journaliste : Ah... Dès 14 ans ?
Alexandre Duba : Exactement, oui.
Journaliste : Et à cet âge-là, pas n'importe quel job, si ?
Alexandre Duba : À cet âge-là, effectivement, il faut que ce soit des travaux adaptés à son âge. Donc il y a certains emplois qui ne sont pas accessibles, comme par exemple travailler dans des débits de boissons ou sur des activités dangereuses.
Journaliste : Et moins de 18 ans, il y a d'autres protections particulières ?
Alexandre Duba : Il y a des règles spécifiques qui s'appliquent concernant le temps de travail, le temps de repos entre deux journées de travail, mais aussi sur le travail de nuit.
Journaliste : Pour trouver des jobs d'été, un site internet générique dédié avec des offres et tous les renseignements pratiques : www.jobs-ete.com qui est proposé par le Centre d'information et de documentation jeunesse. Il est possible de passer également par les agences de Pôle emploi ou encore par les Centres régionaux des œuvres universitaires et scolaires sans oublier bien sûr les réseaux sociaux, comme Viadeo par exemple.

France Inter, 6 avril 2015

61 Page 164, Phonétique > La dénasalisation

Exercice 1

1 kenyan / kenyane
2 Fabien / Fabienne
3 bon / bonne

62 Page 164, Exercice 2

a Il prend des cours. / Ils prennent des cours.
b Simon est lycéen. / Simonne est lycéenne.
c Je vous souhaite un bon anniversaire.

63 Page 164, Exercice 3

a La musicienne est tunisienne.
b Le musicien est tunisien.
c Elle reprend un café.
d Elles reprennent un café.
e Émilien ne vient pas.
f Émilienne et Adrienne ne viennent pas.
g La pharmacienne est coréenne.
h Le pharmacien est coréen.

64 Page 164, Exercice 4

a Les étudiants canadiens prennent souvent une année de césure.
b Mon bon ami Gaston vient demain avec son amie cubaine.
c J'ai un électricien italien et une informaticienne chilienne pour voisins.
d Damien vit dans un pays lointain et Adrienne dans une région lointaine.
e Marion est très maline mais Léon n'est pas très malin.

UNITÉ 12 L'appel de la nature

65 Page 169, C : Cap sur les *Vacances propres*

Présentatrice : Planète environnement. Bonjour Nathalie Fonterelle.
Chroniqueuse : Bonjour.
Présentatrice : Cap sur les *Vacances Propres* ce matin.
Chroniqueuse : La campagne 2014 est lancée la semaine prochaine. Elle mobilise les collectivités locales pour qu'elles équipent les zones touristiques avec des sacs poubelle qui permettent de trier les déchets, vous les avez sans doute vus déjà. Cette opération est née il y a 40 ans pour lutter contre les déchets sauvages et c'est à l'initiative de grandes entreprises qui mettent sur le marché des produits de grande

consommation : les bouteilles d'eau en plastique, les canettes de sodas. En fait leur préoccupation est assez simple. Lorsque ces produits sont consommés et jetés par terre, ils constituent une détestable contre-publicité et ça nuit à l'image de marque des entreprises.
Présentatrice : Et elles ont donc décidé de capter ces déchets sauvages jetés n'importe où.
Chroniqueuse : On estime qu'ils pèsent 33 000 tonnes en France, *Vacances Propres* les a traqués. Alors il y en aurait 20 000 le long des axes routiers, 350 tonnes sur les pistes de ski, 3 000 tonnes sur les plages, 10 000 tonnes sur les berges ou les cours d'eau.
Présentatrice : Hallucinant ! Quelle est la carte d'identité de ces déchets ?
Chroniqueuse : Oh bah, généralement ce sont des restes de pique-nique : des emballages, des papiers gras, des sacs, des bouteilles en plastique, et surtout des mégots de cigarette. Ils représentent 41 % des déchets sauvages, juste derrière les emballages alimentaires.
Présentatrice : Eh oui, à lui seul, ce petit déchet peut provoquer de grosses pollutions.

France Inter, 15 juin 2014

66 Page 176, H : Esther et Manuel, observateurs citoyens

Esther : Tu as pensé à tout avant de venir ? Tu as imprimé la fiche de terrain et tu as pris ton appareil photo ?
Manuel : Oui, c'est bon. D'abord il faut que je note le nom de la rue et les numéros exacts.
Esther : Alors, cet arbre, c'est un marronnier ou un chêne ? Et au pied, il y a une plante, prends-la en photo.
Manuel : Pas de doute, un marronnier. Et la plante, c'est une fleur, avec des pétales blancs. On dirait une pâquerette.
Esther : Attends, je regarde sur l'appli, il y a un guide en ligne. Je sais pas trop, ce serait pas plutôt un pissenlit ?
Manuel : Pas du tout, tu te trompes. Les pétales des pissenlits sont jaunes.
Esther : Bon, ça va, c'est pas la peine de t'énerver. Regarde cette photo, ça y ressemble, non ?
Manuel : Je ne pense pas. Sur cette photo la plante sort d'une fissure d'un mur, elle ne pousse pas au pied d'un arbre.
Esther : Bon regarde ce trou dans le béton, il y a des feuilles qui sortent.
Manuel : D'après le guide, ce serait une ortie.
Esther : Cette fois, c'est moi qui ne suis pas d'accord avec toi. Les fleurs se ressemblent mais les feuilles n'ont pas la même forme.
Manuel : Moi, je trouve qu'elles se ressemblent.
Esther : Absolument pas.
Manuel : Tu exagères ! C'est la même plante ! Mais bon, on prend les photos et on verra ça à la maison en détail, après avoir fini la promenade. Ok ?

67 Page 178, Phonétique > Les sons [ʀ], [l] et [g]

Exercice 1

a Le son [ʀ] comme dans *roi.*
b Le son [l] comme dans *elle.*
c Le son [g] comme dans *Guy.*

68 Page 178, Exercice 2

a Respectons notre territoire.
b Gardons nos chiens en laisse.
c La jungle est belle.

69 Page 178, Exercice 4

a Elle doit photographier des plantes.
b J'ai vu un aigle, un tigre et un léopard.
c Les mégots de cigarette provoquent de grosses pollutions.
d Il y a des papiers gras dans le parc national.

Épreuve blanche du DELF A2

70 Page 182, Compréhension de l'oral - Exercice 1

Le TGV numéro 26422 à destination de Paris Gare de Lyon départ 13 h 48 partira voie F. Il desservira Narbonne, Béziers, Agde, Sète, Montpellier Saint Roch, Nîmes, Valence TGV et Paris Gare de Lyon. Pour assurer le départ à l'heure des trains, tout voyageur doit impérativement monter à bord au plus tard deux minutes avant l'heure de départ. Au-delà de ce délai, l'accès au train n'est plus garanti. Ce TGV comporte un service de restauration. Attention, ce train n'est accessible qu'aux voyageurs munis d'une réservation. Pour votre sécurité, nous vous rappelons que dorénavant, l'étiquetage de vos bagages est obligatoire. Nous rappelons aux personnes accompagnant des voyageurs de ne pas monter dans les voitures. La SNCF vous souhaite un agréable voyage.

SNCF

71 Page 183, Exercice 2

Chers clients, toutes nos lignes sont occupées, veuillez patienter. Nous vous informons que la librairie sera fermée du 1er août au 15 août pour congés annuels. Toutefois, une permanence sera assurée pour traiter les commandes internet. Pendant cette période, les livres commandés en ligne sur notre site www.lalibrairie.fr seront expédiés par la poste tous les jours. Vous serez donc livrés rapidement.

72 Page 183, Exercice 3

Un peu de culture avec l'ouverture de Mons 2015 capitale européenne de la culture. L'événement commencera par une grande fête d'ouverture samedi de 18 h à 2 h du matin avec des activités dans toute la ville et un feu d'artifice à 22 h 30. Et puis, dimanche à 10 h, ne manquez pas l'un des grands rendez-vous de l'année : l'exposition Van Gogh au BAM, le musée des beaux-arts de Mons. Il faudra vous lever tôt car on attend énormément de visiteurs. Heureusement, vous pourrez admirer les œuvres de l'artiste jusqu'au 17 mai. Pour en savoir plus, rendez-vous sur http://mons2015.eu/fr.

73 Page 183, Exercice 4

Cliente : Bonjour madame, je voudrais une baguette, deux croissants et un dessert pour ce midi. Qu'est-ce que vous avez à me proposer aujourd'hui ?
Boulangère : Des tartes, des gâteaux ou des macarons.
Cliente : À quoi sont vos tartes ?
Boulangère : Aux pommes ou aux poires. Ou alors, j'ai de la tarte au citron.
Cliente : Et vos gâteaux ?
Boulangère : Au chocolat ou aux noix.
Cliente : Hum… J'hésite entre la tarte aux pommes et le gâteau au chocolat.
Boulangère : Personnellement, je préfère la tarte aux poires, elle est délicieuse et en plus c'est la saison ! Mais si vous avez des enfants, prenez le gâteau au chocolat. En général, c'est ce qu'ils préfèrent.
Cliente : Alors, je vais prendre la tarte aux poires. Les enfants ne seront pas là ce midi, ils sont invités chez des copains.
Boulangère : Très bien. Ce sera tout madame ?
Cliente : Oui, merci.
Boulangère : Ça fait 21 euros 80 s'il vous plaît.
Cliente : Voilà.
Boulangère : Merci, au revoir, bonne journée madame.
Cliente : Pareillement. Au revoir !

TRANSCRIPTIONS > documents des vidéos

UNITÉ 1 C'est la vie !

1 Page 15, La passion du breakdance

Voix off : Karima, Valentine, Auriane et Carlotta sont quatre danseuses de breakdance. Quatre visages, quatre façons de vivre la danse hip-hop. Quatre générations qui représentent un breakdance au féminin, bien vivant. Quatre BGirls.
Karima : Une BGirl, une BGirl, c'est une fille qui va pratiquer le b-boying.
Auriane : C'est une fille qui fait du break.
Valentine : Le breakdance, c'est une danse qui est au sol.
Carlotta : Ça veut dire être sur le dos, tourner sur la tête, enfin des choses comme ça.
Voix off : Championne de France en titre, elle fait partie des meilleures danseuses de *battle*. La compétition est son mode d'expression. Elle l'incarne au plus fort de son intensité. De nature réservée, elle est entièrement métamorphosée en *battle*. Auriane.
Auriane : Moi, je suis gymnaste de base. J'en ai fait pendant très longtemps et, une fois, je suis tombée par hasard sur une vidéo de Lilou et Brahim de Pockemon. Ça m'a interpellée et du coup, j'ai cherché à pratiquer le break à côté de chez moi.

Keren Productions

UNITÉ 2 Souvenirs, souvenirs

2 Page 34, *Souvenirs de vacances*, Fred Chauvin

Refrain :
Des souvenirs de vacances,
on en a tous des plus ou moins marrants.
La nostalgie de l'enfance,
des expériences, de nos airs innocents.

Quand on partait en famille en vacances
en bord de mer, c'était l'expédition.
Galerie chargée et la seule espérance
de ne rien perdre au milieu des bouchons.

Refrain

La traversée nous paraissait immense.
Et les nausées sous un soleil de plomb.
En attendant et avec impatience,
voir la mer en premier
les yeux pleins d'émotions.

Refrain

Nos shorts usés, dans un jean découpé.
Genoux écorchés, Mercurochrome dessus.
La liane fumait dans un coin de la forêt.
Des bastos volées à mon père à son insu.

Refrain

UNITÉ 3 À la recherche d'un toit

3 Page 48, Se loger à Paris

Bonjour, je suis Géraldine. Donc on trouve dans cet espace-là les appareils électroménagers : le lave-vaisselle, le frigidaire, le four multifonctions avec des rangements, et pour prolonger cet angle, j'ai utilisé un plan de travail en chêne qui se termine par des… un espace de rangement dans lequel se trouve la vaisselle, le linge de table, etc. Donc ici vous avez l'espace repas qui se trouve donc dans une petite niche qu'on a habillée d'un papier peint. La table est intégrée dans le mur donc vous avez juste à la descendre. Là vous avez donc toute une série d'assises et la partie du milieu, en fait, est sur roulettes et donc elle se détache du reste et ça fait une assise supplémentaire quand vous avez des invités. Donc, dans un studio, l'idée c'est quand même de, de, de faire un maximum de rangements donc on en a casé partout. Donc les assises sont également des coffres. Là, vous avez un dressing avec une penderie, des tiroirs et des étagères et également au-dessus de la table de la salle à manger, vous avez une série de placards. Donc, ici, vous êtes dans l'espace à vivre qui se compose d'un grand mur de rangement. Donc en haut vous avez une bibliothèque, en-dessous vous avez un espace de rangement profond dans lequel on, on met la couette et les oreillers une fois que le lit est fermé. Ensuite, vous avez un bureau intégré dans le mur, vous avez juste à ouvrir l'abattant et à le refermer quand vous avez terminé de travailler. Et ensuite, vous avez l'espace salon avec une banquette sous laquelle se dissimulent une table basse et deux assises supplémentaires que vous avez juste à tirer quand vos amis sont là. Une fois que votre apéro est terminé vous rangez tout. Et ensuite vous avez la salle de bains qui est juste là. Ensuite vous descendez votre lit escamotable et vous passez une bonne nuit.

Marie-Claire maison, 2T Productions

UNITÉ 4 On n'arrête pas le progrès

4 Page 64, L'internet des objets

Imaginez des objets qui se mettent à communiquer entre eux. Étrange, non ?
Eh bien, c'est ça l'internet des objets : lorsque votre smartphone papote avec votre réfrigérateur ou que votre voiture communique avec les parkings pour vous dire où il y a une place.
On considère que l'internet des objets est la troisième évolution de l'internet. C'est ce qu'on appelle le web 3 point 0.
Pour mieux comprendre, prenons un exemple : Caroline. Elle adore les légumes mais elle a une mémoire de petit-pois. Heureusement, son réfrigérateur est là pour l'aider. Lorsque Caroline passe devant un supermarché, son frigo envoie un SMS à son smartphone pour rappeler à Caroline que son stock de légumes est épuisé.
Caroline ira ensuite faire son heure de sport quotidienne, munie d'un bracelet intelligent qui va contrôler son état de santé, envoyer ses données à son médecin et lui suggérer d'aller au lit un peu plus tôt ce soir.
D'après certaines estimations, il devrait y avoir 25 milliards d'objets connectés dans le monde en 2015 et 50 milliards d'ici à 2020, soit plus de 6 appareils connectés par Terrien. Tous ces objets ont pour objectif de faciliter la vie et d'optimiser les coûts, mais ils vont générer un trafic de données monumental.
L'infrastructure technique nécessaire à l'internet des objets est en train d'être mise en place.
Maintenant, la question est de savoir si nous aurons réellement envie d'un réfrigérateur qui commande automatiquement des produits alimentaires. Et puis, avec l'internet des objets, la matière première de cette nouvelle industrie sera nos informations personnelles, fournies gratuitement et dont nous ne maîtriserons pas l'utilisation. Bien des questions encore auxquelles il faudra répondre.

RTS.ch

UNITÉ 5 En forme ?

5 Page 78, Les allergies saisonnières

Voici Vincent. Il fait partie des 40 % de Français concernés par les maladies allergiques. Lui, c'est le pollen qui le dérange. À partir du mois de mai environ et jusqu'à la fin de l'été, il a le nez qui coule, des éternuements, les yeux irrités. C'est ce qu'on appelle une allergie saisonnière.
Les allergènes sont nombreux : pollens, acariens, moisissures, animaux, plantes, certains aliments, certains médicaments, piqûres d'abeille, de guêpe. Les symptômes physiques de l'allergie provoquent de la fatigue et peuvent entraîner de mauvaises performances scolaires ou une moindre productivité au travail et une baisse de la qualité de vie. Vincent devrait consulter son médecin traitant. Il pourra l'orienter vers un allergologue qui lui prescrira un traitement adapté et l'aidera à agir en adoptant de bons réflexes.
En pleine période pollinique, il pourra par exemple lui recommander de rouler en voiture les vitres fermées, d'aérer sa chambre tôt le matin et fermer les fenêtres en milieu de matinée et début d'après-midi, moments où les pollens sont très présents dans l'air, d'éviter les efforts intenses à l'extérieur, ou encore de rincer ses cheveux le soir avant d'aller se coucher. Les allergies, ce n'est pas une fatalité ! Il faut être attentif aux premiers symptômes pour agir au plus vite.

e-set Bourgogne

UNITÉ 6 Côté cuisine

6 Page 93, La cuisine des saveurs

Sabine Quindou : Allez, c'est parti ! Dans les grands restaurants comme celui-ci, on n'attend pas que les clients soient attablés pour commencer à cuisiner, on prend de l'avance. Ici par exemple, on prépare la base des amuse-bouches et des entrées, il n'y aura plus ensuite qu'à les compléter en fonction des commandes. Vous l'avez compris dans les grandes cuisines comme celle-ci, on joue sur toute la palette des saveurs. Et qu'est-ce qu'une saveur ? Eh bien, je suis certaine que vous savez distinguer le sucré, le salé, l'acide et l'amer. Et quelle est la différence entre l'acide et l'amer ? Eh bien, regardez, le citron a une saveur acide tandis que les endives ont souvent une saveur amère. À ces quatre saveurs de base, il faudrait ajouter la réglisse, sous forme de bâton ou, regardez, sous forme de poudre. Et encore l'umami. Alors umami, c'est un terme japonais, on retrouve cette saveur dans la viande, les fruits de mer et dans la sauce soja. Hum, ça sent bon mais c'est un petit peu difficile à décrire. En réalité Jamy, à ces six saveurs fondamentales : sucré, salé, acide, amer, réglisse, umami, il faudrait en ajouter des milliers d'autres et chacun d'entre nous les perçoit de manière différente. Résultat, elles n'ont pas de nom et peu de mots pour les décrire.
Le cuisinier : Attends Sabine, je vais te montrer.
Sabine Quindou : Ah oui, ah bien, d'accord.
Jamy Gourmaud (voix off) : Eh oui, c'est un métier !

France 3, extrait de l'émission *C'est pas sorcier*

UNITÉ 7 Qui se ressemble s'assemble

7 Page 107, Les émotifs anonymes

Psychologue : Vous avez déjà vécu en couple ?
Jean-René : Jamais, non.
Psychologue : Et vous n'aimeriez pas tomber amoureux ? Je vais vous donner un petit exercice. Vous allez devoir inviter quelqu'un à dîner.
Jean-René : Inviter quelqu'un à dîner. Je vois.
Jean-René : Bonsoir.
Angélique : Ah tiens ! Bonsoir. Euh... Asseyez-vous.
Jean-René : En effet.
Angélique : Oui, c'est ridicule, mais, en fait, je... je connais pas votre nom.
Jean-René : Non ?
Angélique : Non. Et c'est quoi votre nom, en fait ?
Jean-René : Jean-René Van den Ugd.
Angélique : Van den ?
Jean-René : Ugd. Pas obligée de prononcer le G.
Angélique : Très bien. Très très bien. Très bien.
Jean-René : Vous, j'ai lu que... enfin, j'ai vu sur un papier officiel que vous vous appeliez Delange. Delange. Votre prénom commence par un A.
Angélique : Angélique.
Jean-René : Angélique. C'est très joli Angélique.
Angélique : Vous aussi c'est... c'est joli Jean-Pierre Van den Gueduge.
Jean-René : Non Ugd. Et c'est... c'est pas Jean-Pierre, c'est Jean-René.
Angélique : Ah oui, excusez-moi. Très joli.
Jean-René : Vous trouvez ?

Studio Canal

UNITÉ 8 L'actu en direct

8 Page 121, Série 100 % belge

L'enfant : *Aujourd'hui, j'ai décidé de faire un blog. Un blog sur ma famille, parce que là, c'est plus possible.*
Anthony Mirelli : Allez, une fois n'est pas coutume, nous allons vous parler d'une série bien de chez nous.
Philippe Reynaert : Et même doublement bien de chez nous puisqu'il s'agit d'une série 100 % belge et d'une création de la RTBF.
Le fils : *Élodie, Thomas, dépêchez-vous, on va ouvrir les cadeaux ! C'est Noël !*
On en profitera pour s'éclipser juste après. Allez, on se dépêche les enfants, c'est Noël !
Joyeux Noël tout le monde ! Bonnes fêtes !
Anthony Mirelli : Vous le savez peut-être, la RTBF nous prépare plusieurs séries maison et la première à voir le jour se nomme *Esprits de famille*.
Philippe Reynaert : Il est question de famille, forcément, mais aussi d'esprits. Ouh...
Anthony Mirelli : Vous faites ça bien.
La mère : *Mais, mais enfin Laurent, ne me dis pas que vous mangez des plats préparés !*
Le fils : *Ben, de temps en temps, oui. Les enfants adorent.*
La mère : *Mais enfin, il n'y a que de l'eau, du sel, du sucre, du gras... C'est très malsain ça !*
Anthony Mirelli : Christine, Laurent et Nicolas sont frères et sœurs. Tous ont le même problème : des parents omniprésents.
Philippe Reynaert : Alors, quand, à la veille de Noël, ceux-ci se retrouvent plongés dans le coma suite à un accident de voiture, il y aurait presque de quoi être soulagé.
La fille : *Ça fait bizarre de les voir comme ça. Enfin je veux dire, si...*
Le fils : *Si calmes ? C'est vrai que ça change !*
Anthony Mirelli : Sauf que voilà : les parents de Christine, Laurent et Nicolas vont pouvoir s'incruster encore plus dans la vie de leurs enfants puisqu'ils apparaissent désormais en fantômes.
La mère : *T'as entendu ce qu'ils ont dit ?*
Le père : *Ouais, ouais. Et ça va pas se passer comme ça.*
Philippe Reynaert : Voilà un pitch bien décalé pour cette série créée par Jean-Luc Goossens, le créateur de *Meltingpotcafé*. Et bonne nouvelle : les dix épisodes de la première saison vous attendent dès à présent à la demande.

Anthony Mirelli : Une pression sur le bouton rouge de votre télécommande et c'est parti.
Philippe Reynaert : Et soyez sympa, invitez vos parents, ça va leur faire plaisir.

Sonuma (RTBF)

UNITÉ 9 Consommer autrement

9 Page 134, Ma vie ubérisée

Aujourd'hui, l'entreprise n'existe plus, le salariat a disparu. Tout le monde travaille à partir de son smartphone en freelance. Dans les rues de Paris, les cafés sont ouverts 24 heures sur 24, fréquentés par des gens scotchés à leur écran. On croise un étudiant en médecine qui attend l'ordre de son prochain patient, un prof retraité qui donne son cours à distance. À l'issue de sa prestation, chacun est noté par l'utilisateur du service. Plus besoin de bureau. Un homme dévisse la plaque d'un cabinet d'avocat, un autre met à la poubelle un *Code du travail*. Il n'y a plus d'horaire, plus de vacances. C'est une nouvelle économie où tout le monde travaille à la demande, où les applications géolocalisées sont les nouvelles patronnes. Les mots *smic*, *retraite*, *contrat* ont disparu du dictionnaire. Ce prolétariat 3.0, c'est sans doute pour bientôt.

Bangumi Presse, extrait de l'émission *Envoyé Spécial*

UNITÉ 10 On part en voyage ?

10 Page 146, Le tourisme en France

Marie-Sophie : La France, première destination touristique au monde. Christelle Méral, vous êtes en direct du parvis de Notre-Dame à Paris. Ça se confirme cet été ?
Christelle Méral : Oui, Marie-Sophie, cette tendance se confirme. Les touristes étrangers continuent à privilégier la France. Jugez plutôt. Regardez cette file d'attente de touristes étrangers qui patientent avant de pouvoir visiter Notre-Dame. En tête des destinations favorites des étrangers cet été, il y a la capitale bien sûr, mais aussi la Bretagne, la Normandie ou encore le sud de la France. Cet été, les professionnels du tourisme espèrent rattraper un début d'année en demi-teinte. Alors, certes, les Américains sont venus nombreux, plus de 500 000 personnes avec une fréquentation en hausse. En revanche, les Britanniques ont été moins nombreux : – 1,4 %. Tout comme les Italiens : – 14 %. Principale raison : la crise. Il y a cependant une note très positive : c'est l'explosion, la très forte croissance des touristes chinois : + 40 % des touristes étrangers qui restent, en moyenne, sept jours en France.

France télévisions, extrait du Journal télévisé de France 2 du 29/07/2015

UNITÉ 11 On recrute

11 Page 162, La chanson de motivation

Bonjour, je me présente, je m'appelle Le Floch Valérian, originaire du Finistère, mais mon nom le souligne directement.
Fraîchement diplômé de l'école Brassart à Nantes, où j'ai reçu une formation des plus motivantes.
Je chante de toute ma voix une candidature usuelle pour un emploi en communication visuelle.
Madame, Monsieur, votre société est renommée dans son secteur d'activité, c'est pourquoi elle m'a beaucoup intéressé. J'aimerais vous apporter ma collaboration.
En outre, je vous propose de consulter mon book. Passionné par le design graphique, les recherches cérébrales, la photographie, la musique, l'art en général. On me caractérise comme un créatif, tout le temps réactif, très motivé par le travail en équipe et les dialogues positifs.
Ainsi, j'ai appris à dompter les outils de communication tout comme les techniques d'impression.
Débordant d'imagination, mais passons. Oui, pour moi, la création est une passion.
En ce qui concerne les logiciels : j'ai adopté la suite Adobe, InDesign, Première, Photoshop, Illustrator.
J'aime énormément le travail à la main, l'illustration, les recherches de logotypes et le travail typographique.
C'est pourquoi j'aimerais fortement intégrer votre agence, vraiment prêt à tout pour tenir la cadence.
J'ai l'envie de m'investir dans le milieu professionnel, mais pour le moment, je ne vous parle qu'au conditionnel.
Je vous remercie de l'attention que vous porterez à ma petite chanson et vous prie de recevoir, Madame, Monsieur, l'expression de mes sentiments respectueux. L'expression de mes sentiments respectueux, respectueux, respectueux, respectueux.

Valérian Le Floch

UNITÉ 12 L'appel de la nature

12 Page 174, Une campagne originale du WWF belge

Myriam Leroy : 3 200, il ne reste plus que 3 200 tigres sauvages en vie sur terre. Ça veut dire que c'est une famille qui est vraiment en voie d'extinction parce qu'il y a 100 ans, il y en avait 100 000. Et si nous n'intervenons pas maintenant, il sera bientôt trop tard.
Saviez-vous que plus de 30 % de la population belge porte un nom de famille qui s'apprête aussi à disparaître ?
Le WWF présente *Les familles en voie d'extinction sauvent une famille en voie d'extinction*. Si toutes ces familles adoptaient un tigre, on serait sur la bonne voie pour en doubler la population d'ici 2020.
Rendez-vous sur le trois fois w.letigre.be pour savoir si votre famille est aussi en train de s'éteindre et adoptez-y un tigre.
Je m'appelle Myriam Leroy. Il y a encore 7 783 Leroy en liberté. C'est plus de deux fois plus que de tigres en liberté. Alors, moi aussi, j'adopte un tigre pour qu'il y en ait au moins autant à l'état sauvage que de Leroy à l'état sauvage.

WWF Belgique

Références Iconographiques
Couv Ezra Bailey/Gettyimages
1 Jean-Louis Liennard **2** (4, 10, 17, 22) by_studio-Fotolia.com **2** (2, 11, 19, 26, 32) Maxim_Kazmin-Fotolia.com **2** (12, 23) www.francophonie.org **2** (6, 25) saran_porong-Fotolia.com **3** (5, 13, 20, 27, 34) brad_calkins-Fotolia.com **3** (7, 14, 29) Aldecastudio-Fotolia.com **3** (1, 8, 16, 24, 31) Olivier Le Moal-Fotolia.com **14** Anis Mili/Reuters **15** bd « BGirls » de Nadja Harek, Bangumi Presse, 2016 **15** hc Xinhua/Xinhua Press/Corbis **16** Regis Duvignau/Reuters **17** bg Eric Martinez-Fotolia.com **17** hd abramsdesign-Fotolia.com **17** hg asaflow-Fotolia.com **17** mc Oddphoto-Fotolia.com **18** bc « Journal d'une femme de chambre » d'après Octave Mirbeau, adaptation et mise en scène Jonathan Duverger, collaboration artistique Jean-Marie Villegier au Théâtre le Top de Boulogne-Billancourt du 9 au 13 novembre 2012, avec : Natacha Amal/Photo by Victor Tonelli/ArtComArt **18** bd ugrum1-Fotolia.com **18** bg « Tree of Life, esquisse pour Jardin des tarots », Niki de Saint Phalle, 2001, Hanovre, Sprengel Museum Photo © BPK, Berlin, Dist. RMN-Grand Palais/Michael Herling/Benedikt Werner/© 2016 Niki Charitable Art Foundation/Adagp, Paris **18** hd RGA/Réa **20** hd Marta Nascimento/Réa **20** md John Kasawa-Istock **21** 2bd Le Do/123rf **21** 2hc ohdub/Istock **21** 2hd Y2jimbob/Istock **21** 2hg Nataliia Peredniankina/123rf **21** 2md Braca Nadezdic Fotografix/Istock **21** 2mg Popova Olga-Fotolia.com **21** 5bd milosluz-Fotolia.com **21** 5bg Bruce Shippee-Fotolia.com **21** 5hd Alexandr Nikulin/123rf **21** 5hg mrstam/Istock **21** 5md Anatoly Maslennikov/123rf **22** bg Yuliya Konyayeva-Fotolia.com **22** hg Elise Fitte-Duval/AFRImages/Maxppp **23** ImageBroker/Alamy **25** hd Mauritius/Photononstop **25** md Sadaka Edmond/Sipa **26** b Gilles Rolle/Réa **26** hd Grigory Dukor/Reuters **26** md « The Da Vinci Code », 2006 réalisé par Ron Howard avec Tom Hanks, Audrey Tautou, Akg-Images/Album/Columbia Pictures **26** mg Ali Haider/Epa/Corbis **28** bd Artur Marciniec-Fotolia.com **28** hd Philippe Laurençon **29** a grafikplusfoto-Fotolia.com **29** b Christopher Futcher/Istock **29** c acceleratorhams-Fotolia.com **29** hd Robert Doisneau/Rapho-Gamma **31** b Adrian Niederhäuser-Fotolia.com **31** mbd Elena Schweitzer-Fotolia.com **31** md Lee/Leemage **31** mg Romrodinka/Dreamstime.com **32** a Monique Pouzet-Fotolia.com **32** b fcafotodigital/Istock **32** c JackF-Fotolia.com **32** d vouvraysan-Fotolia.com **32** e endhals/Istock **32** hd Franc Guiziou/hemis.fr **34** bg « Les projets de vacances des Français » publiée le 9/04/2015, Direct Matin, sondage CSA **34** hd Philippe Lucchese **35** 1 "July Morning, San Benedetto Ð beach scene" by Frank Archer, 1986/© MEPL/Rue des Archives/Bridgeman-Giraudon **35** 3a urosmm/Istock **35** 3b Nneirda/Istock **35** 3c Timatkov/Istock **35** 3d EBMarketa/Istock **35** 3e RamonBerk/Istock **35** 3f fabitz-Fotolia.com **36** bd Philip kinsey-Fotolia.com **36** hd Bertrand Rieger/hemis.fr **36** md Petit Futé **37** h Instagram **37** hd Cobalt-Fotolia.com **37** md Aurora/hemis.fr **39** bd Yiu Yu Hoi/Gettyimages **39** hd Robert Doisneau/Rapho-Gamma **40** 1 PhotoStock10/Shutterstock.com **40** 3 vvoe/Shutterstock.com **40** 4 Pavel L. Photo and Video/Shutterstock.com **40** 5 Monkey Business Images/Shutterstock.com **40** 2 magicinfoto/Shutterstock.com **40** h Benoît Stichelbaut/hemis.fr **42** Pierre Jacques/hemis.fr **43** 1 marog-pixcells-Fotolia.com **43** 2 slavun-Fotolia.com **43** 3 chris32m-Fotolia.com **44** Gendrot/Iconovox **45** Nataliya Yakovleva-123rf **46** Philippe Renault/hemis.fr **47** bd Johner Images/Gettyimages **47** md Nina Kissell /Alamy **48** hd « Tout caser dans un 17 m2 », Marie Claire Maison /2TProductions **48** mg tsach-Fotolia.com **49** Emmaüs France **50** b Jean-Pierre Mourain **50** hd Vincent Callebaut Architectures, Paris, www.vincent.callebaut.org **53** bd Olivier Le Moal-Fotolia.com **53** hd Xavier Testelin/Rapho-Gamma **54** A David Rosenberg/Gettyimages **54** B Franck Guiziou/hemis.fr **54** C, F Emmanuel Berthier/hemis.fr **54** D no_limit_pictures/Istock **54** E Antonio Capone/Photononstop **54** F Emmanuel Berthier/hemis.fr **54** G Jacques Loic/Photononstop **54** H Stéphane Lemaire/hemis.fr **56** Photopqr/Le Parisien/Corsan Olivier/Maxppp **57** hd Le Parisien, 11/12/2014/Ask Media **57** m Concours Lépine **58** Le Parisien 11/12/2014/Ask Media **59** bd Roman Vukolov-Fotolia.com **59** hd Sylvie Thenard-Fotolia.com **59** hg tournee-Fotolia.com **59** mbd liquidImage-Fotolia.com **59** mhd Nancy Nehring-Istock **59** mg soundsnaps-Fotolia.com **59** bg Roman Vukolov-Fotolia.com **60** b www.isselee.com-Fotolia.com **60** h astrosystem-Fotolia.com **60** m Dirima-Fotolia.com **61** Jiho/Iconovox **62** hd Anthony Terrade/RFI **62** md Christophe Boisson/Istock **63** bc adventtr-Istock **63** bd finallast-Fotolia.com **63** bh Tsiumpa-Fotolia.com **63** md Martin Vidberg **64** bd MO/CDM-Science & Vie Junior, janvier 2012 **64** hd « What the Fact ? L'internet des objets », 14/11/2014, RTS Radio Télévision Suisse **65** CNIL **67** bd Rawpixel/Shutterstock **67** hd urbancow/Gettyimages **68** BraunS/Istock **70** Erik Sampers/Gamma-Rapho **71** bd Sashkin-Fotolia.com **71** hd Nikolai Grigoriev/123rf **72** duleloncar_ns/Istock **73** johnnylemonseed/Istock **74** bc Patrick Allard/Réa **74** hg mayrum-Fotolia.com **76** bg neo-Fotolia.com **76** hd Rémi MalinGrey-Iconovox **77** 1a sumire8-Fotolia.com **77** 1b magnetcreative/Istock **77** 1c TongRo Image Stock/Thinkstock **77** 1d Unclesam-Fotolia.com **77** 1e Giedrius Zaleckas/123rf **77** 3bc Björn Wylezich-Fotolia.com **77** 3hd B. Boissonnet/BSIP **77** 3mg Marek Kosmal-Fotolia.com **78** bd © photo : Éric Labonté, MAPAQ **78** hd Collection « 2 minutes tout compris » dans le cadre du Portail Santé-Environnement-Bourgogne.fr **79** Garo/Phanie **81** hd Brauns/Gettyimages **81** md sittinan-Fotolia.com **82** 1 venusphoto/Thinkstock **82** 2 Alexandre Zveiger-Fotolia.com **82** 3 Nikolai Sorokin-Fotolia.com **82** 4 Peter Mukherjee/Istock **82** 5 hemul75/Thinkstock **82** 6 varuna/Shutterstock.com **84** bd shootingankauf-Fotolia.com **84** h Intermarché **85** bd © Ministère de l'Agriculture/gaspillagealimentaire.fr **85** hd Franck Crusiaux/Réa **87** 3 egal/Istockphoto **87** 3hgc Madlen/Shutterstock **87** 4 Carl Warner/Barcroft Media/Abacapress.com **88** bd pogonici-Fotolia.com **88** hd Maica-Istock **89** 5a Claudio Ventrella/123rf **89** 5b ArtCookStudio-Fotolia.com **89** 5d ketrik17-Fotolia.com **89** 5c pavolga/Istock **90** bd Studio-Annika/Istock **90** hd « En cuisine avec Alain Passard », Christophe Blain, 2011 © Editions Gallimard Jeunesse **91** NLshop-Fotolia.com **92** 1 ESchweitzer-Can Stock Photo **92** 2 voyagerix-Fotolia.com **92** 3 BillianPhotos.com-Fotolia.com **92** 4 Ullrich-Fotolia.com **92** 5 missty-Fotolia.com **93** hd Images « C'est pas sorcier : Cuisine de chef : la science des saveurs», 22/05/2013, France Télévisions **93** md Secret Side-Fotolia.com **95** bd Jean Claude Moschetti/Réa **95** hd Stephane Audras/Réa **98** bd Matt Car/Gettyimages **98** hd Lalineablog **99** bd BillionPhotos.com-Fotolia.com **99** hd DR **101** olly-Fotolia.com **102** bd Redbul74-Fotolia.com **102** hg Margarita Deleva/123rf **104** hg, md Constantin Mashinskiy **104** bd Fran Marin/Thinkstock **105** bd1 Jeremy-Fotolia.com **105** bd2 Gstudio Group-Fotolia.com **105** bd3 Chany167-Fotolia.com **105** mg Varvara Gorbash/123rf **106** Mondadori Portfolio/Gettyimages **107** « Les émotifs anonymes » de Jean-Pierre Améris, © 2010/Studio Canal-France 3 Cinéma-CEC Rhône-Alpes Cinéma-Climax Filmx-RTBF **109** bd robu_S-Fotolia.com **109** hd vege-Fotolia.com **110** 1 Ossipde Zadkine, « Buste de jeune fille », 1914 © Adagp, Paris 2016/Gallerie Fleury **110** 2 © Centre Pompidou, MNAM-CCI, Dist. RMN-Grand Palais/Philippe Migeat **110** 3 Fernand Léger, « L'homme au chapeau bleu », 1937 © Adagp, Paris 2016/© RMN-Grand Palais (musée Fernand Léger)/Gerard Blot **110** 4 Niki de Saint Phalle, « La Femme au chien », 1986 © 2016 Niki Charitable Art Foundation/Adagp, Paris/Akg-Images **110** 5 Agnès Varda, Ciné Tamaris **110** 6 © Raymond Depardon/Magnum Photos **112** bd LaPresse.ca **112** hg AT Internet **113** bd Peter Atkins-Fotolia.com **113** hd Calvin-Iconovox **115** bd Brian Jackson-Fotolia.com **115** hg Le Monde **115** hmg Marc Deville/Akg-Images **116** bg Martin Vidberg **116** hd © Soudan E./Alpaca/Andia.fr-Joel Saget/AFP **118** b Télérama n° 3435 du 14 au 20 novembre 2015 **118** hd tusumaru/Istock **119** mc lucadp-Fotolia.com **119** md NLshop-Fotolia.com **120** hd « Les revenants », saison 2, 2015, Collection ChristopheL © CANAL+ **120** md « Dix pour cent », réalisée par Cédric Klapisch, 2015, Collection ChristopheL © France 2 **120** bd Andrey Kuzmin-Fotolia.com **120** mg « Le bureau des légendes », 2015, Collection Christophel © CANAL+ **121** hd Présentation de la série « Esprits de famille », Lunettes Noires et Lunettes Blanches, 22/11/2014, Sonuma **121** md destina-Fotolia.com **123** bd Adam Borkowski-Fotolia.com **123** hd Marta Nascimento/Réa **124** bc Francesca Marvulli-Fotolia.com **124** bd tritrid-Fotolia.com **124** bg papa-Fotolia.com **126** Nicholas Blechman **127** bg James Steidl/123rf **127** m Yakasaider **127** mg Richard Villalon-Fotolia.com **129** 5a Gstudio Group-Fotolia.com **129** 5bce bigpa-Fotolia.com **129** 5df blankstock/123rf **130** Sebastien Puiatti **131** Albert-Iconovox **132** hd Merlin Meuris/Reporters-Réa **132** md destina-Fotolia.com **133** 3d TaraPatta/Shutterstock.com **133** 1a vermicule/123rf **133** 1b sumire8-Fotolia.com **133** 1c Vladimir Sazonov-Fotolia.com **133** 1d Kevin Mayer-Fotolia.com **133** 1e elenovsky/Shutterstock.com **133** 1f Jiri Heray/Shutterstock.com **133** 3a HamsterMan-Fotolia.com **133** 3b picsfive/123rf **133** 3c Wavebreak Media Ltd/123rf **133** 3e picsfive/123rf **134** hc Apinancgphoto/Dreamstime.com **134** md « Envoyé Spécial : Ma vie ubérisée », 29/01/2016, Bangumi Presse **135** vectorinka/123rf **137** bd madpixblue-Fotolia.com **137** hd Brad Pict-Fotolia.com **138** bd photomelon-Fotolia.com **138** bg Kasoga-Fotolia.com **138** bmd alexlukin-Fotolia.com **138** bmg pictafolio/Istock **138** hd gerasimenuk-Fotolia.com **138** hg Leszek Scholz/123rf **138** hmd James Blacklock-Fotolia.com **138** hmg William Berry-Fotolia.com **138** md Will Thomas-Fotolia.com **138** mg Africa Studio-Fotolia.com **140** hg Philippe Renault/hemis.fr **140** md michaklootwijk/Istock **141** Becker-